目錄

重版自序……三
自序……二一
（一）導言……二三
（二）道德之實踐……三七
一、道德生活之基礎……三七
二、人生之目的……四三
三、道德心理道德行為之共性……五四
四、道德生活發展之可能……七〇
五、生活道德化之可能……八〇
六、餘論……九一
（三）世界之肯定……九三
一、現實世界之否定……九三

二、心之本體之體會……………………………………一〇一
三、生滅即不生滅……………………………………一一〇
四、世界之肯定……………………………………一二二
(四)精神之表現……………………………………一三九
一、導言……………………………………一三九
二、人類各種活動之同源……………………………………一四一
三、罪惡之起源及其命運……………………………………一五二
四、精神上升之道……………………………………一六一
附錄
評唐君毅著「道德自我之建立」……………………………………一八五

道德自我之建立

本書於一九四四年由商務印書館初版，至一九四六年共發行五版。一九六三年一月，改由人生出版社重印，增加附編「智慧與道德」及「重版自序」。一九七八年四月由台灣學生書局印行。全集所據爲學生書局版，經全集編輯委員會校訂。附編「智慧與道德」則抽出，改刊全集第三卷。

重版自序

一

本書與拙著人生之體驗，初于對日抗戰期間，在重慶之商務印書館及中華書局分別出版，以偶然的原因，在二三年中本書曾發行四五版。而人生之體驗則只發行二版。實則，本書行文較人生之體驗爲晦澀，亦不易與一般人之心情，直接相契接。大約人生之體驗一書，乃依于我個人之性情，對人生所興感者之流露，而本書則爲我個人求建立其道德自我，而對道德生活所作的反省之表述。故前者之內容多本于悟會，觀照欣趣的意味多。後者之內容則多本于察識，而鞭辟策勵的意味重。而論人生與論道德之不同，則在人生之範圍較廣泛，本隨處可以興感；而道德之範圍，則限于人生之理想意志行爲之決定于一方向，而以此方向主宰自己之一方面。故談人生，可任性情之自然流露；談道德，則宜本于鄭重嚴肅之內在反省。此卽二書之不同處。然而此二書，同不合一般西方式之人生哲學道德哲學書之標準，因我未于此二書中把人生問題道德問題，化爲一純思辨之所對；亦不同於東方先哲之論人生道德的書之直陳眞理，因此二書又加了許多似不必要的思想上之盤桓。這是我在當時已知道的，而是自覺的要這樣寫。最近十多年，知到西方之存在哲學，有所謂存在的思索，卽不把人生道德之問題只化爲一純思辨之所對；而用思想去照明我們自己之具體的人生之存在，展露其欲決定理想意志行爲之方向時，所感之困惑、疑迷，及試加以銷化等的思索。我現在亦可以此二書，爲屬於存在的思索一類的書。至於是否名之爲哲學，則兩皆無不可。

說到此書之內容，則此書原有之導言已講到，今不必再加重複。計此書寫成至今，已二十多年。當然我個人亦對之有許多不滿意，以及覺其幼稚未成熟而厭於自加重讀的地方。但仍認爲其根本觀念，大皆可成立，而其文筆之樸實單純，亦有非我今日所能寫出者。今加以重版，亦只改正了少數文句。惟從整個來看，則此書中之思想，不免太限於個人之反省所及之天地中，而太缺乏把道德問題當作一客觀的人類之問題，或宇宙中之問題，來討論之意味。而此書中雖亦多少談到人倫關係及客觀的社會文化理想，但皆只是在個人之求建立道德自我，提起其自己之向上心情之氣氛的籠罩下，談到這些。此向上心情之氣氛，如充極其量而言，固亦可說爲涵天蓋地而至大無外的。因而一切人倫關係及客觀的社會文化理想，亦原都可爲其所籠罩。然而此個人之向上心情，仍畢竟只是屬於個人的。而以我當時之生活來說，則雖已曾在大學教書，亦有許多世間的知識，然而除與家庭中人及少數朋友相接觸外，我並未眞正涉世或入世。一般的人與人之交接應酬，公衆團體生活，政治活動，以及學校中所舉行之典禮聚會，極少有我的份。我亦對這些不感興趣。對於人倫關係及客觀社會政治文化之理想，其本身之嚴肅性莊嚴性，亦認識甚淺。雖然當時聞日軍至獨山，曾一度決心要從軍衛國，亦只是一時之浮泛的情感。直到抗戰完結，回到南京，乃感到由人與人組合而成之家、國、及天下之觀念之建立之重要，曾寫一文論此。後又到江南大學任教務行政的事，乃由人與人之共同事業中，體悟到社會組織之重要性，而在當時開始寫文化意識與道德理性一書。在該書中發展出「道德意識遍運于各種社會文化意識」之一觀念，家庭倫理爲道德理性對人之生物性的性本能及養育後代之本能，加以超化之表現，及社會經濟政治與國家爲人之道德理性對人之求利求權之欲望等，加以超化之表現之觀念等。十三年前，來到香港，遂循之以談中西社會文化中人文精神之重建及其發展，乃能自客觀的社會文化觀點論及各種當世所謂民主、自由、和平、悠久、科學、社會生活、社會道德及宗教等問題。此皆具見於十二年來陸續出版之中國文化之精神價值，人文精神之重建，及中國人文精神之發展等書。而此諸書亦同皆不入於學院式之著述之林，而是直就我之處此時代在此環境，本我對于中國及世界之客觀的社會文化問題之感受與思索，而寫之書。然此諸書與本書相較，則亦明有我個人之思想之一發展，亦算我之由個人之主觀的向上心情，擴展了一步，開拓了一步，以面向客觀問題之表現，而仍未合於學院式著作之純客觀的敍述或分析社會文化問題之標準者。然而此一純客觀的敍述及分析社會文化問題之事，我認爲可讓諸社會科學家去作，亦當有人去作，然而我則無意於再進此一步。如再進此一步，則一切依於道德自我而發之眞實理想與嚮往，即皆同時客觀化外在化爲平鋪陳設在那兒的思想系統知識系統中的內容，其對於他人的理想與嚮往之引發性感染性，即莫有了，至少亦將大爲減少。而我個人亦未嘗不知一切人之觀念思想，皆有一歸於定位化於一系統中的傾向，如珠之走盤，最後必求一一皆定位於盤中。此亦並不難。然而一一定位之珠，仍須再流轉，乃有運動力。而一切已成的思想系統知識系統中之內容，亦須再貫注以生命，加以活轉，乃能再內在化主觀化而誘導出根於道德自我而生發出之眞實的理想與嚮往。而今日之所謂研究所及大學之學院式的出版物（連我自己於其中所發表之文章在內），則大皆爲不能直接誘導出人根於道德自我而生發之眞實理想與嚮往者。只以此種出版物爲著述之標準，實亦人類之理想墮落、思想僵化之徵，雖然我從未嘗否認其一意義的價值，而本書之附錄之二文卽雖是論道德與智慧而屬十此一類的體裁之文章。

二

十二年來，我對於道德問題之思索中，除上所陳者外，另有一問題，卽爲如何在一個人之現實的社會地位上，求實現其道德理想及社會文化理想，同時藉之以自建立其道德自我及他人之道德自我之存心上及行爲上的實踐問題。此問題，與人之只在個人之心靈內部，反省其道德生活中之困惑疑迷，如本書所陳，或只論述人倫關係中之常道，及爲人類之社會文化之發展，提示一方向或一理想，如後來之拙著所涉及者，皆不同其性質。此是就個人在現實社會中之此時此地之只具有限之力量的特殊地位上，如何去實現具無限普遍性超越性之理想的問題。這一問題，乃直接關係到個人之在現實社會上之限定的特殊的職業與事業者。而我們如試以我們每一個人之職業與事業之意義與價值，來與我們個人內心中具無限性普遍性超越性之理想之意義與價值，直接對較，蓋將無不可見其相距之不可以道里計。而我在去年以前，又再任教務行政之事十二年之久，這亦算是在作事。雖然我之作此事，只是依於偶然的機緣，朋友們亦不視我爲適宜於此者，亦莫有什麽成績之可言。然而至少在一時期，我亦視之爲一事業，以貢獻我個人之一分力量，於一客觀的社會文化教育上之理想，而亦視爲我個人之道德實踐之一端。而在作此類事之時，總得要作些純爲適應客觀社會的需要、學校的安排，及他人的願望的事。由此我更了解到：個人要由其所在之地位所作之實際的事，連繫到其所懷抱之超越的理想，而對此理想之實現，多多少少發生意義與價值，並非一直接的關係，而是一間接而又間接的關係。此中須歷重重之媒介。而個人所作的事，透過此重重媒介，其意義與價值，亦可完全變質，或變來更有價值更有意義，或變來更無價值更無意義。這中間的情形之複雜，乃遠過於個人之直接樹立其道德理想，而只在個人之內心生活中求加以實踐，亦遠難於只在思想上爲人倫關係立一常道，或爲社會文化之發展，提示一方向或一理想之事。而此中所遭遇之問題，亦非只是一技術問題，方法問題，此中仍時時處處皆有道德問題。因一切人與人之共事，無處不與道德問題相連。而人之待人應事，亦無一不應包涵有道德性的考慮。而此種種考慮，又可成爲原初之理想與其實現間之種種間隔。而我乃於若干極細小瑣屑之事務經驗中，體悟到一切成事之歷程中之原則性的困難之所由生。並體悟到人在成事中之實踐道德，爲一特殊的形態之道德實踐，亦爲一道德之哲學的思索之一特殊範圍之所在。而此中亦有原則性之義理，可一一加以陳述者。今試畧抒所感於下，以供其他有志事業者之參考。

人要實現其具無限性普遍性超越性之理想，總要從其個人所在之地位，貢獻其力量開始。當然，寫文章亦是人貢獻其力量之一道。然寫文章只是個人的事，此較簡單。由文章寫出到付印而到達讀者，則是一社會的事。此中排印可排錯，讀者可誤解，則情形馬上複雜化。我可以想排印之錯，讀者之誤解，不由我負責。然而此二者，仍必在我所關心之中。而一切與人合作之事，無論職權如何分明，我皆不能不關心到此中與我共事之諸人之所為；而此中之諸人，除與我共事外，又各有其他之事，此其他之事，亦再關聯到其他之人……，此則可一直牽連到無定限之多的人與事所結成之網。而我們之與人共事，則不管我們自己知道不知道，卽落入此網中。此網有其自身的結構與秩序，並非純由我們最初參加此事之動機或理想所決定。然而此動機或理想，則恆由此網之結構與秩序，規定其客觀的意義與價值。由此而人之所關心與所思慮者，乃須由理法界之清淨，降至事法界之繁囂，由形上之道之空靈，降至形下之器之質實，由絕對界之獨立無待，降至相對界輾轉相待。總而言之，卽具無限性普遍性超越性之純眞理想之墮入凡塵，而自求一有限的特殊的現實的宅身之地，而與其他之世俗的有限特殊現實之諸事物，平等的相摩盪，相較量，以決定此理想如何表現如何實現之命運，與其前途之成敗利鈍。此卽一切成事之難之根本理由所在。

此種成事之難，如更粗淺的分析言之，其第一點是：卽假定人原初之求成就一事之動機與理想，是崇高而純潔的；然任何世間的事業，在其少有成效，或多少能實現此原始理想時，卽必然不免人之利用之，以達另一目標，或成就另一事業。而此另一目標及另一事業之價值，則可高可低。而原初之理想愈高者，則利用之以達之另一目標，或所成之另一事業，則大率為較低者。此任何事業一少見成效之所以必有人欲利用之，乃因一事業一少見成效，理想卽多少現實化，凡現實化者皆無不可被利用。故大而孔子訂六經，儒生注六經，可為皇帝利用以成其帝王之業；小而一報紙、一社會團體、一學校、無不可被多多少少之人利用，以爲達種種其他目標，成就其他事業之手段；而原初之事業之目標，亦如化爲其他目標之手段，由此而產生一種價値之改變或高下之顚倒。此亦猶如我們之個人亦可利用我們過去如達一目標而有之工作之成績，以達另一其他或高或低之目標，使原先工作之價値改變而高下顚倒。

除了上述目標之手段化而有之一事之價値之改變或顚倒外，一事之目標中，又恆可包涵相衝突之諸目標。此諸目標，其價値地位恆有相等或難分高下者。如以辦學校而言，提高程度只容納少數學生，是一目標，使多人受敎育而畧降低程度，是又一目標。此二目標，自其本身而言，實同爲正大而難分高下，唯有賴于其他相關之情形，以爲決定。如爲造就某種特殊專門人才，則應使人少而質優；如爲一般的社會文化之提高，則應求普及而量廣。然有時諸相衝突之目標，可無相關之情形以資決定。則此時人無論選擇其中之任一個，卽皆不能無憾。如一學校以僅有之薪資，以聘某人敎某課，則不能聘他人敎另一課，而此二課程之重要性，亦儘可相差不遠者。此種價値之衝突，在我們個人之生活中，亦時遭遇到，如以一定之金錢購得此物，則不能購他物之類。然此中在個人之情形與在一公共事業中之情形，又有不同。因個人之事，經自己之裁決以後，如裁決不當，不過使個人以後失悔。而在一事業中，則此相衝突之目標，可爲不同之人之所分別堅持，由此而諸目標雖同爲正大，亦可導致不同之人之衝突。此爲任何客觀的社會公共事業中，依於一共同之目標中之可包涵相衝突之目標，而必然不能免者。

復次，人與人之共事，乃以事爲結合之媒介。此中縱設定參加某事之人之目標全同，亦不包涵任何之衝突，或設定一切衝突，皆可由一最高之領導者或一種表决之制度加以裁決；仍可有其他困難產生。此乃原于人與人以某一事爲媒介而結合後，人與人又有日常生活上其他事之相接，而人又各分別有其與另外之其他之人相結合，而發生之另外之其他之事者。此其他之事可與某一事相干或不相干。如學校中之一同事參加某政黨，此卽可與同在學校任事之一點不相干，然亦可被認爲相干。再如一教師之私生活，此可與其爲人師表相干，亦可認爲不相干。此中之認爲相干不相干之標準，恆以人對一事之意義及其影響如何加以解釋而定，而此解釋乃事實上相對於人之知識智慧，而不能免於歧異者。由是而人各依其標準，自謂出自良心之道德批評，亦爲其知識及智慧所限，而不能免於歧異。而此歧異之批評，正因其各自認爲出自良心，乃更堅執而不肯捨，乃終爲人與人間精神上之合作之障礙。由此而人之視爲相干或不相干，乃合以形成爲對此一共同事之成就之一干擾。

三

對於上列之三種成事歷程中之困難，我可再加以三個名字。一爲成事之原始目標之手段化而生之價值之改變或顚倒，二爲成事之共同目標之可包涵相衝突之目標，三爲個人之其他事對共同事業所引生之干擾。此三種困難，不屬於一般所謂成事之物質的條件、人才的條件、社會贊助的條件之難備之列，亦不直接原自人之對其目標與理想之缺乏忠誠，或無成事的知識與才具；所以亦不直接原自個人之道德與能力之不足。此諸困難，乃人在欲成事之始，初未嘗預見，而在成事之歷程中，乃次第產生，而昭顯於人之前者；而其產生，則依於客觀存在之事業，皆原有互為手段目標之關係，及人之目標之原有差異，及個人之從事於一公共事業者必兼有其他方面之個人生活上之事；而成必然不可免者。然而此不可免者之細節，則事先人絕不能先知；而其次第產生，則又皆可說為偶然者。由此而人之欲成事，即無異投入一客觀外在之必然而又偶然之次第發生之事變之流中，以求成其某一特殊之事；又如將其原始之目標及對此目標之努力，向外拋擲於此流中，而由此流以決定其客觀的意義與價值。

方才所謂決定，不是指單方面的，而是指雙方面的。如人之成事，其才具高，識見遠，生命精力強，感召力大，社會聲望信譽已樹立者，則他恆能依據客觀存在之事業之互為手段目標之關係之廣度兼深度的認識，而能循一定方針，集一定之人才，依一定之程序，用一定方法，以運用已存在之各種社會事業間、人與人間、人與物間之各種關係及其他已成已有之諸事為憑藉，以成其所欲成之事，而不失其原始之目標。又如人正從事於一共同目標之達到，則其相衝突之目標，恆可暫歸於隱伏，而疑若不存；再如由事業之擴大，亦可使相衝突之目標分別得遂，而更加整合。此外，個人所作之其他事，亦可皆為直接間接順成一公共事業，而增加此公共事業之光彩信譽等者。由此而人之欲成事者，亦可賴其自身與其共同事之力量與條件，以自求主宰其命運，而亦能相對的決定上述之事變之流。

然而此所謂自求主宰其命運，相對的決定上述之事變之流，乃在一力量之較量關係中，求主宰決定。此中之成敗利鈍，則非人所能逆睹。而人於此，亦必須先睹此「非所逆睹」。而古人所謂一切事之成，三分人力，七分天命，於此即見其尅實的意義。而以世間任一特殊之事與無盡相續發生之事變之流相較，其力量可說為一與無限之比，則欲成此特殊之事之人之才之智，必有時而窮，其力必有時而竭，人之思患預防者，亦必有其未思及之患，與防不勝防者。由此而從客觀上看，一切特殊之事業，小至一商店、一學校、大至一朝代、一天下國家之政權，無不有成有敗，有盛有衰。此可稱為一切客觀性的特殊事業同不能免之悲劇的命運。而人如能一眼看透任何特殊的事業，皆可歸於此悲劇的命運，則人將無心於成就任何事，薄天子而不為，何況下此之一切事業？此蓋即古往今來之一切隱逸者共同之心情。

然而人由觀任何特殊的事業，皆不免於悲劇的命運者，亦可轉而發出一大悲願，即另求成就一人類共同之大事，並求此大事之永成而不敗，永盛而不衰。此永成永盛初無客觀上之保証，然而人之作此大事者，可以其所作之特殊之事（此可稱為小事），為此大事之一段落之客觀上的表現，而又可在其主觀的確信中，證實此大事，在其所作之小事上，時時刻刻當下有一完成。

此大悲願，即願承担已往之一切事之悲劇的命運，加以追念與回抱，同時望一切當成就之事，更相續不斷的成就之願望，並願望人之共依此願望而作事，是即人類共同之大事。人之欲成此大事，首賴於人之先自其特殊的事業目標中，解放超拔出來，轉而以成就一切人當成就之事業目標，為其目標，為其事業，同時以其所從事之特殊事業為小事，與其他個人之生活上之小事並列，而只以之為此大事一段落之客觀表現。此中我們必須認清任何小事是變化無常，有成有敗，有隆有衰的。然而此欲成就一切當有之事之目標，則位居於一切小事之上，而永恆不毀，載覆無疆。人依此目標而作之任何小事，亦卽因而有永恆不毀載覆無疆之意義，而卽此大事之一段落之客觀表現。

此大事，從客觀現實上看，永不能完全成就；其逐漸或就，亦實無必然之保證。從客觀現實上看，自然世界中之萬物恆相吞食，而互爲生存之條件；社會上之各種事業，則互爲手段與目標，然而皆各爭取其自身之目標之實現，而只視其他之事業爲條件、爲工具、爲手段。此中亦不僅有競爭，亦有衝突，有相吞食。而有各個人所欲透過事業而完成之目標，亦不僅有競爭，亦有衝突，有相吞食。個人之其他生活中之目標，與一公共事業之目標之間，亦不僅可相順成，亦可相衝突、相阻礙、相毀滅、而相吞食。對於此客觀現實的世界之陰暗面，由達爾文、馬爾薩斯、馬克思、叔本華，到今日之薩特，及印度之佛學及他家，都有眞知灼見。專從此面看，人只在客觀現實世界寄托理想，懷抱希望，是不可能的。人只有從此客觀現實世界之陰暗面的看清，而反照出人之內心中之另一光明而中之包涵一超越崇高偉大的理想、悲願、仁心，要化除此世界之陰暗，免除此世界中存在事物之相吞食，而使萬物並育而不相害，使社會上一切當有的事業，俱得成就。而此本身，卽爲人類生于天地間之一大事。一切聖賢，卽以此大事因緣而入世。而其他一切人，亦可各依其內心之光明面，而或多或少、自覺或不自覺，在參加此大事。然而此大事，則是一永恆無疆的事業。從實際上看人，人永遠不能將此大事全幅完成。以人類社會中之各種事業之成就來說，除非人們分別所懷之目標，皆成爲彼此透明而彼此相互同情、尊重、肯定，而人與人所懷之目標能處處相攝相入；則此各種事業間及其與個人生活間之相衝突相毀滅與相吞食之事，即必不能免。然而人依其內在的悲願，則必然永遠的去求免此不能免，而求此大事之逐漸完成。

我們以上的話，或不免又說得太高遠。如再落實下來至切近處，則我們可說，要求社會上之一切當有的事業俱得成就，人最重要的事，即是要開拓胸襟同度量，去同情的體察人之各種不同的目標及其原始之價值，而與以一尊重肯定；並了解到：一切事業間及各個人生活間，可以有相對的互為目標與手段之關係，然而不能只有片面的目標與手段之關係；任何處有此片面的目標與手段之關係，那兒就有人心之無限的委屈；凡有委屈處，即更可同情，即更當使之申訴，此便是人間之大仁大義之理想。

四

此人間之大仁大義如何實現而成就？以此大仁大義存心者，如何表現其仁義？此則只能在人所作之小事上表現。一切特殊的事業皆小事，此外一切個人日常生活上的事，亦皆小事。然而此小事成為大事之表現，則大事即在此小事中有一當下成就，此可由每人加以內在的印證。在個人之日常生活中，我們可以問：誰能夠懷抱一自知為正當的生活目標，或自求提高其生活目標，而不斷向上？誰能夠對其正當的生活目標，能加以繼續保持不改，而以之為更低的另一生活目標之手段，而產生價值之改變或顛倒？誰能夠在其自己之特定的生活目標外，常想到他人之不同的生活目標而寄與同情與尊重，對其價值加以肯定？誰能够使其個人生活上所作之其他之事，不妨害其所從事之客觀性的社會事業？誰能够兼求其個人之其他方面之生活上之事，與其所從事之某一事業，能相與順成，而使之相輔爲用？這皆純屬于個人自己之存心，非他人之所能知所能評論，亦非自己所須向他人說，復非自己之所敢輕易以之自許者。此只是個人應常以之自問而自勉者。然而任何人只要有一動念，以此自問自勉，他即是能在個人生活中，成就上述之大事者，其所作之小事，亦即此大事之表現。又人在其特殊的職業中，或其所從事之客觀的社會事業中，誰能够依於肯定此職業事業之客觀的社會價值，而獻身其中，以作我自己之一職份內之事？誰能够努力使其所從事之事業，永保其客觀的社會價值，不使之爲懷抱低的目標之人所利用，並能運用轉化此懷抱低的目標之人之工作之意義與價值，以求原來之較高的目標之更有效的實現？誰能够眞欣賞承認其他同事所作之一份事之價值？誰能够兼肯定承認客觀社會中存在的其他同類或不同類之事業之價值，而亦望其發展，不以同行作敵國之想？誰能够於自盡其職份內之事外，兼能忘却職位之高下，職分之差別，而以其單獨之人格，個人之生活，樹立風範，而兼具有團結同事，以共向一事業之完成之目標之親和力？誰又能够在與人共事不合而去後，仍不出怨聲，而仍望其事之成？誰又能够于盡心于事，而終覺其無可爲，即灑然而止，而另創新事，或留俟他人之更成同類之事？這都是人在作事中會有的最平凡的問題。然而誰眞能經得起這些問題的考驗，他亦即在作我們上所述之大事，而此大事亦即在其身上當下成就，其所作之小事，亦即此大事之表現。

然而存在于客觀社會之各種小事業中，有一種小事，却是關聯于一切其他小事業之成就者。此卽我們所從事之學術文化敎育之事業。這一種事業，從客觀社會上看來，並不在任何時都必然比其他事業重要。從事這種事業者，其人格在事實上亦不必比從事其他事業者爲高。然而這種事業確是關聯到一切其他之社會事業的。因一切事業之成就，皆賴具有知識智慧德行的人才。而純學術文化敎育，則是負担培植人才之責任的。但如何使存在於客觀社會之此種事業，與其他事業配合，而成就我們上述之大事，這是一專門的問題，不在本文所討論之列。

在人類之學術中，有一種學問是直接關聯于人之道德生活的。此卽本書之論題。而人之道德生活中，有一部份是直接關聯于人在成事中之道德實踐的。此卽本書所未及而爲本文之所涉及者。由于上述之成事中之困難，及一切事業之悲劇性，與由悲願所引生之成就大事之想，我認爲在道德生活之學問中，有下列之問題，是人人應加以思索的。一、人們的追求之目標，畢竟是些什麼？其高下之秩序與價值，如何加以規定？目標之手段化所發生之價值之改變或顚倒之各種情形如何？二、人之各種目標，如何會發生衝突？此各種衝突之調解如何可能？人之同情尊重肯定他人所懷之不同目標之胸襟與度量，如何養成？人當如何本此胸襟度量，以相應之態度，對不同之人，而與人合以成事？三、個人之日常生活中之事，與其所從事或參加之諸社會之公共事業，如何能成爲相互順成的？人對他人之道德批評與道德敎訓，本身如何成爲有效的，兼爲成事的而非敗事的？

五

對于上述之問題，乃最近若干年中我所常想的問題。這些問題不直接屬于人之樹立其個人之道德自我方面，亦不直接屬于提供一社會文化之理想方面，而是屬于個人之道德實踐，如何通過其所從事之特殊的職業事業，及個人之一切小事而表現的方面。這些問題，似都是卑之無甚高論。于此人亦不能只騁才情，只恃思辨去想，而應一一都要落到最具體現實的實際去想。此卽屬于中國古人所謂應世涉世或待人接物之道德實踐。此與前二者乃相關聯，而屬于不同之領域。如前二者是道，則此可說是術。但術中亦自有其相應之道，而此道亦並非皆可不思而得，不學而能者。故關于道德生活之學問，實應包涵此一部份。中國自古之聖賢之學中，亦包括此一項，唯多只表現爲零碎之格言，但亦未嘗不可對之作純理論的論述。不管我們作不作純理論的論述，此總是應思應學之一學問。而我在十三年前，則根本未自覺到此亦是一學問。卽我所寫之人文精神之重建、中國人文精神之發展等書中，亦不包括此一學問。我是否要另寫一書，來論此一方面的學問？我亦不能預測。如寫亦不過只表我個人之所見。且文章愈涉具體之應世涉世及待人接物方面，愈不能窮盡此中之曲折，而對他人卽不必有用。但我今之指出此亦是關于道德生活之學問中之獨立之一項，則可明示我前所論者之局限與不足。中國古人言學，有明體，有達用。我自知我以前只于明體方面，畧有所窺，但全說不上達用。達用之事業，賴人天生之才智、生命精力、感召力、機緣或天命，但亦靠學問。而專門之道德哲學家，亦應承認此是學問，並以其反省思索之所及者示他人，以幫助有才智、生命精力、感召力及機緣者，開創事業。其本身即道德哲學之一種達用。至于今後之哲學家道德學家，是否能兼爲聖王，以明體達用，則我意此時代已過去，今後亦不必須。今後之人類，能人人在其從事任何特殊之職業事業中，不斷提高其目標增益其價值，而又有胸襟度量以同情尊重肯定其他人格所懷之其他目標，及所從事之其他職業事業之價值，並使其個人生活與其所從事參加一切公共之事業，皆爲相與順成者，此即已開出人皆爲堯舜人皆爲聖賢之途，而較昔日一人爲聖王之理想，更爲廣大而崇高者。

至于人之明體與達用之學，所以必須加以分別者，則以道德上之成己與透過客觀事業以成物，此二者之意義，確有不同。一客觀事業之成就，必然牽涉到他人。人心不同，各如其面，其所懷之動機與目標，確千差萬別，而知人待人之學，亦實單獨成一學問。無此學，則明體者，必未能達用。然而此達用之學，又不能爲人所當先務，亦不能眞與明體之學並立。此理由在人眞能有明體之學，則自然有其達用之學。如以知人之學言，此固不易。但人之所以能知人，恆賴于以其自己之心靈之度量之所及，爲其對照，其心靈之度量愈高愈廣者，即當其轉而資之以知人時，則愈能知不同形態之人。至于待人之學，此固亦不易。但人之所以待人，恆本于人之所以自待。而人之對其自己之生活，愈能自加以主宰，而恆遷善以改過，自變化其氣質者，則其待人之道，亦愈能因人之才性氣質，而泛應曲當，不執一定之方。故有明體之學者，自然有其達用之學。至于人之不由其心靈之度量之高之廣以資對照，而有之知人之智，及不由其自作主宰之修養而來之待人之才；則其高者，固可爲天賦的直覺性的

「億則屢中」之知人之智，知幾應變之待人之才，然此乃不可學，亦不待學者。而一般則皆爲憑習見以生之穿鑿揣摩之知人之智，及憑習態而成之機械變詐之待人之才。此則恆由人之學，不以明體爲先，而逕以達用爲先所成之才智。而世俗之所謂才智，蓋罕有免于此穿鑿揣摩之智，及機械變詐之才之外者。此即昔賢立教，所以從不直接以訓練才智以應世接物爲教之故。實則天下無不曉事之聖賢，亦無不知人之情僞及世事之險阻艱難，而能應之以其道之聖賢。唯大本不立，自己個人之心志，先未達于高明，亦無客觀社會文化之理想及規模，存主于心，未知于個人最切近之小事，見人類之共同之大事即表現于此，當下完成于此者；則一切皆無是處，其達用非達用，行妾婦之道，以穿鑿揣摩之所知，投人之所好，以機械變詐之行，冀人之用我；此豈居天下之廣居，立天下之正位，以行天下之大道，而達用于世者之學哉。這就仍歸到人之自建立其道德自我，及懷抱一對客觀社會文化之理想，仍爲第一義之重要之事。今即以此爲我重印多年前舊著于讀者之前，並盼讀者惠覽拙著中國人文精神之發展等書之理由，兼希讀者知其所言之分際與局限，勿輕以高遠而不切實用之言相責爲幸。

民國五十一年八月廿日

自序

本書凡三部。三部各自獨立，而義蘊則相流貫，互相照應，以表示一中心觀念，卽超越現實自我，于當下一念中自覺的自己支配自己，以建立道德自我之中心觀念。

第一部道德之實踐中，首提出道德生活之本質，爲自覺的自己支配自己，以超越現實自我。繼卽本此觀念，以說明道德之自由，人生之目的，及道德心理、道德行爲之共性，而歸宿於論生活道德化之所以可能。此部以對第二人稱之教訓體裁而寫出之。

第二部世界之肯定，卽本上部所啟示之道德自我之尊嚴性，進而追溯道德自我在宇宙中之地位。此部自懷疑現實世界之眞實與感現實世界之不仁出發，進而指出心之本體之存在，及其眞實、至善，卽以之爲道德自我之根原。再進而說明心之本體，卽現實世界之本體；而知現實世界之眞實，及自道德自我出發而欲實現之價值理想，必能實現於現實世界，由此以肯定現實世界之眞實性。此部以第一人稱之默想體裁而寫出之。

第三部精神之表現中，卽以精神實在一名，代替前部中心之本體一名。（自心之本體爲一充內形外之眞實言，卽名爲精神實在）。在此部中，首引申前部意，說明現實世界之物質、身體、皆爲精神之表現，次卽論第一部中，所舉出之各種道德心理，及通常所謂現實生活之本之飲食男女求名譽等活動，皆爲同一精神實在表現之體段，而明其相通，使人知人之一切生活，均可含神聖之意義。由此遂正式提出性善之義，並論罪惡、苦痛之關係，說明苦痛、罪惡，皆爲精神實在之一種表現。再次，即本於一切道德心理，與非道德心理之出於一原，而論一念之陷溺，即通於一切罪惡，一念不陷溺，即通於一切之善。最後論精神實在之最高表現，爲使社會成眞善美之社會，而歸宿於論一切文化、教育事業之重要性。此部以對第三人稱之描述體裁而寫出之。

此三部中，第一部說明道德生活之本質，第二部說明道德自我之根原——心之本體之形上性，第三部說明此心之本體，即充內形外之精神實在，爲超現實世界、現實生活，而又表現於現實世界、現實生活者。然三部之寫作，各本問題之發展，層層深入，自成一全體。以無通俗道德哲學著作之機械式之綱目，故三部互相照應之處，不可由綱目之明文以見。讀者必須玩其全文，於著者所欲表顯之道德哲學之意境，有所會悟，乃能知其義蘊之相流貫也。

又本書重直陳義理，故於古今道德哲學各派之成說，無所討論。著者思想之來源，在西方則取資於諸理想主義者，如康德、菲希特、黑格爾等爲多，然根本精神則爲東土先哲之教。至於其自以爲獨見之處，亦不復自標舉。善讀者自能知其與中西先哲之異同所在也。

三十二年一月唐君毅自序於中央大學柏樹村

道德自我之建立

一　導言

本書原是拙作人生之路十部中之三部。因此三部文字體裁相近，內容思想，照應較密，可合成一全體。故分出名爲道德自我之建立。其餘七部中之五部，改名人生之體驗，已交中華書局印出，讀者可參看（按其中之一部名物質、生命、與心，後發表于心物與人生一書，又一部名意味之世界，發表于三十三年之哲學評論）。

本書之寫作，原非爲人，而是爲己。只緣我自己，時不免精神不安，頗少天君泰然，海濶天空之景象。常念一切精神之不安，皆由陷於現實自我，不能超拔。而我若干年來思想之結果，已使我深信形上界之眞實自我之存在。在此思想與生活之矛盾間，故我常欲有以自責自勵，以改造自己之過失。我在作此諸文時，復正當數年前，精神最不安之時。每獨步空山，臨曠野，天高地逈，覺宇宙之無窮，懷古思來，嗟吾生之悠忽。念平生所學，到此竟無受用，何以爲人？於是將昔日所思，而切於自己之生活者，寫成此書。恆中夜起坐，一燈熒熒，遙望星月，炯然與吾心相照，頓覺萬感俱寂，靈光炯露。書成，藏諸篋中，本未示人。然每當悔吝復生之時，即展卷自讀，總能使庶幾之志，揭然有所存，惻然有所感。前年冬理想與文化創刊，乃陸續在該刊發表。發表以後，他人亦多有讀之，而有所感發者。以友人牟宗三、周輔成、李源澄諸先生之鼓勵，乃決定一併付印。

我最初之所以不想發表此書，是因此書全是自己一人說話，書中對一理，雖亦曾反復辯論，然通通是自己與自己之敵對思想相辯論。寫作時既根本未想着我以外之他人，故亦不必能切合他人，解答他人之疑問。本書於道德哲學上之不同學說之本身，既無所敍述與討論，則他人對我此書中所表現之思想，亦難清晰把握，所以我不發表。四年來，亦屢欲將此書中之思想，以另一形式表達，加上對不同學說之敍述與討論，並把節目增詳，再提出可能引起之問題，加以答覆，使之更能切合他人。但始終未能動筆。到了現在，雖我仍有此志，然而我已深自懷疑，我所欲寫另一書，縱然寫成，其價值即使可代替此書但其對人之好處，是否多於此書，亦是問題。我現在要自己提出理由，來爲此書寫作之形式，作一番辯護。

我此書寫作形式之一切缺點，都是由於它是爲己而非爲人。但是我近又覺到正因其寫作時不是爲人，而是爲己，所以有其不可替代之價值。因我深信道德的問題，永遠是人格內部的問題；道德生活，永遠是內在的生活；道德的命令，永遠是自己對自己下命令，自己求支配自己，變化自己，改造自己。人必需要在自己眞切的求支配自己，變化自己、改造自己時，才能有眞正的道德意識之體驗。一個人希望他人有道德，而對人講道德，亦只能出於自己之眞切的成己成物之道德意識——這一種道德意識當然是最高的。如其不然，其對人講道德之動機，可根本是不道德的，如出於爲名、爲利、好勝之私。一個人如出於爲名、爲利、好勝之私，而爲人講道德，其所講出的話，亦不必即是錯誤，更不必即使人不道德；然而此種話說出時之情味，與話中之思想內容，必使人有不諧和之感；同時不能眞正感發人之道德意識。然而我寫此書時，至少自己是確想支配自己，變化自己，改造自己，我相信其是出於一種相當眞切的道德意識的。我寫時，除了激勵我自己以外，是別無目的。我自然無那種要感發他人之道德意識，或成己復成物，而為人立言之道德意識，然而我亦無低於完成我自己之道德人格以下之目的。誠然，因我自己修養不足，我人格之種種缺點，必然仍反映於我寫此書時之心境，而流露於文字之中。然而至少在我當時之自覺之中，我之動機是純潔的。我在寫此書時，未討論到與我思想不同之各派學說，同時我亦無與別派學說敵對之意識，因而無任何爭勝之意識。就我個人來說，那時精神的不安，是一特殊的不安，其渴求一道德理想，來支配自己之心之強烈，是後來所少有的。我不能保定以後還有同樣特殊的精神的不安來刺激我，使我有那種強烈的道德意識；我同時不能保定我如果以後要作一與不同派道德學說，討論是非的道德學書，絕對能免除由敵對意識，而引起的爭勝心。而夾雜爭勝心的道德哲學著作，無論其內容如何豐富，論證如何堅強，依我自己的標準，便是絕對低於從純粹的道德意識出發，而寫出之著作的。所以我現在不能承認我另想寫的那書寫出以後，其價值可以代替此書。我自己寶貴我寫此書時之心境，所以我對此書寫作之形式，亦不願多所改動。同時我相信從眞切的道德意識出發，而要求的道德理想，即對於有不同道德理想的人，必亦有相當感發、啟迪的作用，所以我要將此書公之於世。

但是此書寫作之形式，確有其缺點，即他人不易把握此書之思想，與他派思想之異同。此書中有許多引而未申之意見，可引起誤會。同時此書每部都是直線式的寫法，問題愈轉愈深，而不是綱目式的寫法，使人不易將其中義理，類別清楚。所以我作此導言，將此書各部，作一總括的檢討，指出其中心意旨，及與他派思想之重要的異同，並袪除一些可能的誤會，將各部義理交流互貫處指出，以補足本書之所未備。

本書第一部道德之實踐，首指出道德生活，卽自覺的支配自己之生活。我之如此界說道德生活之理由，在文中未說。我們當然可對道德生活，作其他界說。如自道德生活之發生上看，有人說，道德生活是由社會生活中發生，遂從道德生活如何自社會生活中發生，以界說道德生活，是爲發生的定義。又如自道德生活之目的上說，有人說道德生活之目的，是實現神的意志，或客觀精神的意志，遂從道德生活如何實現神的意志及客觀精神的意志，以界說道德生活，是爲目的的界說。但我對道德生活之如此界說，不屬上列二類界說。我之如此界說道德生活，可以視爲一方便的界說——卽不外說出我所謂道德生活，是指的什麼一種生活。但亦可以被視爲傳統邏輯中的本質的界說。卽我認道德生活之本質乃卽自覺的自己支配自己之生活。因我相信，人根本上是能自覺的，所以我們對我們自己、或世界，本來可以有不同之自覺的態度，如了解之態度、欣賞表現之態度、祈禱皈依之態度，及去支配或實踐之態度。由了解之態度，有科學哲學之生活；由欣賞表現之態度，有文學藝術之生活；由祈禱皈依之態度，有宗敎之生活；由支配實踐之態度，有道德政治經濟之生活。道德政治經濟之生活，都是賴行爲上、或心理上的實踐工夫，去求有所支配。其中經濟生活所想支配的，是物；政治生活中所想支配的，是我以外之他人；而道德生活所想支配的，則卽是我自己。然而自己支配自己的生活，必需是自覺的，乃成道德生活。因不自覺的自己支配自己，在出自純粹的生物本能之自然生活中，也可說是有的。我們要表示道德生活是人的生活，而非只一生物生活，我們必須加上人的生活之所以爲人的生活之共同性質，卽人的自覺性。所以我們界說道德生活，爲自覺的自己支配自己之生活。我之如此界說道德生活，是本於我對於人類生活之先有如此之一類分。此類分本身，自有其理由，爲今所不能說者。然而此類分本身，確應說出，使人知我之所以如此界說道德生活之直接的理由。

我界定道德生活，爲自覺的自己支配自己之生活，亦與其他哲學家，所謂道德生活是自作主宰，自己規定自己之生活，道德生活是自律的生活，而非他律的生活之說相同。當然，在道德哲學中，也有人主張他律的道德學說。但是依我所說，則他律的生活，必與宗教生活、或政治生活、或本能生活混淆，不是純粹的道德的生活。我們不能不承認人有純粹的求自律之生活，我們便名此種生活，爲純粹的道德生活。

道德生活，是自覺自己支配自己，是絕對的自律。但是人要眞求自覺的自己支配自己，是極難的。人原始的支配的態度，總是想對於世界中之他人或物，有所支配。人原始的支配態度，是外馳的。人要自覺的自己支配自己，必須將外馳的支配態度收回來，以用之於自身。本文之初，爲要使人知道這種自己支配自己的態度，是一種更高的支配態度，是更足貴的，所以指出支配自己是比支配世界更偉大的工作。因支配世界，只表示我們意志力能破除外界之一切阻礙；而支配自己，則表示我們能主宰此用以破除外界一切阻礙之意志力之本身。

我們承認了自己支配自己之道德生活之可貴，於是我們進而討論自己支配自己之生活如何可能之問題。此卽第一部第一節道德生活之基礎論。我所謂道德生活之基礎，卽道德生活之所以可能。道德生活之所以可能，我們認爲在自己能對自己之行爲，負絕對的責任，與相信自己有實踐道德之自由。在此段中，我論道德之自由，是純粹就心之「能」之本身上說。因我認爲只在心之「能」之本身，才可說有自由，亦只有自覺心之「能」本身者，才能獲得實踐道德之自由。我此處所發揮之自由論，彙原於維摩詰經及禪宗思想之啟示。此中包含一「弔詭」（Paradox），卽「知道你被束縛，你可不被束縛」，「知道你不自由，卽證明你能自由」，如知煩惱卽是菩提。然此實爲指示人有道德之自由之最簡易直截之方，欲在哲學上建立道德之自由者，最後必歸入之思路，乃對此問題有最後之解決。今姑作此武斷之言，以待來哲。

在第一部第二節中，論人生之目的，乃承第一節之論道德之自由，而論此自由當應用於何類人生之目的。在此節中，我以最簡單之言辭，破除快樂主義、功利主義、及順生命衝動之人生思想，而歸宿於人生之目的在行自己之應當意識對自己所下命令之說。在此節中之思想，自主要是承繼康德之辨「應」與「要」之精神，與孟子辨義利之精神。但我在此，處處是從自覺與否辨析此問題，則與康德之自條件的命令或無條件的命令辨析此問題者，不必相同。

第三節論道德心理行爲之共性，我在此中，列舉許多我們通常認爲應具備之道德心理與道德行為，進而指出這一切道德心理行為，都表現一共同之性質，即超越現實自我之限制，於是說道德心理行為之共性，即超越現實自我之限制。在此，別人當然亦可批評我，說我並未將一切道德心理行為列舉盡，則我之結論無必然性。但我想，大體上已足够。至少我在此可說，在別人未能提出例外時，我的話是可以成立的。

我在此說道德心理，道德行為之共性，是超越現實自我之限制。此即含：道德價值表現於「現實自我限制之超越之際」的意思。但所謂現實自我是什麼，我文中未加定義。這是因要對現實自我加定義，須涉及形上學中極麻煩之問題；而現實自我一名之所指，在日常談話中已有一大體相同的共許。如有人要把我此共許說出，我可本第三部意說，現實自我即指陷溺於現實時空中之現實對象之自我，為某一定時間空間之事物所限制、所範圍之自我，亦即形而下之自我。而道德心理、道德行為之共性，即使自我自此限制範圍中解放，不復有所陷溺，而道德價值即表現於此解放之際。

我們之說道德價值表現於現實自我解放之際，自然與西方許多理想主義的道德學家之思想相通。但是我初之得此思想，恐怕是受居友及柏格孫之暗示。居友以道德原於生命之自求擴張，柏格孫之道德與宗教之兩原中論眞正的道德是開放的道德（Open morality），我蓋即由此悟到道德之本質，即是現實自我之解放。但是我所謂現實自我之解放，即意涵形上的自我之實現，則不與居友柏格孫之說同。他們之生命衝動，依我說仍是形下的。故我之此說，自更近於格林 T. H. Green 勃拉得雷 F. H. Bradley 之說。但格林、勃拉得雷之以道德必過渡到宗教，形上自我即通於神之說，則非我此處所及評論。此外，我說道德價值表現於形而下之自我之解放之際，當然意涵道德價值是超越的。關於道德價值是超越的一點，哈特曼 N·Hartman 在其倫理學中有極詳盡之討論，我受其啟發不少。但其價值自存之說，我不同情。此亦爲道德形上學中之專門問題，須俟專書討論。我在此是以道德價值，隸屬於形上自我。我所謂形上自我，亦實卽是中國哲人所謂本心本性。故我所謂道德價值表現於現實自我限制之超越之際，實乃中國哲人所謂反身而誠，盡心知性之註解，但用以註解之思想與語言，則全是新的而已。

第四節中，論道德生活發展之可能，是論如何使道德生活發展擴大繼續之方法。在此節中，我們首論道德生活之擴大，無必然之保障，同時指出我們知其無必然之保障，而不求必然之保障，卽可有必然之保障。此又是一弔詭（paradox）。然此中實含極高之道德的智慧。其次我們論道德生活欲求擴大，必須加强應該之意識——此去加强之本身，自亦出於應該之意識，而亦所以擴大道德心理之體驗。在此中，我們指出人只要能念念反觀，則無論何時，均可有無盡的道德心理之體驗，而歸宿於人對於其道德生活之發展，可有絕對的信心。

第五節生活道德化之可能中，我先提出十種鞭辟近裏的道德教訓，進而說明一切生活皆可道德化，以證明道德無放假之一語。此中說明由道德生活，可通至非道德生活，卽以說明生活皆可道德化，此又是一「弔詭」。蓋凡本書有弔詭處，皆本書最能引人至更深之問題，啟示人以更深之思想者也，讀者幸留意焉。

總括第一部之所論，皆不離自覺心中之應該意識以立言，我處處皆直就道德心靈本身，以顯示道德生活之內蘊。然我對此道德心靈之形上性，則雖曾提出，而罕所發揮。此道德心靈在宇宙中之地位、及命運、亦未論及。然在第二部中則畧補充上列之缺點。

第二部之體裁爲默想體，與第一部之體裁爲敎訓體不同。此部第一節，自懷疑現實世界之虛幻與不仁出發，而歸於一上無所帯，下無所根之悲涼感慨的心境。在此節中，主要是取佛學之論據，以說明現實世界之虛幻，復以其悲憫之心爲背景，以描述此宇宙之不仁。然此一節實只是一導言，其中說一切現實事物之畢竟虛幻，只是一方面之論法，尚非畢竟了義。我寫此節之目的，唯在引出第二節。

第二節論心之本體之體會，即由第一節之懷疑現實世界之不仁，轉到對於此懷疑之心靈之肯定。此頗似笛卡爾在沉思錄中所表述之思想過程。但笛卡爾所肯定之心靈，爲一理智的心靈，而我今所肯定之心靈，爲一道德的心靈。笛卡爾由我思以證「我」在、「心」在，我今則由我不忍見此世界之不仁與虛幻，以證有要求仁與眞實之「我」在，「心」在，可謂是由「我感」以肯定「我在」「心在」，由「我不忍」、「我要求」，以肯定「我在」、「心在」。由肯定心在，我遂進而說明心之本體爲超時空者。在此，我所取之論證，乃循西洋理想主義者常用之論證，即自覺之本性原是超時空者，而加以引申。此處我本可再對亞力山大等實在論對此論證之批評，加以還駁，並增加其他論證。但此涉及形上學之問題太多，且我以爲在一正常心靈，只須此論證，已可立刻了悟心爲超時空者，而自己印證之。由此印證，即可阻擋任何反對者之批評。

第三節生滅卽不生滅，乃本部之中心。此節中論感覺認識中之心、身、物三者之關係是：由身物之質力之相銷除，乃有感覺——卽身物之質力，由銷除而不存在時，正感覺與其直接所對顯出之時——以說明感覺與其直接所對，乃自心所顯。並由身物之質力，對心而言，乃一限制，以論生滅卽不生滅。此中牽連於認識上之其他問題，餘意未申者至多。此中並未假定身體與外物，先不存在之說。於是最初如何可肯定身體與外物之存在，則是一問題。又感覺所對是否可潛存，亦是問題。但此諸問題，與此節之中心意旨，無直接關係。對於後一問題，我們可說，縱然感覺所對爲潛存，亦可說其顯出，乃以心之活動爲動力因。此節之中心意旨，唯在說明心與所謂身、物，如何關聯，及心所認識者之生滅，不礙心之本體之恒常性，確立心之本體之信仰，以爲道德自我之根原而已。

至於在此節中論有限與無限之關係一段，主要是受菲希特、黑格耳論辯證法之影響，但亦有不同。此不同，在我之更重有限與無限之相卽關係。讀者可自察之。

第四節世界之肯定，首循上節所謂「身物之質力相銷除，乃有感覺」之義，進而論身體爲一負性之存在，爲一銷除中的心之外殼。此種說法，乃受柏羅提羅之啟示。對牢執身體爲自我之核心之一般人，實爲一可憚之說。然此說並不須歸於身體之保存，爲無價值。依我所說，身體之保存，卽所以爲其以後之銷除，以爲彰顯此心之用。此又是弔詭（Paradox），然眞理卽在此弔詭中，吾又奈之何哉。

第四節卽論心之本體無限制，故至善，其中亦無所謂苦與錯之存在。再進而論身體之有限制，而我們復欲將此有限者當作無限用，乃有罪惡、痛苦、錯誤。我之此說初乃受席勒（J.C.F. Schiller）在其美學書札及論文之影響，後乃于東西大哲之言中，隨處得其印證。此節最後復論一切罪惡苦痛錯誤，可以化除之理。

在此節中，往復對辯，層層深入，直至最後，遂將第一節懷疑現實世界之不仁之心境，轉化爲一種肯定現實世界之心境。此所肯定現實世界，卽道德自我所肯定之現實世界，亦卽「爲實現形上的心之本體而存在」之現實世界，爲道德自我實踐道德而存在之現實世界。

在本部中以道德自我之根原，卽形上的心之本體，乃將道德自我向上推出去說，以指出其高卓與尊嚴；然後再以之肯定下面之現實世界，並以之主宰現實世界。此部乃先分開形上與形下，而再合之，故易引起人一種以形上與形下，心靈與身體物質對峙之情調。我在第三部之精神之表現，乃改而自始便自形上與形下，心靈與身體之合一上出發，並指出形下之身體與物質世界，卽所以表現形上之心靈，形上之心靈實遍在於人之各種活動中。故第三部以精神實在一名，代替第二部之心之本體之一名，並以精神活動之一名，代替第二部心之活動之一名。這一部可以說，是從談人生以談道德自我之建立。

在第三部中第一節中，我首論人自內部看爲一精神之存在，超越特定時空之存在，自外部看，卽爲一物質身體之存在，亦卽役於特定時空之現實，而爲其所限制之存在。此本爲席勒菲希特等之說法。但我在此處所謂內部看，人爲一精神之存在者，仍是自內部看人，爲一超物質身體之存在之意，故與第一二部之意相連。在此節中，我論身體與物質之世界，爲精神與精神相交通之媒介之說，乃取自維哀斯（Royce）。彼在世界與個體及近代哲學精神後半中，論此極詳盡，讀者宜參看。

第二節論人類各種活動，我共指出十二種，並指出人之任何一種活動，均含一種超物質的現實之精神意義，即飲食、男女、求名、求權之活動亦然。我將此十二種活動，由低至高，加以排列，並指出高者之所以高，由於其所含之超現實的身體物質之意義愈多，亦即所超越現實之限制愈多。此十二種活動，實可分為三組，三組中之一二三四間，各有相對應之關係。此十二種活動與道德之實踐一部中所提出之道德心理行為，亦約畧有一相對應的關係。但我於此並未明白指出，讀者可以自去看。因此十二活動之不同，唯是其所含的「超現實的身體物質限制之意義」之不同。所以我們歸到：一切活動是同一的精神實在之表現，而是可以互相流通、互相促進、互相改變的。

第三節論人性之善與罪惡之命運。我們先提出我們之性善論。此本于上段之分析人生之活動而來。因上段分析出之三組人生活動之第三組，是由自覺之善而後有，是公認為善的。第二組求眞、求美等，雖就各各本身言，或不以之為求善之活動，然自求眞等之使我們破除未知眞理時心靈之闇蔽，超越愚癡之限制等而言，則含善之意義。至於第一組之活動之本身，雖一般人不以之為善，然亦非定不善，故我們歸到人性善之結論。

但人性既善，人精神表現之活動既善，惡又自何來？我在此提出一念之陷溺，以解釋人之所以有惡。此自原於孟子及宋明儒家之說。但為什麼一念之陷溺，即成極大之罪惡，我在此則以無限的精神要求，為有限的現實對象所拘繫，以說明之。

但人之無限的精神要求，旣可爲有限的現實對象所拘繫，則精神之表現，便不得說盡善，惡亦當爲精神之一種表現。不過我說明精神之表現根本是善，惡只一種變態之表現。惡爲善之反面，然善復求反其反面，故惡只是一種爲善所反之負性的存在，惡非眞正的精神之表現。由此而歸於性善之結論。在此處我又是取資于王陽明之良知之善善惡惡之說，以完成孟子性善論，此節之義，卽通於世界之肯定第五節。然此節中之問題，極爲繁富，或尙須另爲專書論之。

第四節精神上升之道，首說明所謂精神實在之超現實世界之意義，及此二世界之如何連繫起來。我們在此，仍是就有限與無限之互爲基礎，以說明他們之二而不二，歸于我們根本不能脫離現實世界，以求精神實在。同時因我們在現實世界中，故我們不能希望立於無過之地，須知我們時時都在犯罪，都可犯罪。此乃因我們對我們任何活動，都可由反省以固定化之，而視爲一現實的對象，而自己陷溺其中，此卽成罪惡。

但是從另一面看，則我們對于一切罪惡，亦都能超拔。因我們能知我們有所陷溺，知病便是藥。一念陷溺，通於一切之惡；自覺有陷溺，而一念不陷溺，卽通於一切之善。於是此部歸到只要對我們之活動，都能加以自覺，以求不陷溺，則任何活動，都是上升于精神實在之活動，超越現實世界之活動。——亦卽超越現實自我之限制之道德活動。自覺的求不陷溺，以超越現實自我之限制，乃當下可求得者。於是我們歸到善美之可實現於人間社會，而歸宿到一切文化敎育之活動之重要。

以上是就本書各篇之要點，及問題所在，並與他人思想之異同處，分別畧述。

總括言之，則此書之中心，唯是說明當下一念之自反自覺，卽超凡入聖之路。重此當下一念，本是孔孟之敎。而在後來之禪宗及明儒陽明學派以下諸子，更特別喜在當下一念上指點。此眞中國哲學之骨髓所在。但禪宗及明儒，對此當下一念把握得太緊，不肯放開去廣說。而本書則求先放開說，再收攝說。當然我們還可放開，更作廣說，亦可更收攝說。由前者卽可通於西洋哲學許多問題，由後者卽可通至陽明所謂良知及宗門之向上一機。但關於前者是愈說愈多，根本說不完，後者將終歸到不可說，故我此書仍保存原來之面目。

至於關於本書各篇之大旨，及其關聯，則讀者可重看原序，此不贅。

三十三年六月二十五日

二　道德之實踐（敎訓體）

一　道德生活之基礎

什麼是眞正的道德生活？自覺的自己支配自己，是爲道德生活。

但是你要求自己支配自己，你必需有如下的認識：

你首先當認識：支配自己是比支配世界更偉大的工作。西方的諺語「拿破崙能支配世界，然而不能支配自己，」因爲他不能控制他困在島上時的煩悶。

你能支配世界、戰勝世界，只是表示你的意志力，能破除外界一切阻礙。而支配自己、戰勝自己，則表示你能主宰「用以破除外界一切阻礙之意志力」之本身。

所以支配自己，是比支配世界更偉大的工作。

我們常人的習慣，總是想把力量往外用，總想對外界有所支配。這同自覺的道德生活，是極端相反的。我們若不求自覺的道德生活則已；如欲求自覺的道德生活，我們首先要把我們全部的生活習慣，翻轉過來，把力量往內用。所以我們首先要把支配自己的價值，看成比支配世界高，去作如上之思維。

其次你當認識你自己對你自己，負有絕對的責任。你不能把你的任何行爲之產生，只溯其原因于你之遺傳與環境。你必需把你的一切行爲，都視爲你自己作的自己決定的。不論是你有意識的行爲或無意識的行爲，常態的行爲或偶然的行爲，你一概要承認是你自己決定的。因爲無論有多少條件，足以逼迫你產生某一行爲，然而由一切條件之具備，到你行爲之發出，必須經過你行爲的主體之認可——不管是有意的或無意的認可。所以你的認可，乃你一切行爲，所以成爲你的行爲之所在。若無你之認可，則你之行爲，與他人同類之行爲無別。所以你必需承認你的行爲之成爲「你」的行爲，其原因只在你之自身，而不在你之遺傳與環境之任何外在條件。

道德生活是要支配自己、改造自己。支配自己、改造自己，必須把被支配的自己，與能支配改造的自己，視作同一的自己。所以我們必須對于我們過去之行爲，負絕對的責任，一一都承認是我作的。因爲我們一承認之，我便是把他們一齊收攝，到現在的我自己之前，成爲我現在之支配改造活動之直接所對。反之，如果我們溯其原因于外在之遺傳環境等條件，我的目光，注視到各外在條件，我便是把此正要想加以支配改造的對象，推開到現在的我自己之外，我之道德的努力，便立刻弛緩下來了。說「你作的行爲是你作的行爲」，似乎只是一重複語，然而「承認你作的行爲是你作的行爲」，必需要把你現在的道德自我主體力量，伸貫到你的過去，此中有各種不同的深度，從這深度中，可以看出你當下的道德自我力量之大小。

第三，你必須相信，當下的自我是絕對自由的。當你要想支配改造你自己時，你自己便超出你過去的一切性格習慣之外，你不能再說那些性格習慣，還控制着你。因爲你當下的心，是能自覺你之一切性格習慣的主體，你當下的心包攝住、範圍住他們，他們只是你當下的心之所對，而你當下的心則超臨于此所對者之上，你怎能說他們還控制着你？你更不能說，此外尚有環境中任何勢力，可以決定你的未來。因爲環境中之任何勢力，如果不爲你當下所自覺，他不會表現決定的力量；如果已被你自覺，那他便仍爲你當下的心之所對，你當下的心仍然超臨于在他們之上。你要知道，一切性格、習慣的勢力，一切環境的勢力，凡已表現者皆在過去，都屬你過去的宇宙。他們全部勢力之交點，在你的當下，然而未來，永遠是空着的。未來尚未來，過去已過去，當下的你便是絕對自由的。對于你未來的行爲，你明明正在考慮各種可能的方式，明明尚未決定，而待你去決定，你不是絕對自由的嗎？假如你說未來雖有各種可能的方式，然而最後以我之環境、性格、習慣的關係，我最後總是被決定，而只能選擇一種；那你便是先假設：你已到未來那被決定的情境中，你是假設未來已成了過去。你所證明的，只是過去被決定，你不曾證明，未來被決定。你只證明了，已成過去的未來被決定，那未來的未來，仍未被決定。如果你說一切未來，都可視作過去，那你便假設你現在的心，已超臨于宇宙全體時間之流上，去看宇宙之全部行程。雖然在此宇宙全部行程中，有你自己被決定的生命史；然而你同時假設了：你之能如是觀宇宙行程的心，是超乎宇宙全體行程之外，而不在你所謂宇宙全部行程中。你仍然承認你在此當下能作如是觀的心是自由的。所以對于你當下的心是自由的之一義，你不能加以否認。你必須常想：過去已過去，未來尚未來，你現在是自由的，你未來如何，待你自己去決定；然後你才能改造支配你過去的自己，使之成爲一新創造的自己。

你可說：「當我在理性清明能自覺時，我固然可把一切都視作我之所對，因我之能自覺的心，超臨其上，所以我可以說當下的我，是自由的。但是我們不能常有清明的理性，而常為苦悶煩惱所擾亂。當我們為苦悶煩惱所擾亂時，我明明覺得，我當下的心，為各種勢力，所牽掛束縛，我怎能說我仍是自由的？」

答：你有為苦悶煩惱所擾亂，不能自拔，而感到束縛時是不錯的，但是在此時，你可反而自問：是誰束縛你？然而當你突然這樣一問時，你便把他們暫時推開了。煩惱苦悶的你，成了過去的你。你將發現：天仍然一樣的清明，地仍然一樣的廣大，並莫有什麼東西，來束縛你。過去的你，只是自己束縛他自己。然而過去的你，已經過去了，現在的你，仍然是自由的。如果你這樣一問，你依然不能把苦悶煩惱推開，你便當想到你的心之本身，是在你的心態之上，煩惱苦悶，只是你的心態，但他們不是你心之本身。他們是你心之「所對」，或「所」；不是你心之「能」。你心之「能」，能感覺煩惱苦悶之「所」，是不錯的，然而你心之能本身，是並莫有煩惱苦悶的。你覺煩惱苦悶之束縛，是不錯的，然而你對束縛之「覺」之本身，並不被束縛。你可說「能」不離「所」，是不錯的，然而「能」到底不是「所」。當你知道「能」不是「所」，而反觀你的「能」時，原來的「能」與「所」，便開始分離，因為原來的「能」成為你之「所對」，更高的「能」開始呈現了。新的「能」代替舊的「能」，你原來的苦悶煩惱束縛之感，過去了，你的自由恢復了。

無論在你受到任何苦悶煩惱的束縛時，只要你一自反，你便會感到你的自由，仍然在你的當下。如果你不覺到自由，只因為你不求自由，你不求自由，只因為你自甘于不自由。你之自甘于不自由，又證明你之不自由，也是你自己所決定。所以你心之能本身，永遠是自由的。

我們的話，不是只爲辯論。我們的話，是要你注意到心之能本身。你只要一朝眞注意到你心之能本身，你將認識你是自由，同時也將獲得自由。因你隨時可以自反，以認識你心之能本身，以獲得自由，你任何時要自由，你便能自由，所以第四，你須相信你能自由的恢復你的自由。

你一朝相信你能自由的恢復你的自由，你將不僅感到你當下的心之自由，而且不怕未來任何時會喪失你心之自由，因爲你已相信你能喪失之，亦能恢復之了。

當你不怕未來自由喪失時，你當下的自由之感，成爲超越一切時間的自由之感了。

第五，你必須時時想：你之一切性格、習慣、心理結構，對于你心之本身，都是莫有必然關係的。當你反省你是如何一個人時，你馬上知道，我們可用許許多多的形容詞，來描述你的特殊性格、習慣、特殊的知、情、意，各種心理狀態結構。但是你並不能找出你之這許多特殊的性格、習慣、心理狀態結構，與你心之本身之必然關係。你試想，所謂你心之本身，牠只是一純粹之能覺者，你心之本身爲一純粹的能覺者，與他人的心之本身之爲一純粹的能覺者，並無分別。然而何以一些特殊的性格、習慣、心理狀態結構，要賦之于你，而不賦之于他人，從你心之本身之純能的意義中，是找不出他之必需關聯于它們的理由的。你此時或不禁又要說，所以我們應把這遺傳、環境，視作決定我們自己之爲自己的客觀原因。但是你何以必需遭遇如此之遺傳環境，你仍然不可解。你心之本身之純能，遭遇如此如此遺傳、環境，只因爲適逢遭遇如此如此之遺傳環境。你縱然再追溯到你前世的行爲，你的問題，仍然同樣，因爲你仍不知何以你之前世獨聯繫于如此如此行爲，而他人則不聯繫。

對我們現在的問題，你復不能引用我們以前所謂一切行爲，都是自己選擇決定，來說我前世之行爲是我自己決定選擇的，所以與我心本身之純能，有必然關係。因爲何以你適如是如是選擇決定你前世之行爲，你仍然不解。在你當下的心，明覺你也可不如是如是選擇決定，其他的可能，明擺在你的面前，然而何以你前世只實現如此如此之可能，不實現其他之可能，你是尋不出原因的，因爲你已追溯到原因概念之盡頭處了。所以你不能因爲你前世之行爲，是你自己選擇決定，便說他們與你心之純能，有必然關係。你不能說你之一切性格、習慣、心理結構，與你之所以爲你，有必然關係。他們如何屬于你，只因爲他們適逢屬于你，他們並無權要求：永屬于你。你之是如此如此，曾是如此如此，並不能限定你之必如此如此，而禁止你之如彼如彼。當你深切的認識這一點，而又並不忘掉我們所說第一二點，對于你自己之過去行爲，又一概負責時；無限的可能，開始呈現在你的現在，你知道你的心之本身之活動，是可以向任何方向，開拓他自己的行程，而自己決定選擇他的命運的了。

你此時不僅意識到，你當下的心之自由，同時意識到，你當下的心之自由創造之自由了。

對於你過去的一切行爲，負絕對的責任，相信你當下的心，是絕對自由的，不怕將來自由之喪失，相信你有恢復你的自由之自由；把你一切性格、習慣、心理狀態結構，都視作與你無必然關係，相信你有自由創造你的未來之自由；這是去開始自覺的道德生活之基礎。在你不能深切的認識這些以前，你始終隸屬于自然世界，你可有自然的道德生活，但你不曾眞升進道德世界，不曾有自覺的道德生活。

但是你縱然已深切認識以上五層，直到最後一層，知道你有自由創造之自由，可並不會使你創造什麼。這自由可只是一莫有邊際的空虛，你感到此自由時，你只有一「心靈可由道德生活之實踐而得無窮擴大」之意味，但是你尙未眞開始道德之實踐。你要使你眞開始道德生活之實踐，你必需有如下之認識：你要破除淨盡一切人生目的在求快樂幸福的觀念。

二　人生之目的

快樂幸福不是絕對莫有對於道德生活的價值，但他對於道德生活的價值，只在他的負面。快樂幸福對於你有去除痛苦之壓迫，而恢復你的精神力量，使你道德生活得繼續之效用。所以他們包含一種對道德生活之價值。然而從他的正面看，以他爲自覺的追求之對象，則不僅不含任何對道德生活的價值，而且是我們根本的虛妄。因爲在實際上，你永不能眞以快樂，爲你自覺的追求之對象。

快樂是一種感情。感情只存在於你正感受他的時候。你不能想一種快樂而求之，因爲你想一種快樂時，如果你已感着快樂，你便已有那快樂，不須再去求。如果你不感到快樂，你如何有一快樂在你心中，爲你所自覺追求的對象？

所以在實際上我們決不能自覺的以快樂爲目的，而至多只是以某一種與過去曾使你發生快樂之情境相類似之情境，爲對象。你所要求的　至多只是此類似情境之實際化于當前，你試反省，便明白了。

但卽此而論，你何以要求一曾使你生快樂之情境，相類似之情境實際化于當前？唯一的原因，只是在過去的情境引生你快樂之感情時，你便對於那類情境，有一執着，希望他繼續，希望他擴大。此種執着，在你生命之流中流下，便成爲你現在求此類似情境實際化之要求。

然而你爲什麼要執着那情境？你在執着時，是不曾自覺的想過的。你的執着，是不自覺的、無理由的，你只是盲目的執着他。

盲目的執着，盲目的流下，由過去到現在，而支配你對未來的要求，幻現出你自以爲是自覺的求某種快樂之目的。實際上你所自覺的，只是某一情境，你之求某一情境的全部活動，都是非自覺的，你不能把非自覺的活動，作爲你自覺之目的，所以你絕不能眞以求快樂，爲人生之目的。

你永不能把求快樂的目的，放在你自覺中，你如何能自覺的主張人生之目的在求快樂？你說人生之目的在求快樂，實際上你並不自覺你所說的是什麼。你只是受那各種盲目的執着之流的支配，而否認人生有其他目的。你的話的意義，只在他消極的一面，從積極一面看來，是無意義的。

但是你說人生的目的在求快樂，你是把你這話的意義，視作積極的。所以你的話根本錯誤，你之主張此說，是你根本的虛幻。

你要闢除淨盡人生目的在求得某一些情境之實現的觀念。

你說：「我可以承認我們並不能自覺的求快樂，所謂自覺的求快樂，只是求某一情境；並承認我們之求某一情境，由于過去流下的對某一類情境之執着，此執着，根本又是盲目的。但我們可以認爲人生目的，在求某一些情境之繼續與擴大。我們可以認爲對人生而言，有某一情境，是值得我們執着之而求之的」。

你也不能說有任何情境之本身，是值得你執着而求之的。因爲任何情境，只是一情境，他本身，並不含有值得執着與求之意義。值得執着與求，是你附加的。如果把你自己要去執着他求他的成份全除開，莫有任何情境之本身，是值得你去執着與求的。因爲莫有任何情境，對於他人，對於過去的你，將來的你，是同樣被認爲值得執着與求的。關於這點，我們不必多說，你只要稍反省，便能明白。故以求什麼情境爲你人生之目的，又是一大虛妄，你必須闢除淨盡。

你不要說人生目的在滿足欲望。

你說：「我可以承認世間莫有一種情境本身，是值得求的，値得求的意義，是我們附加的。但我們可以說，我們之求某一情境，是因爲我們需要牠。我們需要牠，因爲我們缺少牠。我們缺少牠，牠對我們，便成爲值得求的。而我們所缺少的是它，我們最初可不知道。我們是先感缺少。缺少之感，是根本的。我們有此缺少之感，必須求滿足，所以需要它。我們可不說，人生目的，在求某一些情境，我們可說，人生之目的，在求某一些情境，來滿足我們之欲望；或我們逕說人生之目的，在求滿足欲望」。

你不能眞正主張人生的目的在滿足欲望。因爲當你欲望正發動，要求滿足時，你並不眞自覺你的欲望。譬如當你所謂食欲發動時，你所自覺的，只是胃中受空氣壓迫的感覺，頭中悶倦的感覺，口中流沫的感覺。這些感覺所代表的，只是你機體活動之一種形式。所謂需要食物之情境，來滿足食欲，只是要去除這些感覺，而換一些飽腹、頭淸、口中充實的感覺。亦卽將你餓時機體活動之形式，改變成飽時之另一種形式。你之所以要由前一種形式之活動，到後一種形式之活動，只是因爲你不安於前一種形式，而安於後種形式。由安者看不安者，便覺不安是有所不足，有所缺少。但自此二者本身，各具一活動的形式言，它們對自己的形式，都無所缺少。它們都是正性的，而不是負性的。這兩類感覺，亦都是正性的，而不是負性的。然而在你欲望發動時，偏偏覺前一種形式，使你不安，是負性的，有所不足，有所缺少，其實你並不自覺前一種形式本身，有何不足與缺少，有何理由，使你不安。你是盲目的不安，盲目的執定它是有所缺少，有所不足，你如是而有欲望。可見單純的欲望根本是盲目的。所以你爲滿足欲望而滿足欲望，不是你自覺的活動，你不能眞把滿足欲望，作爲你自覺的人生目的。

你不要說人生目的在常保持某一些形式之生命活動。

你說：「我可以承認我們生命活動，在任何時都具備一形式，所謂滿足欲望不外由一不安的生命活動形式，到一安的生命活動形式，由安望不安，便爲一缺少。但我們可以問：我們何以安於此不安於彼，我們便可說我們生命活動常要求某一種特定的活動形式，維持某一種特定的活動形式，此特定的活動形式，即健常的活動形式。我的身體，自有其一套健常的活動形式。這健常的活動形式，必須有食物來營養，所以我們有食欲。推之于一切特定欲望之所由生，我們都可歸之於我們生命活動，要求一特定而健常的活動形式，我們必須能時時實現出此各種活動之特定而健常的形式，所以我們有各種欲望。所謂缺少之負性，乃是對此特定形式之未能實現出時而言。我們這樣說，便無語病了。」

你用我們生命活動有其所要實現的一特定形式，來說明我們一特定欲望所由生，是可以說的。然而你仍不能自覺的主張，以實現某一些特定的生命活動之形式，爲你人生之目的。因爲如果你承認：我們所謂滿足欲望，只是由一種生命活動形式到另一形式，其所以要由一形式到另一形式，則由於我們之不安於此，而安於彼；你便要知道，安與不安，永遠是相對的。我們整個人生中，並莫有絕對安與不安之生命活動形式。譬如我們如果執定飢餓之生命活動形式，爲我們所不安，那你便不能了解何以我們對於嗟來之食，我們寧忍飢餓而死。此外，你無論舉任何一特定的生命活動之形式來說，我們都不能說他是我們在任何情形下，所絕對所不能安者。因爲你凌空的提出任何特定的生命活動形式來說，你都不能從那形式本身，看出他何以爲生命活動所必須實現的理由。你的生命活動在變化中，你所謂安與不安的生命活動形式，亦永不能全一定。所以你不能以任何特定生命活動形式，爲我們人生之目的。

你說：「我如果承認生命活動之目的非實現一些所謂特定健常的形式，我們可改而說生命活動之目的，並非爲他以外的東西，生命活動之目的便是開啟他以後之生命活動，使以後的生命活動，更豐富更廣大。因每一生命活動發生時，均實現出一些形式。在我們以後的生命活動，固自然又實現一些新形式。但我們必需同時保存此一些舊形式，或使此一些舊形式，滲透融化在新形式裏面。於是我們的生命活動史，便成爲重重包裹的，向更廣大豐富的路上走，由此以向前發展。所以我們可以說人生之目的，就是使我們生命活動，更廣大豐富。」

你也不能自覺以生命之更廣大豐富，爲你人生之目的。因爲從一方面說，你的生命活動，一時間拓展，你總是在向更廣大豐富的路上走的。你不須先定此目的。你實際上，也在逐漸實現此目的。從另一方面說，你不能眞先定一使生命更廣大豐富之目的。譬如你想像你未來如何如何的生活，便是比你現在更廣大豐富的生活。但在實際上，你是永不能想像未來那比你現在更廣大豐富的生活的。因爲你要眞能想像這生活之一切，你便必須全經驗它於你現在意識之中。如果你已全經驗它於你現在意識之中，你便亦不需要把你生活，由現在引到未來。未來更廣大豐富的生活，所以爲更廣大豐富的生活，只因爲它尚未來。你必須在未來時，才能眞經驗它。所以它決不能全部呈現於你現在自覺之中。你也決不能眞自覺的以一更廣大豐富的生活，作你之人生目的。你說你有更廣大豐富的生活，爲你人生之目的，你意識中，只有一些混淆的關於未來、或可有的，一些經驗之憧憬。你相信你可有更豐富廣大之生活，只是你一盲目之信仰。這盲目信仰，出自你生命逐漸向前開展之衝動。這衝動支配於你意識之後，決不在你意識之前。所以你不能自覺的說，人之目的在求生活之更廣大豐富。

假如你在此再說，人生之目的便在順着我們生命自然向前開展之衝動。那麼我便告訴你，這衝動決不是你能意識着而立心順之的。因爲它永遠在你意識之後支配你。當你要求去自覺它時，你所得的永遠只是它的影子。假如你說你要順它而不違它，那麼你便要知道，你永不曾眞違它的。你違它之活動，可只是它另一方式之開展。你也說不上順它，你順它之活動，只是它之進一步之開展。因此，你說不違它而順它，你的話無意義。因爲你如眞注目在此衝動上說，你不定下此目的，你也在順它，定下此目的，你也不曾增加你對它的順。所以你不能自覺的以順它而不違它，爲你人生之目的。

以上你所說的人生的目的，在求快樂幸福、求某一些情境，求滿足欲望，保持某一些生命活動的形式，過更廣大豐富的生活，順生命衝動，通通錯的。我說他們是錯的，不是說這許多話不曾客觀的說明一些事實，而是說它們通通不能作你自己生活之最高指導原理。你只拿這一些話，來說明客觀的事實時，你先把握住客觀事實的兩端，你的話雖不必正確，尙可有相當意義。如你從客觀上分析人之行爲，你見人之行爲，恒歸宿于快樂，所以你可說人之行爲，以快樂爲目的。（其餘數者倣此）但是你拿這些話，應用到你自己生活上，來定爲你自己人生之目的，根據我們上面所提示，你便要知道，你並不能自覺的將如是之人生目的，定置下來。你之所以不能自覺的將這些人生目的定置下來，因爲你定這些人生目的時，都不免求你人生目的於你當下能自覺的心以外。所以你總以爲你人生之目的，在得着什麼，或合乎什麼，這是你根本的錯誤。你那樣來求人生目的，我們便當說人生莫有目的。如果人生有目的，他的目的，應即在你當下能自覺的心之中。你決不能說人生之目的，在使你當下能自覺的心，去取得什麼，發出合乎甚麼的活動，你應當以為你當下能自覺的心之所自定自主的活動之完成，為人生之目的。你不能越此雷池一步，去找人生之目的。凡在此外所找的，都是你不真知道，依何理由而找的，你只被一盲目的勢力支配而找。在要求自覺的道德生活時，你是不應受任何盲目的勢力支配的。

甚麼是你當下自覺的心所自定自主的活動？即是由你感應該作而作的活動。這一種活動，與一切「因要作甚麼而作甚麼」的活動根本不同。如你定上六種人生目的之任何一種時，所本之人生態度，便都是出于要作而作，如要快樂，要某情境——一直到要順生命衝動。一切要做而做者，其所要者，皆在當下你能自覺的心自己所能自覺支配者以外；其所以要，皆由于在後面有當下自覺的心以外的勢力逼迫之故；其所以認為要，都是莫有自覺的理由的。然而，當我們認為該作而作時，則我們明覺我們可作可不作，而且是我現在才開始感該作。我們不是受逼迫而作，我們是自現在起，下命令自動的去作。我們認為該作而作時，我們所命令于自己者，只是我去作。我們去作後，所作成的是甚麼，我們可先不全自覺。然而我們該如何作，則步步在我們自覺之中。只要照着我自覺認為該如何作的去作，我便已作我所該作。而我之去作，乃是我自覺的心本身所能支配的。又我認為該作者，我必自覺一理由，其理由決定在自覺之中。所以感該作而作，是當下自覺的心自定自主的活動。

誠然，在此處你一方面可以說：「我們之感該作甚麼時，自己對自己下一命令，我們之作，只似是出于當下的心之自動。其實我們如果追問我們何以下此命令，而不下彼命令，則明有我之生活習慣及本能要求等心理背景。這些心理背景，便不是我自律之命令所能支配者。而且我們初感此命令時，雖覺可作可不作，但最後我或歸于作，或歸于不作。我們之所以歸于作，或歸于不作，又有其內在外在的原因」。在另一方面，你似又可以說：「我們感該作而作時，雖有一理由，然此理由，不必正確，而且我們常只自覺有理由，而不必自覺理由之理由，尤不必自覺最後之理由，與全體之理由。所以感該作而作之活動，仍不是屬于當下之自覺的心自定自主之活動」。

不過你的話是錯了。因爲你是從當下自覺的心外，看當下自覺的心，你是從當下自覺的心所不自覺處，看當下自覺的心。但是你不當從外面來看一個東西，不當從一東西之四旁的東西，來看此中心之東西。你要論你之感該作而作，是否爲當下自覺的心之自定自主的活動，你當自感該作而作時，當下自覺的心之本身看。然而當你眞反省你感該作而作之當下自覺的心時，你明知道這時你是在自定自主，你明覺你可作可不作。在你最後歸到作或不作，乃是你已不感該作時（或已作了，或不願作）所達到之結果，而不是你正感該作而作時之心理。其次你說我們感該作而作時，我們雖有一理由，而理由不必正確，更不必知最後之理由及全部之理由，于是以爲我們感該作而作時，非眞能自覺其理由；你的話也犯了自外看的錯誤。你是從更廣大的可自覺的理由，去看實際上較狹小的自覺之理由。然而在我們感該作而作時，如果我們並不知更廣大的理由，這更廣大的理由，對於我們，便是暫時不必需的。所重要的是根據此理由，便有決定我去作我該作者之力量。我們所要說明的，只是「在感該作而作時，我們是受自覺的理由之支配，所以該作而作之活動，是自覺的活動」，理由廣大之度，在此對于我們之論點，是不相干的。我現在只要你承認感該作而作之活動，是自覺之活動，與你要作而作之活動根本不同。你只要承認這一點就够了。感該作而作是自覺的活動，你自覺此時自定之命令，你自覺你可作可不作，自覺你能作你所該作，自覺你所以認爲該作之理由，你自覺「你或該作而作時，你所自覺之上述之一切」。所以你可以自覺的以「作該作者」「完成你該作者」，爲你人生之目的。

你可以自覺的懸「作你所該作」爲你人生之目的，你在此可以有自覺的人生目的。因爲此目的不在當下能自覺的心以外，你不須外求人生目的，人生目的成了你當下的自覺的心之內容了。

人生之目的，唯在作你所認爲該作者，這是指導你生活之最高原理。至于什麼是你該作的內容，我們却並不須規定。只要是你眞認爲該作的，便都是該作的，以致我們以前所否定之一切出於要作而作之活動，只要眞通過你應該的意識，而被認爲該作，便都可重新在另一意義下加以肯定。它們本身是盲目的，然而只要眞通過應該的意識，它們便完全變質而成爲自覺的。問題只在你是否眞相信它們該作。只要你眞相信他們是該作而作，那你便不是受後面的勢力逼迫而作，而是自動的根據它們所連繫的理由而作。他們透過此自覺的理由，而變爲自覺的，一念之間，卽天地懸殊。然而此一念，却萬分要緊。此一念，卽自然生活至眞正的道德生活之轉捩關鍵。此一念之繼續，時時本該作而作，卽所以使道德生活擴大之唯一途徑。自問所謂該作者是否眞該作，卽衡量所認爲該作之理由，是否充足、深厚、完滿之唯一方法。這似乎最空虛的應該之意識，正是最實在之道德的動力，推進人生向上的動力。作你所該作者，是最古老的成語，然而它却是要求眞正的道德生活的人，所必需認爲千古常新的眞理。唯其至簡，所以至深。如從道德的形上學方面講，這裏面有發掘不窮的深遠之意義。不過我們現在不必從這方面講，因爲我們現在只需要當下能證實的話。

作你所該作的，這是人生目的之討論之最後一句話。加增這一句話之認識，反覆把這一句話，用之於你自己生活上，就是你生活之唯一最高指導原理，此外莫有其他話可說。你不能問我什麼是你該作的，因爲你該作的，你自己是知道的。只要你反省，你有許多認爲該作而未作的，呈現於你自己之前。問題只在你去作，你不須再問什麼是你該作的。如果你說你根本不知道你有該作的，你是自己欺騙自己。你亦可由深一層反省，而知你自己在欺騙自己。如果你竟不作此深一層之反省，而甘於自己欺騙自己，硬說我不知我所該作，那我也不能告訴你什麼是你所該作。因一切我認爲該作的，只是對我有意義，對於你永不會有意義。該作只是自己對自己下命令，只有自己，能對自己下命令，自己亦只能眞實感到自己對於自己的命令，別人所謂該作，是對於自己並無眞實意義的。

你不必問什麼是你所該作的，因爲你自己知道你自己所該作。但是你自己可以同時感到幾種該作，你感到他們間的矛盾，你一時會不知如何選擇其一，或統一之於一更高的和諧。你這時會想到各種該作者之該作程度如何權衡，及人生最該作的是什麼，各時所感到的各種該作，如何聯繫等問題。但這些問題解决的方法，都不能在你應該之意識外去求。你只要一一分析你感各種該作時，所認爲該作之理由，一一追尋到最根本之處，以求其一一之共通的或特殊的理由，你自能發現你當下最該作的是什麼，各種該作者如何統一、和諧、聯繫，及你一生最該作的是什麼，這些仍只有你自己去解決，因爲只有你自己，才眞知道你感該作時所據以爲該作之理由。

三　道德心理道德行爲之共性

關於你該作的是什麼，你自己只要反省便知道。我們在此書中不擬抽象的規定什麼是人該作的行爲之內容。所以對於以上那些問題，我們概不加以答覆。但是你可以問：一般的說，人類該作的行爲，卽所謂道德行爲有什麼共同的性質。廣義的道德行爲，包括內部之道德心理，所以你可以問，所謂道德行爲、道德心理有什麼共同之性質。這你當知道。因爲你知道以後，才能自覺你道德行爲、道德心理之意義，而更能有自覺的道德生活。也許同時可以使你覺到他們之共同性質，他們之所以該作之眞正共通的理由。

但是人類的道德行爲、道德心理之種類，是很難分別淸楚，而且或許永不能有一一舉而出之可能。但亦不必一一舉而出之。因爲他們自然能隨人應該的意識之拓展，而呈現於人心之前。我們現在無意於作哲學上之排比的工作。我們現在只畧依方便的次序，舉出一些人們公認的、比較普遍的道德行爲與道德心理，來作例證，指出它們的共同性質，幇助你去自覺你之道德生活。我們的結論，是一切道德行爲、道德心理之唯一共同的性質，卽爲自己超越現實的自己的限制。——關於什麼是現實的自己，我們不須界定，我們的解釋，也儘量求減少。我們的話，通通是指點，最後的證明，全在你自反於心的體會。

通常人說勤儉之行爲是道德行爲。什麼是勤？勤是繼續使用現在的力量。什麼是儉？儉是抑制現在的欲望。它們通通表現一種現實自我之超越。

謹愼嚴整之行爲是道德行爲，而謹愼不外時時注目可能的意外之發生，嚴整不外約束偶然的任意的活動之流露。人必有現實的自我之超越，才能注目于可能的、將有的意外，而約束偶然的、或有的任意活動。

勇敢忍耐之行爲——有恒本于忍耐——是道德行爲。勇敢是不怕可能的困難，忍耐是承担繼續發生的困難，它們同樣表現一種現實自我之超越。

我們要知道，我們說一人能勤儉、謹愼、嚴整、勇敢、忍耐等，是有道德，並非因他由勤儉而得富有之結果，由謹愼等又得其他之結果。雖然他之目的或在富有等結果，但我們不說他之勤儉之道德價值，在得以後之結果。因爲縱然他不曾得其以後富有等結果，我們仍會稱讚他行爲有道德價值。我們也不定是因爲他之勤儉勇敢，可使他人間接得利，才說他之行爲有道德價值。此因縱然勤儉者不是爲他人，我們仍承認其道德價值。可見勤儉等道德價值之所係，只在其使人們超越其現實自己、破除其現實自己之限制之一點上。

但你在此或要說：「勤儉者如不先在意想中有得某將來結果之目的，則將不會去勤儉，所以無將來結果之意想，則無勤儉之道德，因而勤儉之道德價值，亦不只繫于其能超越他現實自己的限制而破除之一點上」。

你的話之不對，在你只可說表現勤儉等道德之心理中，必需有關于將來結果之意想，但不能說勤儉等之道德價值之所以爲道德價值，有係于此意想之存在。因爲一切勤儉、謹愼、嚴整、勇敢、忍耐之道德行爲，在其初發生時，都使人感着一種痛苦，卽人都須忍受一種痛苦。如果把他們發生時之其他一切心理除去，唯留此共性本身，仍具備道德價值。所以我們說一個人在痛苦中能安靜的承担痛苦的人，是值得讚美的人。一臨刑的盜匪明知死之苦將臨，明知以後無什麼東西可取得，而臨死不懼時，我們只就他不怕死之苦一點，也可說是好漢。由此可見勤儉等之道德價值，只須係于其忍苦一點。然而忍苦卽是征服一種自然之惰性，卽是破除一種現實自我的限制。所以我們說勤儉等之道德價值，只須係于破除現實自我之限制一點上。

我們不能說忍苦之所以含道德價值，由于我們忍苦則不以苦爲苦，而去苦得樂。或說忍苦之道德價值，在其能滅苦得忍苦之樂。誠然，人能忍苦而自然滅苦得樂，如繼續忍勤儉之苦者，則以勤儉爲樂。但這樂只是其附帶之效果，並非其道德價值所係。因爲得樂本身非道德價值。

不僅得樂非道德價值，而且唯忘樂，乃表現道德價值。所以我們說在快樂中而仍表現其寧靜，不流于放縱者爲有道德之人。

忘樂是一種道德價值。因爲忘樂與去苦，同樣表現我們精神能超越現實自我之限制，而突出于現實自我的感情之上。

我們必需把道德價值，放在快樂價值之上。道德價值與快樂價值，不僅不同，而且正相反。道德價值正在超越快樂價值之處表現。所以忍苦忘樂是道德價值之所係。道德價值亦可說存在于我們對于快樂之價值加以超越的關鍵上。他們的關係，是極其微妙的一種關係。

犧牲自己以利他人，是一種道德行爲。因爲犧牲自己，是把他人包于我之內，而破除現實自我之限制。

我們不能說犧牲自己以利他人之行爲，其道德價值之所係，在他人之得利。因他人得利本身，並無道德價值。犧牲自己以利他人，他人雖不得利，他之犧牲仍有道德價值。誠然，如果他犧牲自己而不意想到他人之得利，照通常人說來，仍無道德價值。然如一些宗教家之毀棄其自己之生命意志，雖非爲人，然我們看其壯烈的壓抑種種好生惡死之情欲之行爲，我們仍說它表現一種道德價值。我們之所以于那種不爲使他人得利之毀棄自己之生命意志之行爲，不名之爲道德行爲，常由于我們自己是愛生命的，由此而生之道德心理，故亦不願人之毀棄其生命意志，固非必以毀棄生命意志本身爲不道德也。我們若除去我們自己愛生之心理，而觀宗教家之毀棄生命意志之大勇，正可謂爲一道德行爲，如忍苦之爲道德行爲然。至于我們之說純粹從事毀棄自己生命意志者，其人格價值不及意想中有利他之目的者，則由于純粹從事于毀棄自己生命意志者，雖意在破除其現實自我之限制，然其動機恒在其個人自我之靈魂之得救。此只求個人自我之得救之觀念，仍爲一種自其當下之現實自我發出之一種自限。而意想中欲使他人得利者，則由於其視人如己，乃反更能破除其自我限制，所以能在意想中念如何使他人得利而犧牲自己者，其所含道德價值之所以更高，亦唯在其更能破除自己之限制。唯因不念他人之得利，則不能由此以表現破除自我限制之道德價值，故必須有此他人得利之以念。然我們終不能說，此使他人得利之念本身，爲其道德價值之所係。因只就此念而言，亦如一種欲求之滿足。純就欲求之想滿足言，則想滿足自己之欲求，與想滿足他人之欲求，並無分別。如想滿足自己之欲求，無道德價值，則想滿足他人之欲求亦然。故捨己利人之道德價值，唯係於其破除自我之限制處，而不在其他。

在我們通常的觀念上，以爲一切道德行爲之所以爲道德行爲，均在對人有利。此全由於只自結果看之故，而實際上我們認爲含道德價值之行爲，並非全自其對人有利處看。許多我們自然稱許之道德行爲，並不待我們想到其間接所生之利，即已讚之爲道德行爲。我們讚之爲道德行爲，只因它們表現一現實自我之超越。

所以坦白之行爲，是一種道德行爲。因坦白之行爲中，表現胸無城府之心理。此心理爲一自己能超越自己與他人之隔閡距離之限制。

通常所謂光明磊落之德，不外表示自己之一切均可使人共見。純潔之德，則不外表示自己無不可使人見之疵累。前者爲坦白之極其量，後者恒爲坦白之初基。

愛眞理而追求之，是一種道德行爲，因爲愛眞理是要超越已有意見之限制，而攝取事理之本質，破除自己原認識之有限範圍之行爲。

我們不能說愛眞理而求眞理者，其行爲之價值在得眞理。因求眞理之心理，只爲開拓知識範圍之心理。而其開拓知識範圍，並非先想着一將達到之範圍（以所欲知者尙未定故）而向之開拓，乃是因舊範圍之破除，而自然達到一新範圍，而其達到處，則爲一種眞理之領畧。此眞理之領畧，本身不含道德價值，故只念已知眞理之念中，並無道德價值。如人生而自然知一切眞理，此人不可謂有求眞理者之道德，故求眞之爲道德，不在其得眞一面，而在其去破除未知眞時之闇蔽一面，超越原來認識之限制一面。

愛美而求美之實現，以努力創造藝術品，亦是一種道德行爲。爲求美之實現表現于藝術作品，而存在於客觀世界，即不願美之想像，只限於我們心中，而欲客觀化之成爲自然社會中之存在，以表現於石上、木上、紙上、樂器上。我們不能說紙上有畫，樂器奏出音樂本身，即有道德價值，也不能說畫家作畫，音樂家奏樂，皆係爲他人欣賞或自己以後之欣賞。因畫家作畫，樂家奏樂，非必先想到他人或自己以後之欣賞。他之創作行爲，唯生自欲客觀化其美的想像意境，不願此想像意境限於他之內心中，此不願想像與意境限於心內而破除此限，以使之客觀化，即藝術家之創作的道德價值之所係。一種自然的向上奮勉，想改造自己之情緒，是一種道德心理。因爲向上奮勉，想改造自己，是不願限於已成之自己。此種向上奮勉，想改造自己之情緒，不必有一所欲改造成之理想的自己在前，爲我所自覺。我們純粹的向上奮勉之情，常只是一種突然的內在感動，覺得不安於過去之自己。譬如一個墮落的人，忽然覺其墮落生活無意義，過平凡生活的人，忽然覺不滿於其平凡之生活。此時，並非必由自覺什麼特殊之刺激，縱有特殊之刺激，亦常是一偶因。其所以不安於舊日生活，只為舊日生活習慣之積累，至一程度，其習慣對其精神之限制，直接在內部激出其對限制之反感，於是突然生出一向上奮勉之情緒。此向上奮勉之情緒，初並可無確定之理想為內容，而只為要求某一種有意義之人生之情緒，欲實現人生價值之情緒。此情緒，可孕育出種種確定之理想，此種情緒之發出，其强烈之程度，亦表示其人格中所含道德價值之高低。這情緒，可得其理想中之目的物，亦可不得，然其道德價值，則不係於其所得之目的物，而仍唯係於欲超越現實之自己之限制一點上。

自尊是一種道德心理。自尊由於自覺自己恆有向上奮勉之情。吾人向上奮勉之情，恆通於吾人可實現之無窮的人生價值，（人生價值，概括眞美神聖等本身之價值，不盡為道德價值）故人自覺有此向上奮勉之情時，人同時自覺其內心有實現此無窮人生價值之向上之機。此向上之機，表現一現實限制之超越，而吾人自覺向上之機時，吾人之心先必向內收斂。此向內收斂本身，亦表現一限制之超越。故此自覺中亦表現一限制之超越，所以自尊是一種道德心理。

我們通常所謂高貴（Nobility）之品德，即原於自尊之念之相續不斷所養成，而樂負責、樂擔當之品德，則原於有自尊之精神，而求自己之行為足以符合于自己所以自尊者之所養成。

尊人是一種道德心理。尊人是覺他人亦有實現無窮人生價值之向上之機。能尊人，表示一比只能自尊者更高之道德品德。因為只是自尊，尚限於自己之內，尊人則越過此限。至於眞能自尊者，必能尊人，則根據於另外一理由，不在我們討論之列。

我們通常所謂有禮之品德，卽尊人之念之所養成。

樂天安命是一種道德心理，因樂天安命，是對於自然而來的遭際，都能歡欣虔敬的接受，體驗其意義與價值，而忘却小己之存在。

自信是一種道德心理，因爲自信是對於自己已實現或能實現之人生價值之重加肯定。此肯定，由於以「吾人當前之自覺」，去自覺「吾人昔所自覺已實現或自覺能實現之人生價值」。此中有吾人現在之自覺，與過去之自覺相通。此種相通，表現一時之自覺，能超越其時間之限制。故自信是一種道德心理。

通常所謂剛健之品德，大無畏之勇，均必待眞正之自信而可能。

信人是一種道德心理，因爲信人是一種對於他人所已實現或能實現的人生價值之肯定，對於他人所以自信者之肯定。此肯定使我之自信通於人之自信，而超越只信自己之限制。

信仰是一種道德心理。信仰是相信他人、或客觀的世界、客觀的宇宙中，有一種使我們之價値理想必然實現之趨向或力量。這種肯定自己的價值理想之力量之存於客觀世界，亦表示一小己觀念之超越。

相信「他人能信自己」是一種道德心理。因爲相信他人能信自己，是肯定：自己與他人同有信人之道德心理，卽自覺自己之信人與他人之信人相通。此亦卽信人之一種。

通常所謂推誠相與，以肝胆與人相見，最高的光明磊落之德，均必待眞正的相信人，相信他人能信自己，而後方可能。

寬容大度是一種道德心理。因爲寬容大度，是從自己人格形態中解放出，而欣賞、了解他人之人格形態，而表現出自己的人格形態的限制之超越。

愛人以德、求人我人格之共同向上，是一種道德心理。因爲愛人以德，是自覺道德生活之足貴，而不顧限道德生活於我個人，故望他人亦有道德生活，亦擴大其道德生活，由此以使人我之間不復有道德生活由高下之參差而生之間隔，

愛人以德卽最高之仁。愛人以德，基於人我之人格平等之信念，卽最高之義。

在坦白、愛眞、愛美、向上奮勉、自尊、尊人、樂天安命、自信、信人、信仰、信人之信己、寬大、愛人以德等等道德心理中，我們之所以認其皆含道德價值，都是直接自其表現超越現實自我的限制處看出。我們完全不必需間接的自其對人對己之利的結果上，來發現其道德價值。誠然，這許多道德心理，均必須預設在己以外之人或客觀的自然之存在。只有單純的自己超越之活動，並不能構成這各種道德心理。然而己以外之人與自然等本來是與現實之自己同時存在的，他們原是道德心理所依以構成之材料。道德心理之所以成爲道德心理，則唯賴自己超越之活動。才從自己超越，卽達於人與自然，故唯此自己超越，爲構成諸道德心理之本質。但在此，你還可以問：「卽將他人與自然撇開，專就自己之超越自己之限制的活動看，此中一方面有所超越的現實自己，另一方面必有所欲化成之理想自己，卽更少限制之自己。在作超越自己之活動時，一方面有所要捨棄的心理狀態，另一方面必有他

所要置定的什麼心理狀態。如果離掉此兩面，則超越現實自己之限制之事，將不可能，所以你不能只提超越現實自己之限制爲道德心理之本質。」

你的話從一方面說，我自可承認。但是我們在此，只須說超越現實自己之限制，就够了，而且不必多說。因超越現實自己之限制，同時卽有另一更大的理想自己之化成；拋棄一心理狀態，同時卽有另一心理狀態之置定。此二者是同時的。因超越活動本身，是一扭轉之活動，才扭轉此面，卽達到彼面。扭轉此面與達到彼面，卽可說完全同義。原來我們所以不能得較大之自己，卽因爲較小之自己之限制。故破除較小的自己之限制，與較大的自己之獲得，卽可說完全同義。如破暗卽名明。拋棄一心理狀態，與另置定一心理狀態，亦復可說同義。如離開此點卽往彼點。我們不能說離開此點與往彼點，是兩回事，此二者不僅是同時，亦復同義。而我們之所以不應當去說化成一較大的理想自己，置定另一心理狀態者，卽是因爲此化成或置定，只爲結果。我們去化成置定時：第一、我們並不一定自覺所要去化成置定的。如犧牲自己以爲人者，其犧牲自己以爲人之後，其道德自我自有開展，卽拋棄一種自私之心理，而置定一種愛之心理。但是他却不必是自覺的求其道德自我之開展，而犧牲自己，先自覺其要置定一種愛之心理。第二、我們縱然自覺的是求道德的自我之開展，自覺的置定一種愛之心理，我們所開展成功的道德的自我，所置定的愛，也不能等於我們初所想的。因爲我們所想的，只是某一部份的關於它們之影子，不是它們自身之全部。由道德努力所擴大之自我，所置定之愛，永遠在我們犧牲的活動完成之後。第三、我們如果自覺的是爲求一理想的自我，另一愛之心理之置定，而犧牲自己以爲人，此種愛人常可是一種自私，因爲我們可並非眞爲愛人，而是只爲要佔有一愛人之品德。這還是一種高級的自私。第四、如果我們恆必需先想着一理想的自己之完成，愛之心理之置定而愛人，我們這一種理想自己完成之預想、愛之心理置定之預想，其作用也不在他積極的一面，而在他們消極的一面。即我們于此，乃運用此二觀念，以破除我們的其他自私之念。所以在道德心理中，只有超越自己限制之自覺，是唯一在實際上有，且必需有的。此外，都是實際上不必有，亦不需有的。而且我們說超越自己限制，尙有一層好處，即我們所謂超越自己限制，包含有意去超越自己之限制之心理，及無意的自發的不被自己限制的心理。前者如上述有意之犧牲，勉力求眞，後者如自然的愛人、興趣充塞之求眞。前者爲以一種理想來破除現實之心理，後者則爲自然而然的不受現實限制的心理。即我們不說：一切道德心理都必需有一種有所否定之感覺；而當承認我們亦可有一種「不覺有所否定」之道德心理。這一種道德，可並無理想與現實對待之感，却自然的隨時間之拓展，以化其現實的自我，爲更理想的自我。如繼續表現光明坦白的行爲的人，自然變爲更光明坦白的人。而且我們應當說一切有此對待的道德心理，都要發展成無此對待的道德心理，才足貴。所以愛人而有自己犧牲之感者，必須發展爲不覺有所犧牲，而樂於愛人之人。勤儉而覺苦者，必須發展爲安於勤儉之人。我們說超越自己之限制即不被自己所限制之心理，我們以「不被自己所限制之心理」一語，即可槪括一切有此對待與無此對待之道德心理。

你於此或要說：「此無對待之道德心理，既無對待，即無被超越之自己，亦無自己之限制之破除，即非道德心理。」那麼，你便要知道：我們在無對待之道德心理中，念念都在破除自己之限制。此乃因時間的進行，剎那剎那都是棄故而更新，我們此時隨時間之進行而生活，即有我們之心理之念念棄故而更新，以向前拓展，亦即念念都在破除一現實自己之心理之限制，而有自己之超越。

你在此或再要問：「如果因此種道德心理發生時，我們念念皆隨時革故而更新，所以其中即有現實自我限制之超越或破除；則我們任何心理，均可謂道德心理，以均隨時間拓展故」。那麼，你便要知道，非道德心理雖隨時而念念拓展，然其拓展，乃繫着於一固定的方向者。這是因爲它總是歸宿在一外面的目的物之取得之故。而道德心理之隨時而念念拓展，則不繫著於固定之方向，這是因爲它不歸宿在任何目的物之取得之故。此二者之別，在一是有所爲，一是無所爲。有所爲之隨時拓展，仍有限制，唯無所爲之隨時拓展，乃無限制。道德心理均是無所爲之隨時拓展，如人之坦白之心理，自尊之心理，其自然流露者之是無所爲而爲，尤其是你最易明白的。

你在此或馬上要說：「如愛之道德心理便不能說無所爲。因爲愛人必望人得幸福。雖其道德價值不係於人之得幸福，但吾人必努力使人幸福。吾人之努力使人幸福，即有所爲。此使人幸福，即一目的物。此外如興趣充塞之愛眞，創造美的藝術品等，亦不能謂無目的物。」

答：不過你又要知道，愛等活動雖有其目的物，然愛等活動之滿足，則在愛等活動之過程中即有，並不待於此目的物而後存在。譬如愛之心理活動中，有使人幸福之目的物，此目的物之觀念，乃其一種形式，愛並非時時必須具此形式。如母之愛子，彼自望子之幸福，但當其見子而靜對之，或念及其子之名時，亦有一種愛之存在，與愛之滿足。然他此時，並不必有望其得幸福之念。你必需視愛如光，光照物自成影，但光並不待此影之形式而存在。此喻愛不待其使人幸福之念而存在。故愛對於你所謂目的物之關係，乃前者自然包含後者之關係。興趣充塞之愛眞理，與愛創造美的藝術品者，其愛眞美之生命活動，亦均洋溢而出，雖其愛眞愛美之心理，恆有欲獲得某眞理，創造出某藝術品之目的物，然亦不待念及此目的物時，而後存在。如一植物學家忽至自然界時，彼卽不念將由此得關于何類植物之眞理，而其見一般植物而油然生出之情趣，卽已爲愛眞心理之流露。又如一畫家見筆墨顏料時，一種躍躍欲試之感，卽已爲愛創造美的藝術品之心理之流露。故愛眞美之心理，與得某眞理創造某藝術品之關係，亦爲前者自然包含後者之關係。凡一切含道德價值之心理，與其目的物之關係，均爲此種關係。如非此種關係，則必非眞正之道德心理。此種道德心理與目的物之關係，乃以目的物之觀念，爲道德心理表出之形式，此心理本身並非待此形式而存在。故均可以光與影之關係爲喻。而非道德心理之求目的物，則此種心理，乃緊接于其目的物，其意義全在目的物之取得，故亦待目的物之存在而存在。此二種心理一爲無所爲，一爲有所爲，其性質根本不同，你必需細細體會。

你再問：「如果我之無對待之道德心理，只是自然的隨時間而念念革故更新，便是生滅不已。生滅不已，則滅者已滅，生者再生，我們如是繼續不斷發生同樣心理，我們將只是重復我之道德自我，無所謂道德自我之擴大。並不似在有對待之道德心理中，我們念念克除非道德心理，使道德自我因自覺有所克除，而自覺有所擴大。足見無對待之道德心理中，其只有同一的道德自我之重復，與我們在非道德心理之念念等流中，只重復同一之自我，並無差異」。

你這段話之錯誤，則由于你只自外面看因時間之繼續，好似前後同質，於是以爲在道德心理之繼續中，道德自我亦前後同質，只爲一重復。但是你要知道，我們之生活，從外面看來只見其在時間中之繼續者，自內部看來，則是經驗之積累。此內部經驗之積累，在道德心理與非道德心理，其意義是截然不同的。因在道德心理，其發出純爲自動，不繫於其目的物，故每一發出，皆爲一絕對之自故我解放，其收得之效果，便純爲自我限制之破除。一度破除以後，卽少一限制。故繼續破除之經驗，使道德自我繼續擴大，絕不是純粹之重復。至于非道德心理之念念等流，亦不是重復同一之自我。因爲非道德心理是有所爲，而緊接於其目的物的。所以其隨時間而革故到新，雖破除故我之限制，但因其同時緊接於其目的物之故，又卽同時重置定其限制。所以此中無自我之擴大。而且以前一念之緊接於其目的物，復向目的物傾注其心之故，其後一念便與目的物，愈相緊接，而限制更大，反生自我之縮小。

你或再要說：「無對待之道德心理，是自然的超越自己之限制，而不覺有被超越之自己，則此心理中，應無所謂自覺，因自覺必須有一定的自己爲對象故。」

那你便要知道我們從來不曾說，「自覺」是以「一自己」爲對象。因爲你並不能眞想像一自己，而以之爲所對或對象。所謂自己原只是一與「所對」相對之「能」，所謂自覺，只是對此「能」本身之自覺。對此「能」本身之自覺，卽不斷有新能，以此新能，貫徹于舊能，而不感隔閡之存在。此新能與舊能，乃非二非一。所謂自覺超越限制者，不外新能不停滯于舊能，舊能過渡到新能，而舊能復投映於新能。所以眞正的自覺，眞正的超越自己之限制，並非眞以一自己，爲所對之對象。所謂我們若覺有一所對之「自己」者，實因我們尙未眞自覺此自己。只有向自覺之途而趨，方覺有此所對之自己。如以光照暗，暗雖漸去，尙未去盡，故若有暗爲光所對。此卽比喩我們通常視爲所對之自己，實不外我們去自覺我們初不自覺的自然等流之心理狀態，而尙未完成此自覺時，所假立者。此中人可自覺曾超越一自己者，正如光已明時，回想過去曾由暗至明，故若曾破一暗。其實眞在明中，實不能回想暗。其所以能回想暗，乃因此明尙未貫徹至回想中之暗。所以眞正已超越自己之限制者，正當不再感自己之存在，此卽無對待之道德心理中之情形。在有對待之道德心理中，人覺有所破除之自己，乃由我們超越自己之限制之事，尙未貫徹到底，故此時尙覺有一被超越之己。而在無對待之道德心理中，唯其因無一自己爲對象，故反爲貫徹到底的眞正自覺的超越自己限制之道德心理，以其已不感有所超越之自己故。

你問：「如果無對待之道德心理，不覺一被超越之自己，則與我之順本能衝動，陷于物欲，盡量享樂者何別？因在此中我們亦覺繼續有新樂，有新的感受之能。若此樂至陶醉忘我之境，亦無被超越之自己可得。而且亦不覺衝動之逼迫及目的物之存在，不覺心之緊接於目的物上被其限制啊」。

答：此中差別，在凡順本能衝動，盡量享樂，而達陶醉忘我忘物之境者，必須先將我投入一已成之環境，足以供我盡情享樂之資具者。在此環境中，我們順此路數之本能衝動而行時，雖自覺有新感受之「能」之繼續，若與無對待之道德心理相同；然若有破壞此環境之刺激來，則吾人所感受之「能」之繼續，立卽全部擾亂，而漸斷絕。故知此時我們雖不自覺受限制，而其所以似不自覺受限制，乃全由自己先已限制於環境中；曾先視某環境爲目的物，而緊接其上，並自限於一路數之本能衝動之故。而我們之無對待之道德心理之生，則自始不生自我們之投入一已成環境，而以環境中物供我之活動之資具時；而可生自我自己全忘却自己環境中有可供我之活動之資具之時。故在道德心理中所感之「能之繼續」，在其需環境中之資具以爲用，而於環境中沒有時，我們不特不停止此種能之繼續，且更求創造環境中之資具。如我們在愛他人時，由愛之心理中之「能之繼續」，便造出用以達愛人之目的之資具。故此爲眞正之不被限制而超越之心理；前者則爲已在限制中之貌似無限制。前者又如已入被動之境中所感之貌似自動，而後者乃爲眞正之自動。後者如自發光中心，散入環境中之光，前者如流於四圍皆暗之甬道中之流光。此光自亦能照其所到之處，但當環境破壞，則光不復存在。此卽昔賢所謂役於物與不役於物之別。

我以上論了一切道德心理行爲，均表現一共同之性質，卽超越現實自己之限制。我們的目的，本來只是爲使你自觀你的道德生活。要是你一朝由上所論而認識了一切道德心理行爲之共性，憑此共性以爲通路，你便必然會於作你當下所感到的該作者外，要求具備保存一切道德心理行爲，你必然要求盡量擴大你的道德生活。然而你要求具備保持一切道德心理道德行爲，以擴大你之道德生活本身，却仍不出你當下的應該的意識之外。

四　道德生活發展之可能

我們討論到此，我們亦可以應該具備保持一切道德心理行爲，代替「作我們所應該作」一句話。但你會再要問：「我們雖然應該具備保持一切道德心理道德行爲，然而我們有什麼保障，使我們定能具備保持他們？雖然你說具備保持他們，是我們自定自主之自由活動，我們有具備保持他們之自由；但是有此自由，在一方面固可使我們能具備保持他們；另一方面我們也可因有此自由，而不去具備保持他們。你所建立的自由，全是中性的。你的自由，使我們可擴大我們之道德生活，亦可使我們不擴大我們之道德生活。那我們怎能保障我們能逐漸擴大我們之道德生活？」

我的答復是：你不能要求有一道德生活必得擴大之保障。因爲有保障，則你的道德生活之擴大，成必然的，被「保障你去擴大的勢力」所支配的，那你的生活便非道德生活。道德生活之所以成爲道德生活，正在你之有可以不道德之自由。但是當你眞自覺你有道德之自由，而可以不道德時，你却必去求合乎道德。當你眞自覺你可服從或不服從你自定自主的應該之命令，或可去可不去具備保持你應該具備保持特，你却必去服從你自定自主的應該之命令，而去具備保持你應該具備保持者。因爲你自覺你有自由，卽是表示你不爲過去之一切所支配規定。你不爲過去之一切所支配規定，卽表示你能超越你現實的自己之限制。而我們已經說過，一切應該具備保持的道德心理行爲之共性，卽不爲你現實的自己所限制。所以你之自覺有自由之心理，與你所視爲應該具備保持之種種道德心理，是同一的心理。你由你的自由去實現你應該之命令，卽由你之超越你之限制，去超越你之限制。根據你之「前一超越限制」之自由之心理，你便必會發生那「後一超越限制」之道德心理，因爲它們是一種心理之連續，這一種心理之連續是必然的，所以你自覺你有自由，你便必會去奉行你應該之命令。但是這兩種心理之必然連續，却並非你自覺。你總覺：他們之連續非必然的，你可以不去奉行你應該之命令。然而你之覺他們之連續，爲非必然，正所以在實際上使他們之連續，成爲必然的。所以你不必去求你必有自由，去實現你應該之命令，不必去求其間之連續成必然的。因爲你正須不覺其連續是必然的，然後其間之連續是必然的。你不必去求保障，你的保障本是有的。而且你不當去求保障。因爲你去求保障一念之本身，意在使以後之道德生活之擴大成必然，此便是不道德的。這中間有一非常微妙的關係，你必需細細思維。所以重要的事，只是你是否眞感你應當之命令並眞有去服從它之自由。

你問：「那麼爲什麼我們有感應當之命令與服從他之自由，而我們會有終於不服從應當之命令之事？我們有不服從我應當之命令之事，卽證明應當之命令與我們之自由，可莫有實際上的必然關係。如果他們莫有實際上的必然關係，那我們當怎樣辦，以使他們有必然關係？」

我的答復是：如果你感有應當之命令又有服從他之自由，而你終不用你的自由去實現牠，唯一的原因只在你之失去你的自由，卽你爲你過去所流下之盲目的本能衝動欲望所支配，亦卽因爲你已不自由。因你不自由，而你不實現你應當之命令，你所證明的，只是你的不自由與應當之命令無必然關係，只是你失去自由，而失去與實現應當命令之必然關係。你要實現應當之命令，唯一補救的方法，只是恢復你的自由。假如你問你已喪失自由，如何能恢復他，那麼你便要記起我們前所謂你有恢復你的自由之自由。

如果你問：「我雖有恢復自由之自由，但在實際上我們能否恢復他仍成問題」。那麼，你便要再反省．你喪失了自由而要求恢復他時，你此時之要求恢復他之活動，本身即是你所自發，此自發之要求中，實際上已有你的自由之恢復。你所謂自由之恢復，只是你要求恢復自由之進程中「所已有自由之恢復」之完全表出。所以你不能說，在此時你實際能否恢復他仍成問題，因爲你實際上已有你去恢復它之要求了。

你可又問：「在實際上我們喪失自由而要求恢復他時，在此要求中，雖已有自由之恢復，但此自由之恢復，是否眞能完成，仍不可知。而且假如我們喪失自由，我偏不自覺我之喪失自由，偏不要求恢復他時，怎麼辦？你怎能保定我們必要求恢復他？」

你如再繼續這樣問，我便要告訴你；你之一切問題，都是從外面看你自己，所以便覺你自由之恢復之進程，可從中間截斷，你可根本不求恢復自由。但是你要知道，你根本不求恢復自由，不待自由之全恢復，即停止恢復之活動，則你根本不會問，如何保定我們必求恢復他。你要求此保定，你已有絕對恢復他之要求，而且你已是怕你不待自由全恢復後即停止，你已是決不願意停止的了。你決不願意其停止，你如何要担憂你自己之停止？這唯一的原因，只是你之不從你自己本身不願意停止看你自己，而從外面看你自己。如果你只從你自己之本身看你自己，你明覺你當前唯一的心理，是不願你之停止，你是不會有可怕的「你之停止」爲你之對象的。因爲你的怕之本身，便直接表示在你當前的心之活動中，是莫有你所怕之對象之存在的。你之所以覺你怕的對象之存在，唯一的原因，只在你之向前向外注目你之所怕，而不向後反觀你之所以怕。你只要反觀你之所以怕，你便知道你所怕者，永不會成爲你所怕的對象了。

你或再問：「你的話始終是假定我們已有恢復自由之要求，所以你此時可說，我只要反觀，便知我有恢復自由之自由，而能恢復自由。但是我們人類，總有不要求恢復自由而任盲目的勢力支配時。我在今日此時雖力求自由之恢復，怎保障我們明日仍如此？那麼我們當如何訓練我們自己，使我們常能有自由，以實現我們應該之命令？」

答：你不能保障你明日也有如今日此時之道德自由。因爲如果明日的道德自由，由你今日此時之努力而得保障，則明日將無明日之當下自覺的心所自發之道德自由，那明日的道德自由便非道德自由，那你就便是在毀滅明日之道德生活，則你之此念根本爲不道德的。你在今日此時有了要求保障明日之道德自由之念，而毀滅你明日之道德生活，則你之此念根本爲不道德的。我們不能爲道德生活求必然之保障，此義前已說及。所以你根本不當生此念。你只可在當下因覺你的道德自由之爲你的道德生活基礎，而在你當下對你自己下命令，勿喪失此自由。你從現在起，求不喪失你當下之道德自由，則你當下之道德自由，自然能繼續下去，以成爲明日之道德自由。但是你在你當下對自己下命令，勿喪失你自由，這只是你當下的道德生活，你的道德生活，永遠在實現你當下自己所定的應當之命令。

如你問：我如何能保持我當下的自由不喪失？那麼我便可告訴你，所謂自由之喪失，不外由於你之爲你過去流下的盲目的本能衝動欲望之勢力所支配。你要使你之自由不喪失，唯一的辦法，就是不爲他們所支配，就是你要超越他們。你要使你空靈的心，永放在他們之上，而不陷溺於他們之中。

你在此或又要問：「超越本能等之支配，即超越現實之自己，即你所謂應該有的道德心理之本質，亦卽同是一種道德心理。你現在說，我們應有此道德心理，則我們又是對我們自己下命令了。我問我們如何能實現應該之命令，你的答復是我們有自由，但是我問我們如何能保持此自由，你又說，我們應再對自己下命令，你的話不是循環的嗎？」

我的答復是：在道德生活中應該之命令與自由，永是互爲基礎。必有自由，而後能實現應該之命令，然要保持自由，必需有應當保我自由之命令。他們循環的互爲基礎，正是道德生活開闢之過程。

你問：「我們如何保持自由，只有直截的說『超越現實自己』『不陷溺於本能中』一句話嗎。」答：超越現實自己，不陷溺於本能等，是保持自由的最根本一句話。但是我們既然又提出一切道德心理之本質，都是超越現實的自己，那麼你便要知道，我們直截了當的說當下不陷溺於本能……等，固然所以保持我們當下的自由，而加強各種道德心理，亦卽所以保持我們當下之自由。所以我們不從保持我們當下之道德自由着眼，而從道德心理本身之加強上着眼，亦所以繼續保持我們之自由。各種道德心理，是你所應當實現，加強道德心理，卽是加強「你所認爲應有的道德心理之應有」之認識。你如何能加强你對於各種道德心理之認識？此不外當你認爲一道德心理爲你所應有時，你便作種種必應有、絕對應有之想，你覺他眞應有，眞眞應有，無絲毫疑義的應有，這就賴於你對於各種道德心理之體驗。

你在當下要發心去體驗各種道德心理，即所以保持你當下之道德自由到將來，同時亦使你從「當下所認爲應具備或努力具備之道德心理，」逐漸擴張到「未來你所能具備之道德心理」之過程。所以你當下發心體驗各種道德心理，亦是你當下之道德命令，是你當下之道德生活。你之此當下之道德生活，便把你聯繫到你未來之道德生活。

你可以由你當下的道德心理之體驗，過渡到其他道德的心理之體驗，因爲一切道德心理，都有一共同之共性：即超越現實之自己。由此共同之共性爲通路，他便可帶你去體驗各種道德心理。但是這共性，只是你要去體驗各種道德心理之通路。你要體驗各種道德心理，你必需使你處於各種可以發生道德心理之情境，並欣賞他人之道德生活，了解他人之道德行爲。如此，你將擴大你對於道德心理之體驗。

體驗各種道德心理，是使你知道所應該具備的道德心理是些什麼，而去具備它。但是你要知道，當你覺什麼該具備時，你覺它應該，即它已成你心理之一部。所以體驗道德心理，即所以擴充你之道德心理，體驗道德心理本身，是你應有之道德生活。

你問：「體驗各種道德心理，具備各種道德心理，這是我們當下自覺的心所可下之命令。由此當下之命令，便可使我們過渡到各種道德心理之體驗。但是何以我們有時雖然在當下發心要具備各種道德心理，而我們最後終於對許多道德心理，完全盲目，不求具備？我們如何能努力不斷的去求具備一切的道德心理？我們這一種努力不斷的態度，從事實上看，仍是隨時可以停止的，我們怎能使之不停止？」

我在此可以答復，如果我們以前的話，不能使你的努力不停止。你便可肯定：一超越你實際有的道德心理以外之道德價值世界，及一超越的心之本體，其中具備一切之道德價值。

一切道德價值，都表現於你的道德心理。一切道德心理之本質，都是自己超越現實自己，道德價值卽表現於自己超越現實之轉折處。因單就此轉折處之兩端而言，初無道德意義，所以你一切道德心理尙未生時，對於你現實的自己，都不存在，以他唯存在於超越你現實自己之活動故。

所以對現實的自己而言，道德價值亦永遠是超越的。一切道德價值，構成道德價值世界之全體。你必需相信有一道德價值之全體在你之上。因爲有一種道德價值全體之觀念，卽可以使你更注視到你現實的自己以外，同時更引出你超越現實自己之活動。

然而一切道德價值均表現於你超越現實自己之心理。超越現實自己之心理，是你自己發出的。然而他自何所發出？他不能自你現實自己發出，他必自一超越現實之自己發出。所以你必需肯定一超越你現實自己之「自己」，爲你道德心理所自發。此「自己」之肯定，使你更注目於你自己以外，同時更引出你超越現實自己之道德心理。

你莫有發出一切道德心理，只爲你限於你現實自己。你限於你現實自己，只爲你超越的自己不曾發出超越的活動，使你超越現實自己。而其所以未發出他超越的活動，又可歸因於現實的自己正在表現其現實的活動。所以拋開你現實的自己及其現實的活動，尅就超越自己本身而言，你必得認爲他即已具備你一切道德心理之本質，你必得承認一切道德價值均存於你之心之本體中。其所以未表現，唯由於現實的自我之遮蔽。

你必需承認一切道德價值包含於你之超越的自己之心之本體中。又以一切道德價值均表現爲自己超越之心理，而此自己超越之心理是一切道德心理之共性，故一切道德價值亦必有其共性。此即名之爲善。

你超越的自己之發出其超越的活動是層層累積的，如發出一超越之活動——自己之愛他人，又發出一超越之活動，使他人亦如自己之愛他人……此中可表示各種限制之逐漸破除。故你超越之自己中所含之超越活動，爲絕對之活動，即能破除一切限制之超越活動，所含價值爲絕對之善，爲至善。

當你承認你有一具藏一切道德價值與絕對道德價值之超越的自己時，你將視你當前之道德活動，即所以實現你超越之自己。你將覺你一切之道德活動，均所以實現你之超越的自己。然而這超越的自己，好像是你所永不能完全實現，除非你已具備一切之善、得至善，不覺受任何現實自己之限制。所以在你自覺有現實自己與它相對時，你將努力求超越你自己，你將必然繼續去求具備一切道德心理，而不至中斷。

你問：「我們雖然承認一超越的自己，知其中具備一切之善、至善，我們可以因信仰之，而使我們繼續求具備一切道德心理之努力，不致中斷。但我們之信仰本身，亦可不繼續而中斷，如果中斷了，又怎麼樣？」

答：當你相信你有一超越的自己，並知此超越的自己即你眞正的自己，其中具備一切之善、至善，而你竟不能繼續去實現之，以至全與之相反時；你一旦回想你之中斷實現善之努力，你將覺一極大的恥辱之感。而此恥辱之感，即能馬上把你心翻轉來，去超越你的罪過，仍以實現善，爲你之人生目的。如果你無此相信，你將無此極大之恥辱之感。

由此恥辱之感，你將有眞正之懺悔，此懺悔之繼續，將可實際上超越你的全部罪過。

你問：「但是我們有時雖經了多次懺悔，而我們仍不禁重犯同樣之罪過，怎樣辦？」

那你便應當悲憫你自己，對於你之把你自己之無可奈何，生一種極深的同情。你可痛哭，你承認你有無可奈何之罪過，而悲憫之。

但即在你覺把你自己無辦法，而悲憫你自己時，你超越了你自己，你對你自己仍有辦法，而又再相信你有超越罪惡之自由了。

你問：「對於我們過去的罪惡，我們可以懺悔，對於我們之反復的罪過，我可對自己悲憫，但是當我們知道我們可以重犯罪過時，則我們雖然可以由我現在對自己之悲憫，而知我有超越他們之自由；然而，後之視今，亦由今之視昔，焉知我後來不再犯罪過，則縱繼續懺悔悲憫，又有何用？」

那麼你便要在現在發出承擔罪惡的勇氣。你要說如果再犯罪，我願意承擔繼續不斷的罪過之重現，我仍不喪失我能實現至善之信念。但在你發出此承擔罪惡之勇氣時，你又把罪惡踏在下面，仍相信你有超越他們之自由了。

你問：「但是我們這樣繼續犯罪過，而終身在奮鬥之中，我們之道德生活永無勝利之日，則我如此之道德生活尚有何意義？」

那麼你便要知道道德生活之本質，卽在超越。你所超越的，愈是難超越的，則你之超越的活動，所含之力愈大，卽你道德生活之內容愈豐富。罪惡之翻轉，則爲更大之善，所以你不應當嗟嘆你之罪惡之多。

你問：「惡可轉爲更大之善，但善亦可轉爲惡。如知善者可有僞善，僞善則比普通之不善，爲更大之惡，此外一切善只要我們滿足於它，而視它之爲物，屬於我現實之自己時，也成更大之惡。那又怎樣辦？」

答：但是你知道善可轉爲更大之惡，這便是使你對於善永不敢自滿，使你有道德生活之嚴肅之感。此感之本身同時爲一更高之道德心理。你好善惡惡，你知善可爲惡，更使你覺必須增加好善而惡惡之心。惡之轉爲善，並不足以使你對於道德生活之發展生悲觀，而正所以使你更努力於道德生活之發展。

你在現在對於你道德生活之發展之可能，應有絕對的自信。你只要一朝肯定了，你有道德之自由之自覺，你亦卽當對於你道德生活之發展，有絕對的自信。因爲你只要一反省你有超越的自己，能使你超越你現實的自己及其罪過，你的一切恐怖和疑慮，便都自然銷除了。

五　生活道德化之可能

你在此或尚要問：我們當如何去具備保持一切好的道德心理，以完成我們之道德自我，我們對於非道德心理，（道德心理以外之心理）當取什麼態度，生活道德化如何是可能？

答：關於你當如何去具備保持一切的道德心理，以完成你之道德的自我，我們實不應當再有其他的話可說。因爲所要說的話，都含攝于前面所論中。我們現在只能把他重提出而發揮之。

照我們前面所說，你之所以不能具備保持你的一切道德心理，根本原因只在你之陷溺於現實的自我，爲你自己過去所流下之盲目勢力如本能、衝動、欲望等之支配；所以你要求具備保持他們，而完成你之道德的自我，唯一的方法只是使你擺脫本能衝動欲望之支配，你當自己遵循你自己之命令，去擺脫他們。你或者自然的馬上擺脫他們，或者勉力去求擺脫他們的方法，你將自己命令你去思維擺脫他們的方法。若果你思維不得，你可請問他人，如你今來問我。但你今之問我，仍當是出於你自己之命令。譬如你現在要問我，我便可告訴你。第一、你當時時反問你的本能、衝動、欲望爲何當有，爲何我們當受其支配。你愈反問，你將愈發現他們之有，實無理由可得。只爲他們有了，他們便有了。這你可反溯我們在第二節所論，而重體味之。你愈覺他們無必有之理由，你無受他支配之理由，你便自然愈不受他們之支配。因爲你能反問的心是自覺的心，自覺的心，是決不願受不自覺的努力支配的。其次，如果你覺你的反問，尙不能使他不支配你，那你便可再反問，他是如何的來支配你。我們說他們是從你過去等流下來，到你現在，要決定你的未來。他之來支配你，必表現在如此如此之時間形式。那麼你只有拆壞他如此之時間形式，他便不能再支配你。你如何能拆壞此時間之形式？唯一的方法是把過去歸到過去，現在按捺現在，未來放在未來。你要常對自己說，過去的已過去了，那不是我所有。未來的尙未來，亦非我所有。則你只安住於現在，過去流下的勢力，便無法有通過你的現在，來支配你未來的力量。你於此當除去你對於你過去的一切悔恨同慶幸，以及對於你未來的幻想同恐怖。因他們同樣由於過去衝動欲望之等流的勢力而生。而當你把過去的放在過去，未來的放在未來，你的心便從此時間形式之現在一點上，湧出頭來，而破壞了他們間之聯繫。你這時誠然亦覺有過去與未來，有過現未的時間之流行。但是你的心，是透過了自然的時間流行，在自然的時間流行上，看他們在你的心之下流行，而你的心位置之點，則在那永久的現在。你破除了自然的時間之形式，你同時破除了衝動欲望等之流的勢力之支配。第三、你當反問：你的一切衝動欲望等之表現，其必需資具是什麼。你將發現這是你之身體。所以當你順衝動欲望而行時，你必時覺你身體之重要。你便當時時求忘却你的身體之重要。你當時時想你的心在你身體之外，你當時時想你的心周流萬物，你的身體只是你心中之一物。你愈忘却你身體之重要，你之衝動欲望表現之要求愈少，強度愈減。第四、你當反省你的衝動欲望之活動，均必於外物想有所取得，均有其所繫著之一定情境。你便當逃出你所愛戀之情境，隔絕你所欲得之物。你最好常使你所見之外物，均不屬於你所欲得之物一類。你應常到自然中去，因自然非你所欲望之物，你接觸他便使你心平靜淡泊，而超越你之衝動欲望。第五、你當反省你在要求滿足你之衝動欲望時，你必認爲你所待以滿足他們之物是實在的，你于此時恆只注目於他們之實在性，你又恆兼相信你心理中之衝動欲望是實在的，那你便當時時看天、看大自然之空處、體會你心之空處，觀一切事物之無常而旋生旋滅處。你當去學哲學佛學，觀一切無常，觀一切事物之自性空，及因緣生之道理，使你破除你對於他們的實在之想，而注目在他們之外。第六、你當反省在你順衝動欲望而行時，你的心光總是向前看，你便當時時把你的心光，折轉來看你自己。你不要只看你所自覺，你當時時收回來看你之能自覺。你要時時把你的心向後一收，這一收是你心光之凝聚而反照，這卽你之靜，由凝聚反照，你的心乃進而超越外物及衝動、欲望而向上，這卽是你之敬，這敬使你的心超越現實而聯貫於你超越的自己，你將由此而專注在你超越的自己之本身，這卽是你之定。第七、你當反省你衝動欲望發生時，你必不安於你現在之環境與身體之關係，而希圖你之身體居于另一環境，你便當常常想你身體在任何環境都可以。你要肯定你當前所處之境，而無絲毫怨尤。你當視你一切實際的遭遇，都有其外在的必然原因，如你不能改移，便一概承認他。因爲你承認他，卽是超越他，你當有樂天安命的精神。第八、你當反省你有衝動欲望而未能滿足時，你必感苦，並怕一切苦之再來臨，你便當勉力求能忍受你現在之苦，並當不怕一切苦，你當放棄一切爲幸福而求幸福的思想。第九、你當反省你衝動欲望發生時，你必覺你身體內部有許多不自覺的反應在湧動，而不自主的向外泛濫，不守一定的規律秩序。你便當時時故意把你的身體之活動，加以規律秩序化，使守一定之形式。這規律秩序，縱然是由你任定，但他只要一定下而你亦遵之而行時，他便表現一「對你之不自覺的內部反應之湧動泛濫加以遏抑」的功效，而可節制你之衝動欲望。第十、你反省當你衝動欲望發生時，你時時必覺有一我。你便當時時想莫有我，所謂我並不能成我之對象。我只是一永遠超越之活動，或心之「能」，如我們昔所論。「我」之觀念，只生於我尚未眞自覺我之所以爲我；我之覺有我，正因我尚未眞去自覺我，我尚無完全之自覺。我應當求有完全之自覺，此時將無「我」之一對象可得。我們將由此忘我之實在，而衝動欲望之發生，必與「我」之實在之感相伴，故我能常忘我之實在而知無我，則衝動欲望自少發生。

我們從一方面說，你之所以不能具備保持道德心理，由于你之陷溺於現實的自我；從另一方面又說，只要你去體驗各種道德心理，也卽是所以具備保持各種道德心理。所以你當去體驗各種道德心理——你自己及他人之道德心理。你當去同好人接觸，你當同你佩服的師友接觸，你當從歷史、文學、戲劇、藝術中，去體驗各種曾有的，可有的人們之道德心理。然而最重要的，是你當時時處處體驗人之道德心理。你當知人之任一道德心理，擴而充之，便可引發出一切道德心理，一切道德心理是同質、同源、而相通的。你便當於一平凡的他人之道德行爲中，去體驗他所可能實現的無盡之善。你要在一最平凡之他人之道德行爲中，均看出若有一無盡之善在那兒表現。如此你將覺任何最平凡的人之道德行爲，均有無盡深遠之意義。你將由一道德心理之呈現，得無盡廣大的道德心理之體驗。而且你當自非道德心理中，以至罪惡心理中體驗道德心理。因爲一切罪惡之翻轉卽成善，故一切罪惡中，均可說含可能之善。你當見善在罪惡中之要求實現。如此你將隨處有道德心理之體驗。

你問：「假如我們不能如你所謂在惡上看其可能之善在要求實現，而我們所接觸的，又處處都是罪惡之表現，則我將怎樣辦？」——那你便當知：你能知惡是惡，你必惡惡，你見多少惡，你將有多少惡惡之心理，二者必然相等。你惡惡之心理，爲你之道德心理，所以你可體驗之道德心理，永不會少於你所見之惡。而且你復知道你之惡惡之心理外，有你之好善心理，你又可繼續體驗你之好善之道德心理。所以你所體驗之道德心理，永是多於你所見之惡，惡永不能在你意識中居主要地位。你將你見惡時之惡惡，除去對於惡之體驗，你將祇有好善之道德心理，你仍是充滿了善的道德心理之體驗。

你說：「但是我亦可由見惡而學惡，又當我之惡惡之心過强，復不反觀自己何以惡惡，遂一往惡惡而惡人，以人之小過而掩人之大德，厭恨一切人，便可使我自己亦陷於惡。」

答：人們之陷於惡，恆由於惡惡而不知自反，是不錯的。但人之惡惡原自人之好善，以不自知其惡惡由於好善，而流於一往之厭恨人，遂陷於惡而善轉爲惡；這些正是人類最大的悲劇。你當對人由好善轉成之惡，生我們所謂悲憫。對於你自己由好善轉成之惡，復特當慚愧羞恥懺悔。你將發大願力，去化惡爲善，使人知慚愧羞恥懺悔。而你之此種道德心理，便又足以除去你先所感之一切惡之體驗，而恢復你無盡的道德心理之體驗。所以你永有無盡之道德心理爲你所體驗。祇要你去求他，他永遠是存在於你當下的。

你說：「你的話都是假設我自己是道德上能永遠自反的人，你把一切道德責任歸到我自己身上，我固然可隨時有無盡道德心理之體驗。但假設我根本上是道德能力弱的人，不知自反，又怎樣辦？」

那麼你便要知道，你可求助於比你道德能力强的師友。如果現在莫有，你可師友古人。除了古人以外，你可想到你之超越的自己，其中具完全之善。你可視你超越的自己如神，你亦可承認眞有神，彼具完全之善。你可由接近師友，想念古人，信仰你超越的自己，信仰神，賴他們的力來帮助你知道慚愧，以至促進你對你自己之悲憫；你仍可在你自己內心中，體驗無盡之道德心理。

你說：「誠然，我們有各種法子，使我們不陷溺於現實的自己，體驗無盡之道德心理；我亦知道我們之不陷溺之本身，體驗道德心理之本身，即道德心理；我們能如是求不陷溺，能如是去體驗，我們便是在具備保持我們之道德心理。我復知道假如我問：我如何能繼續保持具備它們，你的答覆一定是：去繼續保持具備；對自己下命令說：自己應具備保持它們。如果我們再問：我如何能遵守此命令，你一定說：下命令去遵守。我也知道我當遵守此命令，當遵守我自定之「當遵守命令」之命令，我永遠負有我自己生活之道德責任，我也永遠有盡此責任之自由。但是你所有的話之所以有用，仍本於一基本的前提，即我現在是要求一道德的生活的。我現在同你討論時，我的道德意識是清明的。所以你總可以要我進一步的反省，我亦總可有進一步的反省。但是我們不能常有我們現在討論道德問題時之心境，我們有回到自然生活之時。當我同你討論道德問題之事停止了，再回到自然生活中去時，我便仍會去作違悖道德命令之事，以至安於不道德之生活，到那時，你剛才全部的話，便對我毫無意義了。」

答：你有回復到你自然生活之時是不錯的。但是你只要一朝眞認識了我們上述的話，從現在起去實踐他，你是永不會在你回復自然生活，卽陷於自然生活而不求超拔入道德生活的。你不能說你將來會，因爲你在現在是找不出你將來會的理由的。你說你會，你是從外面看你自己。你如果只從當下的心看你自己，你現在的心已相信了我們所說之一切。你相信了，你有恢復你的道德生活的自由，有使道德生活能由現在發展到將來之信心，有各種具備保持你的道德心理之方法，你如何會？如果你認爲你會，你只是忘了你現在所已了解之一切。你須重想你所已了解之一切。你只要再重想你所已了解之一切，你便不能說，在我們討論終局時，我們上述的話對你便無意義。你自將永留下一時時努力去求你的生活道德化之心理。

你說：「我現在姑且承認我以後將永留下求生活之道德化之心理。但是你要注意一件事實，卽我們人類的生活不能完全道德化，我們的心理不能全是道德心理。至少我們現在的人類所有的愛情生活、飮食生活、睡眠生活，就他們本身言，照你的說法，他們明只是出自人之本能、衝動、欲望，因而它們雖不必是不道德的心理，然而總屬于非道德的心理。從道德的心理立場，我們始終找不出它們何以應該有的理由的。要貫徹你的主張，便似應完全絕去它們，而後生活之完全道德化乃可能。然而你始終不能使我們不睡眠不飮食。以至如愛情之要求，你也不能全去除。因爲如果你把它們全去除，則你的神經或將生病，而使你失去健康的意識，你的道德生活之繼續將不可能。而且如果你認爲它們必需絕去，那麼一切人都把他們絕去後，人類將無以衣食相助之道德心理，亦無顧天下有情人綣成眷屬之道德心理，你此種道德生活亦不可能。所以你的生活完全道德化之說，不特不可能，而且你的道德生活，正建築在你與人之非道德的生活上面。」

答：「我並未主張你必須絕去一切欲望。只是我認爲你不當自要滿足欲望的觀點，去滿足欲望。如果你只是因爲你要滿足欲望而去滿足欲望，那便是不道德。至如你所說，我們若無飲食睡眠，則我們的道德生活，將無繼續之可能，所以我們必須有睡眠飲食；則你的觀點，已是道德的觀點。你是先覺到你應該繼續道德生活，而又覺到繼續道德生活，必須以飲食睡眠等爲條件。從這樣的觀點，你的結論當是「人應該飲食睡眠，所以人必去飲食睡眠」，而不只是「因人有飲食睡眠之欲望要滿足，故人必去飲食睡眠。」我們所著重的，只是觀點之轉移，我們只反對爲滿足欲望而滿足欲望之說。但我們同時主張，如果你覺你爲要道德生活之繼續而滿足欲望，則你要道德生活之繼續，原自你之應該之命令，則由此而去滿足欲望，亦原自你應該之命令。凡原自你應該之命令者是道德的，所以只要你認爲當滿足的欲望，而去滿足他，便是道德的。所以你一切生活可以道德化，只要你之生活都是經你認爲應該的就是了。

你問：「但是我們之所以認爲睡眠飲食是應該的，最後仍歸於我們事實上有那欲望。其所以有那欲望之最後理由，仍不可得。照你前面的說法，便仍無滿足他之理由。而且當你認爲應該睡眠飲食，而去睡眠飲食時，你所下的去飲食睡眠的命令，誠然是你所自覺的。但在你開始去睡眠飲食後，則你全爲睡眠飲食之欲所支配。你之睡眠飲食等生理機能之機械的轉動，却非你所自覺，亦非你之自覺的心自定自主地使它動的。如果照你說，人唯一的目的，只是具備保存你自覺你應該具備保存者的說法，你便不該去飲食睡眠。」

答：說睡眠飲食之欲之本身之產生，不依于自覺的理由，其生理機能之發動，非我們自覺的心自定自主的使它動，都是不錯的。但是我們「必須睡眠飲食，而後我們道德生活才可能」之整個的一理，則是我們所自覺的。我們是自覺此整個之一理，而後覺應該去飲食睡眠。所以飲食睡眠，在此時只是我們之實現此所自覺的「應該」之手段。我們因覺應該有此手段而有之，則我們是有理由的。至於當我們已去睡眠飲食後，其機能之發動雖爲機械的，有如一機器之轉動；但於一機器，若其開閉之機，我們能支配之，則我們便不能再說我們不能支配此機器，亦不能說它之動，不是我們自定自主的使它動，因爲其開始動，是因我自覺我應該使之動故。

你問：「但是我們可說，你所以去睡眠飲食，是你不能不去睡眠飲食，是因你要睡眠飲食的生理機能已在開始轉動，所以你不能使它們不動。你不能不覺你應該使它們動，而下使它們動之命令。由此而你之自以爲自主的使它們動，追問到最後，仍是被動。」

答：縱然我之要睡眠飲食，是由於它們之機能已開始轉動，使我不能使它們不動，我才對我自己說我當任它們動；我之下命令：任其繼續動，仍是自主的。因爲我之使它們繼續動，仍不是直接根據它們之已在動，而至少是直接根據我之「不能使它不動」之自覺。我之下任它們繼續動之命令，直接根據我所自覺之「不能使它不動」之一理或其他之理，卽根據我所知之理由，而任它們繼續動，所以我仍是自主的。

因此，你的滿足欲望之行爲，都可以是應該有的。只要你眞覺你之滿足它，依于一自覺的理由，而是應該滿足的。如果我們于認爲應該滿足欲望才滿足之，則滿足欲望只是實現我們之「應該」之手段。手段附從于目的，而目的支配手段，則目的之意義卽貫注于手段。由此而人之滿足欲望，亦卽成爲奉行我們之自主的心所發出之應該之命令而有的了。

你或會再問：「當我們覺我們應該睡而去睡後，則我們恆失去我們醒時之淸明，而不覺『應該睡』中之『應該』，此豈非以手段而忘目的？吾人可因手段而忘目的，豈不反證：此手段非附從于此目的，亦非能支配此手段者，及此目的非自主的心所定？」那麼你便要知道此種因手段而忘目的，乃由用此手段以達此目的時，必需由手段而忘目的，忘目的本身卽爲達目的之手段。我們醒時之應睡之命令，卽是說我們應去除此「覺應睡之自覺」，所以達此目的，便入不自覺之境。然而你不能因此而說，此命令非你所自覺，非你自主自定的。猶如自殺者卽絕去「能自殺者之心之自動力」，然而你不能說自殺不出自心之自動。你也不因你自殺後，你卽忘你自殺之目的，而說你未達你自殺之目的。

我們了解我們所自覺之應該命令，可以命令我們去過不自覺之生活，則我們卽了解我們之應該之命令，雖不能命令我們去過不道德的生活，然而亦可命令我們去過非道德生活。因我們之過非道德的生活，出於我們應該之命令，出於應該之命令者爲道德生活，故我們的道德生活可支配及我們之非道德生活。我們可以由道德生活過渡到非道德生活，而忘了我們之過非道德生活，原由于我們道德生活中之應該的命令。所以我們可以在過「經我們的道德自我認爲應該之任何生活時」，純粹沉入其生活本身，以體驗其意義。我們可以有純粹之飲食睡眠愛情以及其他忘道德觀念的自然生活文化生活。因爲只要他們眞曾經道德自我認爲應該，他們本身卽爲道德自我所統屬，它們卽已道德生活化了。

你問：「但是如果我們對於每一種生活上的行爲，都要先問其應該不應該，然後再下命令去作或不作，則我們時時都在想道德問題，時時都在有意的安排我們的生活，我們如何能生活下去？而且一個人如果永遠都在想什麼是他的善，什麼是他的惡，以思慮安排其生活，這種人過於計較他個人的道德，這正是使他不道德。這一方面是因爲他實際上仍注目在個人，一方面是因爲他缺乏自發或自然的道德行爲，他的一切道德行爲，都出於安排與勉强。安排與勉强旣久，道德能力將枯竭，將反而作出不道德的事」。

答：那麼，你便要知道我們上說由道德生活可過渡到非道德生活的話，尙可引申出：由「時時問一事之應不應該」，可過渡到「有時不必問一事之應不應該」的話。如果一個人太在善惡上安排計較，以至陷於不道德；這種人正當自善惡的安排計較中解放，要他少作善惡之分別，少作應該不應該之分別。因爲這種人，日日在善惡應該不應該上安排計較，已使此種安排計較，成一種習慣機括。這種安排計較，本身卽一不道德之心理，因此他不能再這樣安排計較下去，亦卽是他不應再這樣安排計較下去。他不應再時時作應該不應該、及善惡之分別，他應忘掉這種安排計較之生活。所以由應該的觀念可以過渡到忘掉應該的觀念。因爲此時唯有忘掉應該的觀念，乃能達到其應該的生活。所以我們在立身行己上，只要大方向正確，我們並不須隨時想道德問題。在實際上，應不應該的問題，也只在我們生活走到歧路口時才有。我們以上這樣重視應不應該的問題，都是對在歧路口上的你說的。我們只是說你在歧路口上時，便要細擇何爲應該，何爲不應該。所以對我們的話，你如善於意會，決不會使你不能生活下去的——你要知道不在歧路口上不問應該不應該，也是你應該的命令。

所以最後一句話，仍是奉行你應該的命令。

至於在各種情形下，什麼是應該奉行的，則只有由你自己之當下的反省而知道。誠然，你所認爲應該的，別人不必認爲應該，你現在所認爲應該的，你將來不必認爲應該。但是只要當下的你眞要求知道何爲應該，你自會去參考旁人的意見，而且會去想其是否可以通得過你未來之應該之意識。此意於前文亦提及。故最後的決定者，仍只是當下的你之自己。你不信你當下的自己，而信他人對你的決定，等待將來的你來決定，這仍將由你當下的去決定，認爲應該信他人，信將來的你。故當下的你，永遠是至高無上的權衡。

餘論

當下的你負擔着你之道德生活及整個人生之全部責任。當下的你之自覺之深度、自由之感之深度，決定你的道德生活，及你整個人格的偉大與崇高。

認清當下的你之責任，認清當下一念之重要，你會知道從當下一念可開闢出一道德生活之世界，當下一念之翻轉，便再造一嶄新之人生。當下一念之自覺，含攝一切道德價值之全體，含攝無盡之道德意義，當下一念之自覺，含攝一切道德之智慧。

如果由你當下一念之自覺，一朝眞了悟到你之超越的自我或你的心之本體，卽一切道德價值之全體的本原所在，你對你之道德生活之發展，必可日進無疆，卽有一絕對的自信。

關於這些，我們不再加以討論，只能訴之於你冥會的直覺，與由實踐而得的開悟。它們是比一切的語言所能達到的，更無窮的深遠。

二十八年十月十五日

三　世界之肯定（默想體）

一　現實世界之否定

我現在在作默想。我自問：我的默想，將自何處開始？我感到我不知自何處開始。覺隨處可以開始，卽等於莫有任何處，可以開始。因隨處可以開始，則任何處均有同等的權利，要求開始。他們彼此互相否定，所賸下的，只是不知所自開始的虛空。我不滿意此虛空，我要求一個開始。我為什麼要求一個開始，因為我在開始活動。我現在要求一可供我作默想活動的場所。這場所將在何方？我初不知道，但是我從我要求一活動場所，我便知道，我必需與一對象的世界相對，我必需待一對象的世界，來完成我的活動了。同時我了解了，我為什麼一定要生於一世界中，以世界為我之環境，為我生命之所寄託的道理了。於是一個哲學上陳舊的大問題「什麼是世界？我們當前的現實世界是否眞實？」又呈現於我心中。我同時了解了，這問題何以為人如此之重視，其原因正在人需要一個世界，需要一個眞實的世界，為他生命活動拓展時之所憑依。然而我們當前所見的現實的世界，可是眞實的？可眞是眞實的？可眞是眞是眞實的？這問題不知已擾亂無數人的心。我過去也不知多少次在這問題上，懸擺我的思想。但是今天這問題，重新呈現，仍好像我最初感此問題一樣的新鮮。不，這應當像亞當初降落人世時，初見森羅萬象時，可能感到的此問題，一樣的新鮮。這問題，永遠對於任何人任何時是新鮮的，只要他此時在作新鮮的活動，正希望有一眞實的世界，為他生命活動拓展之所憑依。

新鮮的問題，使一切陳舊的答案，變爲新鮮，我將重想一些似陳舊的答案，使我在當下獲得一新鮮的滿足。我想起陳白沙的詩「無極老翁無極敎，一番拈動一番新」。

這當前現實世界可是眞實的？如果它是絕對眞實，何以會引起我這問題？我開始去反省我何以會有此問題。我卽發現：在這問題之下，它便有是眞實或不眞實之兩種可能。它也許眞實，也許不眞實。我進一步的思想馬上告訴我，這當前之現實世界決不是眞實的。它是虛幻、是妄、是夢境。

我相信，人若只在當前現實世界中生活，不問此世界是否眞實，他只是盲目的生活，這世界可以對他是眞實的，他可說此世界是眞實的。但他之可說此世界是眞實，只因爲他不覺此世界之不眞實。他說眞實，只是非不眞實。他說非不眞實，只是他不覺其不眞實的心態之描述。但是他決不能自覺的說此世界爲眞實，因他並不知他所謂眞實之意義。如果他只要一天問到何謂眞實，而去試問此世界是否眞實時，他便必然最後會至少一度歸到，這當前現實世界是虛幻、是妄、是夢境。

我在此首先想到一種可笑的反駁的論調來。許多人說，縱然我們所見一切，都是夢境是虛幻，但是有此夢境，有此虛幻，總是眞實的。這眞是一可笑的駁論。這一種駁論，我們只要把他的話再翻一次：「誠然你是有此夢境，但是你所有的，只是夢境；你是有此虛幻，但是你所有的，只是虛幻。夢境仍然是夢境，虛幻仍然是虛幻，你並莫有眞實。」只要這樣一說，這種反駁的力量便被抵消了。

這當前現實世界之不眞實，其最顯著的理由，便是它之呈現於時間。時間中之一切事物皆是流轉，是無常，這可能就是否定當前現實世界的眞實之最先一句話與最後一句話。當前現實世界中無一事物是眞實的，因爲他們都要由現在的化爲要過去的，生的必須滅，有的必成無。曾生卽非眞生，曾有卽成非眞有，曾實卽非眞實。有人說，一切事物曾生、曾有、曾實，便說它們至少有「生實有」之屬性，所以是實。這是忘了有、生、實，乃與滅、無、虛相伴，同時爲事物之形容辭。生實有爲正，滅虛無爲負，正乘以負，結果只是負。一切事物必須消滅。如夢如幻，是就其必須消滅上說，不是指作夢幻時之景象說。作夢時幻時之景象，本無妨說是生、是有、是實。只他們之必須消滅，才構成他們之非眞實性。

在此我又想到一種駁論：「就一切事物之各別而言，固無不消滅，然就整個現實世界言，則生者已滅，尙有新生，一切是新新不停，生生不已。時間送往，亦迎來，時間不斷，現實世界永存。所以就現實世界全體而言，則是眞實的」。

但是，我馬上想到這種駁論是錯誤的。其錯誤處，在忘了從現實世界上說，除了部份，無全體；除了散數，無總數。如果各別事物必須消滅，則數盡時間中呈現之事物，均一一歸於消滅，最後便仍無一物之餘存。生生不已的一面，卽滅滅不已。我們之幻想一多於部份事物的現實世界之全體事物，我們說生生而不說滅滅；我想唯一的理由，初祇是我們的心，要向前把握現實事物，作我們心之所寄託，亦只是因我們要求一現實的對象世界，來作我們之生命活動之所憑依。我們希望滅後之生，我們的心不願停在滅上，便總要注目在滅後之生，總停在生上。所以我們總覺存在者多於消滅者，全體多於部份。但是實際上在此處，全的觀念永遠與分的觀念，同樣的延展。我們對時間中繼續呈現之事物之全體，一齊加以接觸，本是不可能。求全之活動，只是一繼續去包括之活動。因我們此活動之存在，所以也總覺有可包括之對象在前。這也足以使我們產生全多於分之幻覺。然而我們只要眞將我們此處所謂全的觀念，按捺下去，而問他內涵時，則他永遠與所謂部分的觀念，相依而不離。所以描狀部分的一切，便均所以描述全體。每一部分事物，必須以生與滅二者來形容，生後必繼以滅，所以連綿不斷的生滅的事物之串系，最後的判語仍是滅。如果我們在此地，又拿時間之繼續無最後，來說滅不能是宇宙之終，則最後說生，也是同樣不可能。我們對於時間之繼續中，事物之全體，便都無話可說。我們不說全體事物，便復歸於說部份事物。而部份事物，則無不由生而滅。在部份事物上，滅之爲最後的歸宿的話，仍然有意義。

在此，我又想到一種駁論是說：事物雖滅，然而其潛勢不滅。在時間中之事物與事物相交替間，一事物之潛勢，卽保存於後一事物。所以一事物，雖滅而實不滅。因此，我們如果不注目在各別事物之生滅上，而注目在各別事物之間的潛勢之流行與保存上，則我們將發現現實世界之眞實性了。

但是我再想，便覺上述之思想，須重遭批判。我們說一事物雖滅，然而其潛勢尚流行，而保存於後一事物，這我們固無妨承認。然而我們這樣由潛勢之存在，來說先一事物之不滅，全是建立在後一事物之存在上。如後一事物亦必須滅，則由先一事物之潛勢之存在，而推論先一事物之不滅，便無意義。如果一一事物均必須滅，則我們縱然注目在各別事物間之潛勢之流行，仍然不能建立現實世界之眞實性。因爲一切事物之潛勢，無最後的保存之所。我們若根本上已把存在者多於消滅者之觀念，徹底剷除，則事物之潛勢之保存，將絲毫不能增加此現實世界之眞實性。

在此我又想有人會說，潛勢雖無實際事物之存在以保存之，但此潛勢之本身之流行，可自己存在於一潛勢之世界。這潛勢世界，爲實際存在事物消滅後之所遺留。所以實際事物雖滅而亦不滅。則我們要知道，如果說只有潛勢的世界眞存在，則等於我們已承認了，實際事物的世界之不眞實存在，已承認了實際事物之虛幻性。而且我們說潛勢世界之存在，初只因爲我們曾肯定實際事物之存在或肯定其曾在。我們乃從他之曾在曾有，於是推出：他雖無，而潛勢仍在仍有。但是實際事物有曾存在曾有的屬性，亦有會消滅會無的屬性。我們可以由其曾存在曾有，而推論出潛勢之亦具「存在」與「有」的屬性，我們也可由其會消滅會無，而說潛勢具「非存在」及「無」的屬性。我們便亦不能說潛勢眞存在眞有。一切實際事物因均兼具生與滅或有與無二屬性，故非眞實，則由實際事物所推出之潛勢，亦依同理而非眞實。我們之所以說潛勢之實有實存在，唯一的理由，亦只在我們心要有所安頓，要安頓在一實有實存在的對象上。然而自客觀上講，則如此之對象，在任何處，均是找不着的。因爲無論我們的心，在任何處建立如此之對象，以補償我們之損失，我們現見的一切實際事物之兼具之生與滅之二種屬性，總是一齊來向他附着，而使他與實際事物，表現同樣的非眞實性。

如果有人問：生滅或有無，既是一事物平等的二屬性，則我們可以從其最後之滅無，說其非眞實，我們又何妨從其先是有生，而說其眞實？那麼我們便要知道，我們說事物之非眞實，正是因其先有先生而說。唯其先有而後無，先生而後滅，所以非眞實。非眞實之語，正是合有無生滅的斷語，而不單是從無或滅一方面看的斷語。非眞實是對於生滅之事物之綜合的判辭，而單提其生與有來說其眞實，則是片面的判辭。我們說事物消滅而無，在謂語中只有滅無一面，因在主辭中，已包含生有一面。所以我們不須再說生有，我們已預設事物之曾生曾有。但因其兼會滅無，所以我們說其非眞實。眞實一辭，只能用於事物之生有一面，而以事物之兼包含滅無一面，則要表狀事物之全體，便只有用非眞實之一辭。非眞實，卽包含曾被認爲眞實之意義。非眞實，是曾被認爲眞實者之眞實性之否定，同時卽是包含了曾被認爲眞實之意義。所以非眞實一辭，是對於事物之綜合的判辭。我們說事物非眞實，是虛幻，正因爲曾有此虛幻。非眞實之事物，唯其曾有，才是非眞實，才是虛幻。所以我們不否定現實世界中之事物之有，我們只說他們之有是虛幻的，是非眞實，這才是綜合的中道義。

現實世界中之一切事物是在時間中流轉，是無常、如夢、如幻，是非眞實的。一切存在者必須消滅，時間之流水，如在送一切萬物向消滅的路上走。一切的花，一切的光，一切的愛，一切人生的事業，一切我們所喜歡之事物，均必化爲空無。這似是我反復的對現實世界的思維之最後的結論。我想逃脫此結論，我曾用許多思想上的努力，但是我似終不能逃脫。我思想的命運，似已經注定，只能歸宿在此結論。我愈想逃脫此結論，它愈逼迫我去接近他。一切現在的都要化爲過去的，人的最後命運是死。叔本華的一比喻，常常在我心中呈現。他說人生努力從事一切事務，征服一切困難，如舟子在海上，不斷的克復風波之危。然而他拚命的向前航駛，最後只是爲達到一礁石，名死之礁石，在此礁石前，船身粉碎。人生的一切努力算什麼，不過向死之礁石前進而已。人生的一切享受，無論精神的物質的，算什麼，一切被賜與的，在死時均須一一被索回。過去的人已死，現在的人將死，「人何世而復新？世何人之能故？」我們說將來的人繼續的生，或將來的人更多，但是生多少，死多少，不爽分毫，生死相消，所增者又在何處？一人死，萬萬人亦死，所不同者在何處？我們看，人總是不斷的在那兒求生愛生，「前水復後水，古今相續流，今人非舊人，年年橋上游」。然而求算什麼？愛算什麼？我走到墳山，便想到塚中人，在生前均曾爲活潑的小孩，强壯的青年。我看見一羣一羣活潑的小孩，强壯的青年，我便要想到他們都將分佈在田野的墳山。時間之流水之衝毀一切，總是襲擊我的心靈。過去，過去，過去……一切均要過去，我現在於文中所發生的感嘆，轉瞬便已過去。我試停下筆，去把握，他已遠去，我無論如何招不回來。我曾試去招，我的心便似沉入不可測的虛空，使我感一難以爲言之苦痛。「後之視今亦猶今之視昔。」我們現在讀到王羲之的蘭亭集序之此句話，我們之心境，似與千載以上之他的心境相通。然而這種神交算什麼？我這種現在的神交之心靈，也轉瞬便過去了。時間呀，你爲什麼永不回頭？時間是殘酷的，一切是虛幻的，必歸於消滅的，這種情調，恐怕將永遠與我終身。

我從時間中之一切事物之流轉，及其必需消滅上，我知道了，此現實世界根本是無情的。天心好生，同時卽好殺。現實世界，永遠是一自殺其所生的過程。我於此了解了衆生之相殘，亦好似是代司殺者殺之一種形態。衆生之相殘，卽與時間之流水之衝毀一切，依於同一的原理。衆生相殘，不過幫助時間去完成其毀滅萬物之工作而已。這一種好生復好殺，是現實世界的本性。過去是如此，現在是如此，將來怎樣？也許將來的科學發達了，可以使人不死。然而，將來人不死，過去的人已死了，世界中之將來的人之不死，並不能滌洗其使過去的人死之罪惡。如果將來有一天，人眞不死，則以將來的人之不死，與過去現在的人之死，對照起來，將一方面更顯出過去及現在的世界之殘酷。而且縱然人不死，現實世界，始終是表現於時間中的。每一段時間，都是以前的一段時間之否定，人生每一種活動之開始，都是建築在過去有意義有價值的活動之消滅上面。如果將來的人眞不死，人不復有對死者之悲悼，人將改而悲悼每一段時間之過去。如果人不有這些悲悼，這只證明人的感情之痲木，並不足以抹殺可悲悼的事之存在。一切有價值有意義的人生活動之不復再來，便是一可悲悼的事。過去的活動之價值意義，永遠不能爲現在的活動之價値意義所代替，因爲人生每一活動所有之價值與意義，都是唯一無二的，所以其消滅與過去，便永遠是一可悲的事。然而時間之流水便似在永遠不斷的創造此可悲的事，而現實始終本是表現於時間中。所以現實世界，永遠是在本質上令人感到各種可悲的世界。

現實的世界，是一殘酷而可悲的宇宙，這是我對現實宇宙第二個判斷。我現在的心境，自覺是與若干之印度思想如小乘佛學者的心境相默契。世界是無常、是空、是苦，人生的一切，畢竟是虛幻的。我不相信任何人的心，如果通過生與滅之過程，來看世界萬物，會不覺到世界之畢竟空虛。我不相信任何人在想到一切事物的畢竟歸於消滅時，還會以爲人在現實世界中的努力，從現實世界上看，會有任何意義與價值，如果是有，也必然當在現實世界之上。

二 心之本體之體會

上面一段思想，是常常在我心中呈現的思想。那一段思想，使我判定了我們通常所謂現實世界本身之不眞實性。他是虛幻，同時是殘忍不仁的。每一種人生之有意義價值之活動，均建立在以前的有意義價值活動之消滅上，所以人生永是不完滿，永遠包含着缺憾。但是那一段思想，不曾使我想出世。對那一段思想，我只是常故意引發之，而體味之，以便把我的心，提昇到現實世界之上，使我對於現實世界多生一些悲涼之感，與要求人生向上之感。我的思想並不曾停在那一階段。因爲我首先反省到：我對現實世界之虛幻、殘忍不仁、及不完滿之本身，有一種不滿。我不顧此現實世界是虛幻的，我只是被理論的逼迫，而承認其虛幻性。在我不想那些理論時，我總是執此現實世界爲眞實的。而且此現實世界中之一切事物，均旣生而又滅，有意義價值之事物不得保存，使我難過，更是確確實實的事。這卽證明我要求一眞實的世界、善的世界、完滿的世界。我之有此要求，是千眞萬確的事。此世界不能滿足我的要求，所以使我痛苦。我痛苦，卽證明此要求之確實存在。現實宇宙是虛幻的。但我這「要求一眞實的、善的、完滿的世界」之要求，是眞實的。

此「要求眞實的、善的、完滿的世界」之要求，是眞實的，我無論如何不能否認。我自然亦可說我之此要求，亦是現實世界中之一心理事實，這心理事實，也在生滅的過程中。我此要求，亦可不表現於我的心，或隨我生命之死亡，而不復存在。然而當我想到我之此要求亦可由生而滅時，我對其可由生而滅之虛幻性，又有一種不滿，而表現出一更高的要求。我知道我之此要求，永遠是面對着生滅無常、虛幻不實之一切事物，而要求恆常眞實。我這要求是絕對的。我不能眞把此要求，單純的視作現實世界中之一心理事實。因我之此要求，如果只是一現實世界之心理事實，它如何能永遠位於現實世界之上，對於整個現實世界，表示不滿？我在發此要求時，明覺到整個的現實世界，只是我之不滿之對象。我之要求，是超過了現實世界所能滿足之外的。我之要求中所求之完滿、眞實、善、都是現實世界之所無，如何可以說，我之此要求只是一單純的現實世界中之心理事實？我於是了解了：我之此要求，必有其超越所謂現實世界以上的根原，以構成其超越性。如果我之此要求，亦有生滅性、與虛幻性，必只由於其與現實世界事物所同之處。然而我之此要求，除此以外，必有其超越現實世界的根原。那根原，無論如何是恆常的、眞實的。因此要求之本質，即是想超越生滅，超越虛幻。此求超越生滅及虛幻之心願所自發的根原，不能不是恆常眞實的。

我現在相信了，在我思想之向前向下望着現實世界之生滅與虛幻時，在我們思想之上面，必有一恆常眞實的根原與之對照。但是此恆常眞實的根原，既與我們所謂現實世界之具生滅性與虛幻性者相反，它便不屬我們所謂現實世界，而亦應超越我們所謂現實世界之外。但是它是誰？它超越在我所謂現實世界之外，它可眞在我自己之外？我想它不能在我自己之外。因爲我不滿意我所對的現實世界之生滅與虛幻，即是我希望之現實世界生滅與虛幻，成爲像此恆常眞實的根原，那樣恆常眞實。我之發此希望，即本於此恆常眞實的根原，滲貫於我之希望中。我因被此恆常眞實的根原所滲貫，然後會對於現實世界之生滅與虛幻，表示不滿。如我不被恆常眞實的根原所滲貫，我亦只是一生滅者虛幻者，我便不會有此希望。我於是了解了，此恆常眞實的根原，卽我自認為與之同一者，當卽我內部之自己。我之所以對現實世界不滿，卽由於我內部之自己，原是恆常眞實者，而所見之現實，則與之相違矛盾。我之不滿，是此矛盾之一種表現。此內部之自己，我想，卽是我心之本體，卽是我們不滿現實世界之生滅、虛幻、殘忍不仁、不完滿，而要求其恆常、眞實、善、與完滿的根源。我要求恆常、眞實、善、與完滿，這種種理想，明明在我心中。我之發此種種理想，是心之活動，是我心之用，如果我心之本體不是恆常眞實善而完滿的，他如何能發出此活動，表現如此之種種理想？

但是我怎知我的心體是恆常、眞實、善、完滿的？我首先想到的是我的心體之超臨于時空之上。何以見得我心體超臨在時空之上？心體不可見，但心之用可以說，主要是他的思想。我由心之思想，便知此心體超臨于時空之上。我的思想，明明可思想整個的時間空間，無限的時間空間。我思想無限的時空，並不把無限的時空之表象呈現，那是不可能的。我可思想無限的時間空間，是從我思想可不停滯於任何有限的時空上見。我的思想，可與無限的時空，平等的延展，而在延展的過程中，時空永只為思想之所經度。我思想之「能」跨越其上而超臨其上。誠然，當我思想時空中之事物的生滅時，我的思想也似同樣的生滅，然而那只是因為我回頭來看我的思想本身，亦發現其表現於時空中之故。但是我的思想之「能」，既然跨越在時空上，則此「能」所依之體，必超臨于時空之上。在時空之上者，其本身必不生滅，因為生滅只是時空中事物的性質。而且我說我的思想在生滅，只是在我回頭來看，我思想之表現而說。那只是看我已成的思想，那只是在我思想的活動外，看我的思想。在我思想正活動時，從我思想本身內部看，我明明發現：我的思想之作用，卽在聯貫前後的時間。我的思想，明明可思想我的過去與未來，把過去之事物之若干方面重現於現在，把未來之事物之若干方面預現於現在，以之爲思想的材料。這就是於時間前後的代謝中，建立統一與聯貫。我們不能說：想過去與未來，未曾聯貫過去與未來。如果未曾聯貫過去與未來，便是不曾想過去與未來，因所想者爲想所達不到故。我們說想過去與未來，想只是現在的想，現在的想也將滅，也只因爲我們是自外面看我的思想，所以視此思想只在現在，也將轉入過去而將滅。然我們從我們思想本身內部看，則我們無論如何不能不承認，思想是統一聯貫過去與未來。思想統一聯貫過去與未來，它之想過去者，使過去者成現在之所想。卽使過去已滅者雖滅而不滅，亦卽是有保存過去的功能。這卽是反乎現實世界中的時間之前後代謝之另一功能。它是在逆轉時間中事物之生滅過程，而使滅者不滅，它是在滅滅。這卽表示它所自發之心之本體，是不滅的。必需心之本體是不滅的，然後會使思想有滅滅之功能。不滅卽是恆常，恆常卽是眞實，心之本體應是恆常的眞實的。

我們若果眞自思想本身看思想，則我們將進一步發現：所謂思想本身有生滅，亦是不能成立的，思想只有隱與顯，而無生滅。我們所謂一思想滅，只是關於一對象之思想之滅。我們現在想過去一事，轉瞬又不想他，這只是那事不復呈現於我思想中，那事滅於我思想中，我思想本身並不滅。思想只是思想，思想的對象雖殊，思想則一。我們說思想有萬殊，都是自思想之對象上說思想，但如我們眞注視思想本身，則對象之爲此爲彼，可以說是偶然的。思想的差別性，由對象而來，單注意思想本身，則思想之爲思想，是同一的。思想本身，追問到最後只是一純粹能覺，所思想之對象，却非思想本身。從思想本身之純粹能覺上說，則一切思想之純粹能覺，常同一，思想本身無所謂生滅，生滅只是指對象在思想本身之純粹能覺中遷易而言。思想本身之純粹能覺是同一，即是恆常，即是眞實。

我們思想本身之純粹能覺，無所謂生滅，他只是恆常如一。此覺如鏡、如光，可照此物，可照彼物，但他之照恆常如一。只是鏡光之能照力，有强弱、有大小、有明晦。這比喩我們思想本身之純粹能覺有淸明與不淸明之別，廣大與狹窄之別。從經驗界看，在我們睡眠時，此純粹能覺似全不顯。然而仍不可說，它有生滅，而有不存在時，只可說，它因障蔽，而失其淸明廣大之度，以至全不顯。我們之不能說它有生滅，因爲它本身具滅滅之功能，在現實世界的時間之上，表現逆轉之活動。我們只一朝眞認識此點，我們便永遠不能用生滅的名辭，加於它之上了。所以我們若果覺到我們的思想，不能常常淸晰的憶起一很久的過去之事物，或我們不能同時思想二事物、或無窮的事物，便都只能歸因於我們思想本身之表現之不免有限度，不能至最廣大淸明；却不能因此懷疑到我們思想本身之純粹能覺之有不存在時。因爲我們已明說滅滅，即其本身的功能，其所依之體，即不滅的心之本體了。

思想本身只是一純粹能覺。純粹能覺，並不限定它自己的對象。它之所以能重現過去者於現在，全係于它之不限定它自己于現實的對象而來。它能離開此一現實的時空中之現實的事物，同時即能喚起另一時空中之曾經驗的事物。其保存過去的功能，實由於它之能不限定于它自己于現實的對象而來。它不限定它自己于現實的對象中，便能周游於一切的曾經驗的事物之中，而以之爲對象，（它不限定，便是在周游，其實它無所謂周游，因爲它不在時空中。）乃由於它自己是一純粹的能覺，它之純粹能覺有超越時空中現實的對象之超越性，如此我們便不僅可由思想之保存過去性、反滅性，以建立其超越性，同時又可由其超越性，以建立其保存過去性、反滅性了。

我相信思想本身之純粹能覺，只有隱顯無生滅，他是超臨在現實世界的時空之上，其所依之心之本體，是恆常而眞實的。但是我們的心，又是何等容易陷於自經驗界上看呀！當鏡光有大小明暗時，我們便想到鏡光之缺憾，如果我們的純粹能覺之表現，常常不够清明廣大；以至有不表現時，我們怎能不懷疑到，我們的純粹能覺本身，原是不够清明廣大的，而原有不存在時？怎知那只是由於障蔽，而不是由於它本身之缺點？怎知它不是有不存在時？怎知它確確實實的仍是超越地存在着，而依於一恆常眞實的心之本體？

我現在便試注目在此純粹能覺。但是當我注目在此純粹能覺時，我便是在覺此覺。但是我在覺此覺時，我又有覺此覺之覺，我此覺覺之活動是否眞可相續不斷至于無窮呢？我不能確定。但我想每一覺，必預設上面之能覺此覺者，否則無所謂自覺。但是否眞必有此上面之覺此覺者呢？此亦曾使我爲之而沉入一極大的惶惑；當我注目反省此上面之覺此覺者時，我所得的覺，都只是此下面之覺。我怎能保定必有上面之覺此覺者呢？但是如果莫有，何以我去反省時，上面總似有一覺此覺者呢？如果眞有，我又何以終不能把握之于已發出的下面之覺之中呢？我所得的已發出的在下面的覺，可以說在我經驗中，而超經驗的上面之覺此覺者，則永遠似只是我之反省之所向與所根，而不能眞成爲我之反省所得之對象。我於是了解了，在下面之覺，永遠只是上面之覺此覺者的影子，我之反省，亦只是它投射出之又一影子，它永遠在我的反省所能達到的之外。它不是無，因它若是無，它怎能不斷的投射出它的影子？這影子是一覺。這覺，不能從我所覺的外界之現實世界來，只能從內界之能覺的覺源來。如果無覺源爲此覺之所根，與所自生，何以此影子，會相續不斷，動而愈出？這覺，便是此上面之覺此覺者，即我們眞正的純粹能覺。

但是當我想到我所得者，只此純粹能覺之影子時，我馬上又懷疑到：若果我們對於一物，永遠只得它之影子，我怎能知它本身存在？焉知所謂它之本身，不即此一串影子而已？但是我進一層又想，我之所以能由反省而得它之一串的影子，一方面看，我之反省，是它投射的影子，另一方面看，我之反省它，即是我在拿它之影子——我之反省——去湊泊於它。因我是在反省它，即是拿反省，向它湊泊。我之所以會向它不斷的反省，乃由於我在拿它之影子，與它自身相湊泊，想它表現于影子中。而我又感到它不全表現于其已投射出之影子中，它與表現出之它間，有一距離與矛盾。我要刪除此距離與矛盾，所以才不斷的去重新反省它。但是每一度的反省，總感它尙有多餘，所以成此不斷的影子。此不斷的影子之所生，都是表示它尙有多於我反省到的它之證明，同時是它之「否定我之只在它影子看它」之表現。亦即是我自己在「否定我之只在影子中獲得它」之表現。於是我了解了，我眞希望獲得它，便不能只在一切它之影子看它，而須肯定它之存在於我一切影子之上。我必須視它爲超越我反省的實在。雖然我現在所能了解它的，只是它否定我之只在它影子中看它一點。但是當我知它不在其影子中，我同時即置定了它之位于此一串影子之上的眞實。我置定了它的眞實，因爲我感到它有一否定我自它的影子中看它之力量。我於感到它力量的交點上置定它。我並不能把它視爲在我通常所謂反省之內，我只能把它視爲在我之反省之上，爲我之反省之覺所自生或所自根之覺源——它是超越的恆常而眞實存在的純粹能覺。

當我想到有此反省的把握之上的超越恆常而眞實存在之純粹能覺時，我便要進一步想：此純粹能覺既超越時空與反省，那它便是無限的能覺。因一切有限制者都只是在時空中及意識的反省中，有所限制。所以超時空超意識的反省之純粹能覺，當是無限的能覺。我們的能覺，無不相當的淸明廣大，無限的能覺，當是無限的淸明廣大。我們既然可說它是無限的淸明廣大，那我們便可說它之不够淸明廣大，以至不表現，由於它以外之障蔽。

但如何說純粹能覺復依於一恆常的眞實的心之本體，這話從何說起？這是因爲能覺一名，必對所覺而成立。然而此純粹能覺，可不表現於時空意識，即可不以現實世界之事物爲所覺。如此，能覺之名豈非無意義？但是此純粹能覺是無限之覺，它可無定限的投射出其影子，爲我們對它之反省，亦即表現它自己于我們對它之反省。而我們對它之反省，尙不能表現其全，即我們不能眞對它有完全之自覺。它之不能表現其全于我們對它之反省，由於我們反省之所及，不知何故被限制住。而所謂我們對它之反省，即它之表現，故所謂我們對它之反省，不知何故被限制，亦即其表現之所及，不知何故被限制。由此可推知就其自身全體而言，以無任何限制，必卽可有完全之反省或自覺。它有完全之反省自覺，卽它以其自身之全部，同時爲所覺與能覺。所以我們不能只說它是純粹能覺，復可說它是純粹所覺。就其兼爲能覺所覺而言，故可名之曰心之本體。此本體之一面爲純粹能覺，故可謂純粹能覺，依於此體。所以我們說，純粹能覺有其所依之心之本體。

當我們相信一眞實、恆常、無限，淸明廣大而自覺自照的心之本體時，我再來看現實世界之一切生滅變化，我覺得這一切生滅變化之萬象，算得什麼。它們生滅，我心之本體，總是恆常。它們虛幻，我心之本體，總是眞實。我復相信我之心之本體是至善的、完滿的。因爲我明明不滿於殘忍不仁之現實世界。我善善惡惡，善善惡惡之念，所自發之根原的心之本體，決定是至善的。我曾從一切道德心理之分析中，發現一切道德心理，都原自我們之能超越現實自我，卽超越現實世界中之「我」，所以超越現實世界之「心之本體」中，必具備無盡之善；無盡之善，都從它流出。同時我深信，心之本體必是完滿，因爲它超臨跨越在無窮的時空之上，無窮的時空中之事物，便都可說爲它所涵蓋，它必然是完滿無缺。不過此中許多問題，今不能細說。

我相信我的心之本體，卽他人之心之本體。因爲我的心之本體，它既是至善，它表現爲我之道德心理，命令現實的我，超越他自己，而視人如己，卽表示它原是現實的人與我之共同的心之本體。同時我從現實世界上看，我之心理活動，都待我之身而表現，而我之認識活動，通過我身之感官，卽平等的認識萬物。從我的感覺，來看我之身與他人之身，各是平等的萬物之一，我的感覺認識活動，遍於現實的他人與我之身。我從現實的我身中，了解有一超越的心之本體在表現，便可推知，現實的他人身中，亦有一超越的心之本體表現。而我之如此推知，乃本於將我對於現實世界中之人身 我身之認識，及對於超越的心之本體之信仰，二者合起來之結果。所以他人的心之本體之存在，即由我所置定，遂可證他人的心之本體，不外於我的心之本體。但是這也並不陷於唯我論。因為從現實世界上看，我始終是與人平等相對的存在。我的認識活動，遍到他人，他人之認識活動，亦遍到我。我與他人在現實世界中，以認識活動互相交攝，而在超越的心之本體處相合。

我了解此意，同時了解到劉蕺山所謂「身在天地萬物之中，非有我所得而私」。（我身與他人身平等為現實世界中之存在）及「心在天地萬物之外，非一膜所得而囿」（不在身）的意義。

心之本體即人我共同之心之本體，即現實世界之本體，因現實世界都為他所涵蓋。心之本體，即世界之主宰，即神。「有物先天地，無形本寂寥，能為萬象主，不逐四時凋」。我現在了解心之本體之偉大，純粹能覺之偉大。我印證了陳白沙所說「人只爭個覺，才一覺便我大而物小，物有盡而我無窮」。然而純粹能覺是我所固有，我只要一覺，他便在。從今我對於現實世界之一切生滅，當不復重視，因為我了解我心之本體確確實實是現實世界的主宰，我即是神的化身。

三　生滅即不生滅

我相信我心之本體是恆常、真實、清明，與無限廣大、至善、完滿。這曾使我獲得許許多多的慰藉。當我看自然界時，我便常想着，我的心涵蓋着現實世界的道理。我把我的心沉入那無盡的虛空，與之同樣的擴延。我看一切草木雲霞、山河大地、都視如我心中之物。我常問我的心在何所，我自己總是回答它無所在。說我的心限於我之身，眞是何等的自小之說啊。如果我的心，眞限於我的身，我如何能對外界有任何認識。我的認識，與所認識不離，我認識一切，我的心便遍在於一切。我轉移我的認識，由林間到泉邊，由山坳到水涯，便覺我的心，亦如一人一鳥在那兒遊戲。我身體不動，我的心已遨遊四海。這不是比喻的話。誰以爲這只是比喻的話，誰便不曾把他的心，從他的身體解放出來，而了解心與其對象的眞正關係。我復常想，我的心已掛在中霄的蒼穹，直攀緣着星星在太空飛翔，復幻想我已在無窮光年外的星雲，遙望此地球。我幻想天地初開的混沌時期，地球初凝成的時節，幻想世界的末日。我幻想我是初到人間的亞當，忽見此森羅萬象在眼前，覺一切都新姸，不知其故。我每作一幻想，我便視如通常所謂眞實，因爲通常所謂眞實，亦同樣不過心之所對。我相信心到何境，卽何境到心，心與境不可分。所以我常常可以由變動我的境，幻想一境，以改易我的心，使我心能在萬境之中週旋。同時當我想到，我心體之無盡廣大、清明、至善、完滿時，我頓時忘了世間之一切缺憾，我自己之一切罪惡。使我常覺神卽在我之後，我卽通於神，我卽是神。我生了無盡崇高自尊之感。這一套思想，對於我內心生活加以充實的貢獻，使我感激哲學，我希望常常保存這一套思想。但是我所有的，只是這一套思想，我並不曾眞正證悟到此心之本體。一切的思想，算得什麼？由此思想應用起來所得的慰藉，算什麼？思想只是它投射於我片斷的自覺中之影子。從思想上相信它存在，仍然不免只是依于理論的逼迫，使我相信它存在。我不能眞全自覺它，與它冥合無間，眞超越我之現實的自我而投入於它，成爲與它無任何對待之存在。我曾常試作某種工夫，但不曾眞達到此目的。我相信有路可以達此目的。我所用的工夫，也可說在此路上走了幾分。但是當我用了此工夫在路上走了幾分後再折回時，另外一問題，却擾亂了我心：即如果我心之本體是眞實、恆常、無限的清明、廣大，涵蓋時空，心之本體是不滅，何以我所認識的現實世界中之事物有生亦有滅？何以我們認識的心理活動之範圍中，一時只能有極少的事物？我的心實際上之認識能力、思想能力之清明廣大之度之有限，可說是由於其他的遮蔽。但是他本身既本是無限清明廣大，如何會因遮蔽，而使其表現受限制？誰遮蔽他，使他表現受限？他如何又願意被遮蔽，使他表現受限？他既是至善完滿，如何我人又可犯罪惡？如何我人又會因感缺憾而有苦痛？他既是超越現實世界，如何自他發出之心理活動，又與我現實的物質的身體相連？超越的心如何與我的身體相連？我想我應當先解決了這些問題，然後再說其他。

這些問題中，我首先想到的，是我的心如何與我身體相連？當我一次想到心之本體之無限清明廣大之純粹能覺，而沉入此思想時，我忽然自觀我身體，我也曾感到一極度的驚惑。我首先感覺到我的身體，好似我從不曾見的一條蟲。其次便奇怪這樣蠕動的東西，怎會與我那樣崇高的心之本體相連，我心之本體，何必要此身——這卑下的有限的物質之存在？然而他竟然有了。我心之本體之觀念，是從我的心理要求而推出的，我於有此心理要求時，我腦髓中定有一相應的變化。我的此外一切心理活動，亦常無不與我身體相關。如心之本體是我一切心理活動之本體，則我心之本體與我之身體，從經驗的事實看來，是不離的。它們何以不離，何以有此不離的事實？這不離的事實，是虛幻的事實嗎？那不能，因爲心之本體是眞實的。心之本體與他物相連之交點上，所表現的不離之事實，不能全是虛幻的。如果那一半是虛幻的，眞實的何以與虛幻的相連？這相連，也是一半虛幻、一半眞實的嗎？但如何去分別此相連的關係中，那一半是眞實，那一半是虛幻？如果我們於其何以相連，尚不能知，更何能知其那一半是虛幻、那一半是眞實？

這問題，我嘗反覆的思維，最後我終於了解了心之本體何以與我身體相連的道理。我首先閉目冥坐，假設我的心理活動亦不復存在，我再來反省我身體是什麼？我發現了我對我的身體本身，似一無知識，所謂身體者，只是一團黑暗。同時我對於外界，亦無一知識，外界對我，是一團黑暗。但是我張目便見萬物，奔赴到我眼前，我開始有了感覺認識之心理活動。感覺之認識，通常說是外物刺激我感官而有。但是所謂外物刺激感官者，只是外物送一些能力，到我感官之內。但這些能力，由我感官傳到神經，最後必需散入身體各部。我可是眞看見這些能力？若果如此，我應看見我腦髓中這些能力散佈之過程。誰看見他？然而如果光波不到我的眼睛，傳至我的神經，我又不看見。這究竟是怎樣一回事？我頓然了解了，所謂外物以其能力來刺激我之眼睛神經者，此能力之輸入，其作用決不在他積極的一面，而在他消極的一面。他之能力繼續的輸入我之眼睛神經者，即對於我之眼睛神經之物質能力，繼續有所消除。所謂感覺之認識，只是讓所謂外物之刺激，來向我身體打洞。我在未受刺激時，所以無所見，只因為原未有此洞，今有此洞，於是有所見。我們之能見，則只是藉此外物與身體之質力之互相消除以顯。於是我了解了，我們之所以無所見，均由身體與所謂所見之外物，互相隔膜，各自封閉，他們彼此相望，是黑暗的，不相通的，所以我們無所見。我們之所以望外物來刺激我身體，我所求的，只是使外物通其作用，於我之身體。然而相通後，我們所見之物象，可即是所謂所見外物此時之物象？這又不然。因為當光波到我眼官時，所謂外物或已不存在（如天上星光到目時，該星可能已消滅），至少已發生變化。光波之發出在過去，然而我們所見之物象，却在現在。這又是怎樣一回事？然而我們一想，便知我們張目所見之世界，乃由我們通常所謂外物之作用，與身體相接觸之交點上，開闢出之世界。這開闢出之世界，不在通常所謂身體或外物中，可姑說在兩者相交之交點上。而通常所謂身體與外物，我們實從來不曾見。我們所見的都是此交點上開闢之世界。又通常所謂身體，在向着通常所謂外物接近時，我們可以發現此交點之世界中，關於該外物之物象，在不斷變化。但我們的眼，眞至密接那外物時，則我們對那外物，又將一無所見。我們由此便又可悟到，我們之有所見，不僅由於外物之力，通到我之身體之感官，而且由於外物之力之發出，到我們身體之感官，中間須有距離，而此力則是要通到我身體之感官，以否定此距離。然而他必需有此距離，以資否定，然後使我們有所見。我們細想此種認識之微妙的關係中，便可逐漸了解，我們何以有身體及其與心之本體相連之理由。

（甲）我們從身體外物之作用，必相交會而相通，使我們有所見，便知我們感覺之認識活動，必待身體與外物之作用，有此交會相通，而後發出。

（乙）我們從我們所見之世界，乃在身體與外物之作用之交點上所閅闢，便知我們當下所見之世界，乃我們當下的自心所顯現之世界。

（丙）我們說所謂身體與外物之作用相交會之意義，是使外物與身體之質力互相銷除，以使能見顯，及剛才所謂我們當下所見之世界，乃當下的自心顯現的世界二者；我們便了解：身體與外物之所以要交感，乃所以打破身體與外物相互之隔膜性，及各自之封閉性，而使自心的世界顯現。

（丁）於是我了解了，我們要求對於所謂現實外界，有所認識，與要求對於超現實世界的可能世界，有所認識（如想像之活動卽原於要求對於可能世界有所認識），同樣是要求我們此自心的世界之顯現。我們之感覺的認識活動在初發動時，單就其與我們身體的關係說，全是加一反面的作用，於我們通常所謂身體，使其封閉性打破。在我們感覺認識活動繼續時，與我們感覺認識活動相應之身體變化，乃是使我們的身體，繼續打破其封閉性。封閉性卽是一種限制，所以感覺認識活動之發動，卽是要求打破身體之限制。從外面看來，有積極意義的身體之變化，自內部來說，則只是感覺認識活動逐漸破除身體之限制之過程，或感覺認識對象在求逐漸顯現之過程。

（戊）同時，由我們有所認識時，我們的身體，必與外物有距離，以資否定，於是我了解了：何以我們的身體不能與所謂外界世界物混成一塊，而必與外物相對存在之理由；亦了解了我身之物質何以必須與外物之物質分開，我身體之物質何以必須是一有限之物質之理由。

（己）又單從外物方面看，外物之刺激我們的身體，只是一種物質能力，通過我之身體，而打出洞來。於是我了解了：我們在要求多所認識，以至無窮的認識，而去接觸許多外物，以至無窮的外物時，我們所求的並非是眞在認識那許多以至無窮的外物，而是想憑藉外物之物質能力，繼續不斷輸入我的身體，而與我身體中之物質能力，互相消損破除，以幫助我顯現那無窮的自心之世界，使我認識活動，亦能相續無窮。

（庚）又單從感覺認識的對象方面看。我們通常所謂外物與身體之物質能力，我們實永不能眞正認識。我們所認識的，只是外物之物質能力，與身體之感官之物質能力，互相消除後，我自心顯現的認識對象的世界。我們感覺認識的對象中，並無通常所謂外物、與身體之物質能力。然則通常所謂外物與身體之物質能力是什麼？我想，單從感覺認識對象方面看，他們只是感覺認識對象世界範圍的兩端之限制。我覺此感覺認識對象範圍之開展，這開展的過程，似乎可以無窮，我遂覺此兩端之外，必有東西，使此開展成可能，遂名之爲外物與身體之質力。然而此兩端之質力，並不會眞入我感覺認識範圍內。他們使我們感覺認識範圍之開展成可能，不是他們入我感覺認識範圍內，因他們只是在互相消除的過程中，使我們感覺認識範圍開展，我自心的世界逐漸顯現。他們並不入我感覺範圍內，只是我新顯現的內心的世界，在我感覺認識範圍內。於是我了解了：此兩端之質力，對我們之感覺認識範圍言，便只各是一純粹的限制。所謂外物與身體之質力相消除，即認識範圍兩端之限制之自相打破消除。由此兩端限制之自相打破消除，而我們自心的世界，便自然顯現。我們之所以有各色各樣的所謂對於外界之認識，只是因此兩端有各色各樣之限制。同時我便了解了：我們所感覺之一切對象，都只是此兩端限制，自相打破消除的過程之中之各種象徵。

當我把我感覺之一切對象，當作感覺認識範圍兩端之限制互相打破消除之象徵時，我再抬頭來望外面的形形色色之一切對象，我覺我的思想，再不能停在他們本身。我知道了形色的對象之意義，皆不在其積極的一面，而在其消極的一面。形色的對象之是如此如此之意義，不在他之是如此如此，而在他象徵有如何如何之限制在破除；如何如何之限制之破除，即使我有如何如何之認識活動，更有一種心之本體之表現。他們在實際上，乃是我心之本體之表現於我們所謂現實世界時所通出之路道之象徵。此各種形色，即我們之心之本體表現於我們所謂現實世界所通出之各種道路之象徵。

於是心之本體之恆常，與所認識對象之生滅變化、前後差別，現在對於我不復矛盾。因為不同的對象之認識所象徵的，同是身物之質力之相消除，感覺認識範圍兩端限制之破除。認識對象後，我們所得的是同一的限制破除之經驗。雖所破除的限制，有各色各樣形式之不同，且所認識的對象不同，然而所得的限制之「破除」，是同一的。因為限制破除以後，限制便不存在，所以各種形式之破除所得的結果，只是同一的心之本體表現之通路之造成，於是生滅變化之對象之認識，即同一而恆常的心之本體之表現。

然而此恆常的心之本體，何以必須於所認識之生滅變化中表現？其表現於所認識之生滅變化中，我們上說，由於各色各樣之限制，待繼續不斷的破除，但是它何必要有各色各樣的限制，待於繼續不斷的之破除？它本身既是無限，何以它不能表現為積極的無限？何以我之認識活動，不能有無限的認識對象？何以我之認識活動，不能同時認識現在與未來不同時間之事物，而必須依次序進行？我前說我的身體是有限的存在，我的感官與神經，是有限的物質存在，且必須是有限的物質的存在。我們可說，即因此身體為有限的物質存在，而認識之對象亦有限，故一時只能與有限之外物之質力相破除。但是我的心之本體本身，既是無限；它何必偏偏要聯繫於我之有限之物質存在之身體，使一時之認識對象，成為有限？有限者何以聯繫於無限者？似仍然是不可解，這成了最使我苦惱的疑問。

我首先想：心之本體之聯繫於我有限的身體，乃是一事實。由它之聯繫於我的身體，使我不滿足于身體之封閉性，使我要求破除此封閉性，而求有所認識，而即於此認識活動中表現它自己。所以我並不能真把它視作一客觀的存在，而想像它的無限。然而當我只就它本身來想時，我又不能不把它本身視作無限，如我以前之所想。於是它本身既是無限，如何不表現為無限，使我認識成為無限，才成了問題。但是我為什麼以前一定要就它本身想，而把它本身視作無限呢？我想起了：這只是因為我不滿意我認識的一切現實世界對象之限於現在而有限。但是我之所以會不滿意於我能認識的現實世界對象之有限，又是由於無限的它，在我之內部。它之無限，與我認識的現實世界對象之有限，有一矛盾。由有此矛盾，而我不滿於我能認識的現實世界之有限，而使我向它本身看。這樣說來，我之所以能想它本身是無限，即由它在我之內，即由它滲貫在有限的我之內。這點我以前已想過，現在我重想，我便再想起另一點：它之無限，同我之有限，乃是一不可分的結。它之所以為無限，即在於它之要破除我之有限的關節上。它之爲超越的，即在它使我要求超越現實的關節上。於是我了解了：我不能單就它之本身看它之無限，而當自它之破除我之有限上，來看它之無限。它之無限，即等於使我不限，我之不限，即見它之無限。若果它不能使我不限，我亦不能想到它之無限。它之無限，即在它能破除我之限，若它無此破除之「能」，它便非無限。然它無「所破除之限」，它亦無「破除之能」，而不能爲無限。於是我了解了：它即是以「破除限」爲它之本性，以破除限爲它之內容。破除限，即所以界定它之爲它者。它必有它所破除之限，又必有對此限之破除，唯合此二者，而後它成爲它。所以它是無限，便必須有限，與之相對，然而它又不是此限，因爲它要破除此限。因它破除限之活動，只能在限上表現，所以它本身一方超越一切限，而它本身之表現又內在於一切限。它之表現，內在於一切限，即一切限自己破除，而內在於它，上升於它。它是一切之限之本體，即繫於它之內在一切限，而一切限均要求自破除而內在於它之一點上。於是我了解了：它何以不能表現爲積極的無限的道理。因爲它只能在限中表現它之破除限的品德，它永遠是滲貫於限中，作它破除限制的工作。所以它雖然時時對「限」，有所破除，然而仍若有「限」，包裹於其外。因若有「限」，包裹於其外，我們去看它時，我們總是合它與它所未破除之「限」來看，於是我們說它之表現是有限。由說它之表現是有限，於是我們懷疑它本身之無限性。然而我們之說它表現是有限，實是我們將它所未破除之限，與它本身併列而混合察看之故。我們如眞自它表現本身看，則每一新認識活動之表現，都是一認識對象之範圍之限制破除。破除只是無「限」，何處有限來？於是我們即於其有限之表現中，已可看出它之無限。這就是它無限之品德之表現。至於我們所要求的所謂它之積極的無限之表現，卽等於要求它不在限中活動，此卽無「限」可破；卽便非無限，它亦不成其爲無限，它亦不復存在。我們這樣去想它存在，等於取消它的存在。我們要肯定它的存在，便須肯定它於限中活動，便須肯定它有未克服破除之限。因它要有此未克服破除之限，然後它可施其克服破除之能，而成爲它自己。然而我們若果單單就它本身而言，我們又必須設想它具積極的無限，如我們以前所想。只是我們在論它的表現時，則不能希望它有積極的無限之表現。我們當一方面，就它本身說它是積極的無限，而在另一方面就它表現說，它只是不斷的克服破除限，只具消極的無限，不斷的使限漸無，然終若餘限在外。當我們合此二義，以認識它時，我們便可了解：超越的它與我們現實的認識活動之關係，而不會去希望我們能認識無限之對象，亦不須追問我們認識活動何以不能同時認識現在與未來之物，而必須次第去認識之理由了。

我現在了解了我們之認識，何以必須次第去認識現在未來之對象，而不能一時加以認識之理。但是何以我們於認識現在未來之對象時，不能兼保留對於過去之認識，仍然不可解。如果過去現在未來之認識，是同一的心之本體之表現，心之本體本身既是恆常，只是其表現有次第，何以我之認識內容，不是次第不斷的增積？誠然，我們是有新認識對象，使我們破除更多的限制，然若過去所認識的對象，永不消滅，這樣我們之認識內容，豈不更豐富，而使心之本體之恆常性，由其所認識對象之不滅，而更得表現？何以我們一有新認識時，便須忘掉舊認識？

對於這個問題，我想起一個答覆。因爲我前面已說過，我們所認識之對象，都只是一象徵，每一對象之形色，只是表示一限制之破除，只是一心之本體表現之通路。若果每一對象之形色，均是心之本體表現之通路，則每一對象之形色，便都不會是心之本體所願停滯之所。心之本體本是要破除一切限制，它破除了此種限制，還須破除其他限制，而表現於他處，造成其他現實世界中之通路。如果它停滯於一通路之上，它無異把它自己限制住。我想起了，當我心陷於已過去之對象時，則我們對於當下之對象，便視而不見；於是我了解，心要有繼續之認識活動，便必須忘掉過去。我同時想起了，當我心陷於一對象，此對象本身，便成我之一限制；於是我又了解了，忘掉過去本身，便是一破除限制之活動。如果心之活動是要破除限制，則在認識現在的對象，與忘掉過去的對象上，同樣是破除限制，而表現心之活動者。而且正必須認識一對象，而復忘掉之，才可以完成我對此對象所表現之心之活動。如只有對象之認識，而不忘掉之，則此對象之認識，一方雖破除一限制，然此對象之存于心，復等於增加一限制，亦即等於初無破除限制之活動。所以只有忘掉此對象，乃使此對象之認識，完成其純粹破除限制之功能。於是我了解了，所認識的對象世界中生者必須滅的道理，正是因為認識其生，必須認識其滅，而後能完成認識其生之意義。

同時我也了解了我們之不能於認識現在未來之對象時，復記得過去，正適足表現我們心之本體之活動，而與存於心之本體中之對象之狀相應者。反之，如果不忘掉過去，便不足以表現我們心之本體之活動，與存於心之本體中之對象之狀相應了。

當我的思想到此時，我了解了我們所認識的現實世界中之一切對象之生滅，都是恆常眞實的心之本體在表現之象徵，現實世界與心之本體，不復對立，心之本體眞成了無乎不在的了。

誠然，我們所認識的生滅之對象是有限的，不能全表現那恆常眞實的心之本體之無限，但這乃由于心之本體之一切表現，均表現於限制中之故。我知道了心之本體在他表現時必須有限制，有所遮蔽，因爲他要有此限制與遮蔽，然後才能表現他破除限制與遮蔽的功能；於是我對我的心在實際上不能無限的清明廣大，不復嘆惋，我只當努力使我的心更清明廣大。如單就我們與外界之認識關係上說，我便當繼續不斷的去認識更多的生滅的對象；同時當賴思想之力，努力去聯貫過去與現在之不同時間所認識之不同對象，因我們之思想原應更能表現心之本體之恆常性與反滅性的。至於我們要直接證悟心之本體，便須暫時與現實世界絕緣，而使心之本體暫不表現其活動於我現實的心，使我現實的心忘掉一切時空中之對象，以默識心之本體。這自然是可能的。但是我深信我們證悟心之本體之無限後，其以後之表現，仍須在限中，於是，證悟心之本體，在我想來，又似乎不是最迫切的事了。

我現在了解了歌德所說：「一切生滅者，都是一象徵。美滿的在這裏完成，不可看見的，在這裡實行。」一段話。

四　世界之肯定

（一）當我了解了我們在有認識活動時，我們是在耗費我們身體中之物質能力。我又想到，我在有情意活動時，我們之身體也有一種物質能力之耗費。於是我進而想到：我們通常人對於我們身體的觀念，實有一大顚倒。通常人總以我們身體，是含積極意義的存在，我們之求保存我們的身體，亦是有積極意義的求身體之保存。但是我現在了解：這觀念是完全錯誤了。身體實只是一含消極意義的存在，身體只是一被耗費過程中的存在。由它在被耗費的過程中，而使心理活動繼續的表現，它原是爲心理活動之積極表現而存在。我們之求保存我們的身體，並非爲如是一生理的結構組織本身，得繼續保存于世界。我們之生理結構組織，原是一套機括，這機括中之所以有如是如是之結構與組織，是爲的適於接受所謂外界的物質能力，同時使之與我們身體結構組織中之物質能力相消。我們身體之如是如是的結構組織，原是一空架子。我們需要食物營養，是將外物消化爲營養料，而運輸於此空架子上，將食物之物質能力，安佈之於我們自己之此空架子上。於是我們從外面看來，我們好似爲保存此空架子，而求營養，卽我們好似爲如是如是之身體結構組織本身之保存，而求營養；但是我們看身體結構組織中之物質能力，實在不斷的新陳代謝中，因我們之有心理上種種活動而被耗費，我們便可了解：此空架子眞是一空架子，它只是外物之物質能力，由外而內，復還歸於外，所通過之交叉處，它本身是並不實在。我們之所以要有如是如是之空架子，原是爲的必需在如是如是之空架子上，乃有如是如是之物質能力，由輸送來而被耗費去之歷程，而後有如何如何之心理活動之表現。於是我了解了：我們之保存身體，並不是含積極意義的保存，乃是爲要耗費它，而保存它。因爲要多吸收保存一些營養物之物質能力，我們身體中才有更多的物質能力，可供耗費，我們才有更多的心理活動之表現；所以我們才希望我們食得好一些，希望我們身體更健壯一些。我們之求我們身體之健壯，我們並非積極的肯定身體。我們之肯定它，爲的是否定它。它對我們不含正面之價值，它的價值在它的負面，所以對我們只是一含消極意義的存在。身體原來是一在逐漸銷融中心之的外殼。

我了解了我們保存身體，並非含積極意義的去保存它，而是爲耗費它、否定它，而保存它；於是我進而了解了，我們所謂由生理上之變化而獲得快樂，亦並不是由於某種生理變化之形式本身，而是由於當我們生理組織結構，由某形式變爲另一形式時，卽有一身體中物質能力之耗費。身體中物質能力之耗費，使我們有心理活動，有心之本體之表現，於是感一種樂。樂之所寄，不在身體中物質能力之含藏，而在它之放散；由它之放散，而使心之本體表現出心理活動。它們在未放散時，好似把心之本體蔽住，不得表現其活動，而當它放散時，則似讓開路道，使心之本體得一種解放，而表現其自身。樂之所寄，乃在心之本體之解放，而表現出心理活動。所以樂屬於心，而不屬於身，因樂是在身體之物質能力放散時才有，卽是在身體自己銷毀其自身時才有。我們在此，至多只能說，我們所感之樂與身不離，因爲無身，則無身中之質力之銷毀，而無此種樂。然而正因此故，更證明樂原屬於心，所以於身中之質力銷毀時，才顯出。由是我又進而了解了，根本上的生理上之快樂，應當是身體自由遊戲時的快樂。因爲自由遊戲時，是純粹的放散身體中之物質能力，而無其他目的。愈是自由之身體遊戲，則放散之物質能力愈多。我們愈感樂。至於吸收許多物質能力時之快樂，如口中獲得好的營養物時，則特覺味美而更感樂者，則由於好的營養物，是可增加我身體中之物質能力，亦卽增加可供我們耗費之量，使我們可表現更多心理活動之故。我們之此快樂，是原於預感我們將有更多之供耗費之量，更多之心理活動之表現，亦卽更多之心之本體之表現。這快樂，仍不在更多物質能力之含藏於身體中，而在我們之預感心之本體之可有更多之表現。

但是我又想到一問題，卽我們由生理上之變化而生之痛苦，又原於什麼呢？我想，這當然由於我們身體有一定之結構組織，不能受損傷或破壞，如果受損傷或破壞了，便使我們感苦痛。又我們身體之結構組織，雖是一空架子，但是我們總要不斷的吸收物質能力來充實那空架子。如我們所耗費的物質能力，過於常用來充實那空架之物質能力，我們便會飢餓或疲乏，而感苦痛。但是我馬上又感一更深的問題，卽如果我感生理之樂，是由於身體中物質能力之耗費，則我們只要耗費身體中之物質能力，我們便都當有生理之樂；何以我們所耗費身體的物質能力過多，或由此而損傷破壞到那空架子之存在的程度時，我們便會感苦呢？我們爲什麼一定要以如是如是之空架子，爲內外的物質能力新陳代謝之交叉處呢？其他生物之身體結構組織，不是可以另一樣嗎？於是我了解了：我們之有如是如是之身體結構組織，我之要在如是如是之空架子上，使內外之物質能力，新陳代謝，並使心理活動在物質能力耗費放散時表現出來，乃是我們之一原始限制。我們是：必須藉如是如是之身體結構組織，以表現如何如何之心理活動，同時藉如是如是之身體結構組織，也只能表現如何如何之心理活動。如是如是之身體結構組織，使如何如何心之本體之表現成爲可能，同時亦使只此如何如何之心之本體之表現才成爲可能。於是我了解了，我們之每一心理活動，雖是一心之本體之表現，雖都有身體中物質能力之耗費，這耗費是身體中物質能力之放散，使心之本體解放而呈露；然而因我們身體有一定之結構組織之故，於是我們心之本體之解放與呈露，遂只能在某一種方式路數中，解放呈露。這某一種方式路數，對於我心之本體之表現，遂成一原始的形式上的限制。

我們有心理活動時，有物質能力之放散，心之本體便解放呈露。心之本體，此時本是在破限，然而它只能在一定方式路數中解放呈露，此一定之方式路數，却是一形式的限制。於是我們身體之有一定組織結構，便是使我們心之本體，只能在一定形式的限制中破限。我了解了，原來是因為我們只能在一定形式的限制中破限，所以我們才不能耗費我們身體中之物質能力過多，至損傷而破壞到我們身體組織結構之程度，例如過多則感饑餓疲乏之苦等。我由此進一層了解，身體是心之負擔的話，而且了解身體只是含一消極意義的存在。它之如是如是之組織結構，如是如是之空架子，原是心之本體表現之一原始的形式限制。

(二)我上面想，我們生理之苦痛，都生於我們身體之有一定的組織結構，即由於我之身體只是具如是如是組織結構之一身體。其次，我又想一切精神上的苦痛，都是由於我們無法在現實世界中實現我們之無限的精神理想，我們之精神上之理想，遂折回而自己衝突矛盾，造成精神內部之苦痛，這根原亦只在我們身體是一役於時空中之一有限的物質存在，只有有限之能力。如我們身體能超越時空之束縛，並有無盡的能力或全能以實現無限的精神理想，則一切精神上之苦痛亦不會有。然則我們精神上之苦痛，亦由於我們只有如是如是之身體。換言之，即一切生理上精神上之痛苦，都由於我們身體之組織結構之固定性，限制性，及由此而來之能力之限制性。然而當我們想到那無限清明、廣大、超越時空之心之本體時，我知道就他本身來說，是無任何限制的。我知道心之本體，是常樂而無所謂苦痛的了。

（三）其次，我又想，我們之所以有錯誤，都不外以我們所知的，去概括我們所不知的。因我之所知有限制，所以我們會以我們所僅知的，去概括我們所不知，而生錯誤。然而我們所知之有限制，歸根到柢亦由我們之身體是役於現實世界中極小範圍的時空中，而且其結構組織，只能適于感覺某一些事物以獲得知識。我了解了我們之所以有錯誤之根原，亦在我們身體之限制性。然而那無限清明廣大的心之本體中，莫有一切限制，他之在時空之上，涵蓋着時空之一切事理，必然是如其所如的涵蓋着。於是我了解超時空而至眞的心之本體中，無所謂錯誤的了。

其次，我又想到我們一切道德上的罪惡，都由於自私執我，那是要執定一與人分別的特定之我。但是什麼是特定之我？如果離開我的身體，我可還有特定之我可指？我覺得有一特定之我，只是我覺我對於我之身體活動或生理活動，有一種親密的感情。如果離開此感情，我實在辨不出我同人的分別。於是我了解我之有特定之我可執，有自己可私，皆是由我有身。我之有自私執我而生之種種罪惡，都是由於我有身體。我之身體之有限制性，乃是使我之自私執我成可能者。然而心之本體，根本上是通貫人我的，於是我便了解心之本體是至善無惡的了。

（四）心之本體中之無苦、無錯、無罪惡，是因爲他無身體之限制，然而我們是有身體之限制的。有身體之本身，並不是苦，亦不含有知之錯誤，情意上之罪惡。但是有身體，身體有如是如是之結構組織之固定性，限制性，於是遇傷害時便有苦，遇精神上之理想要身體去實現而不能實現時，便有苦；而他物之傷害身體，及精神之理想與身體之所能爲者間之矛盾，亦是我們無法避免的。又有身體，身體之感官接觸之事物有限，因而對事物之知有限，而以所知概所不知，便可有錯誤。再有身體，有特定之我，而執我自私，便有罪惡。吾所以有大患者，在吾有身，我由此知道苦痛、錯誤、罪惡，在我們是無法避免的了。

（五）但是我在此又想到一更深的問題，卽如果我們之身體本身不含有苦痛、錯誤、罪惡，我們何以偏偏要遇着身體上之傷害，偏偏有精神理想及身體所能爲者之矛盾，偏偏要由以所知斷未知，執我自私而生錯誤罪惡？這個問題，亦曾深深苦惱我，但是我最後把它解決了。原來苦痛錯誤罪惡之所以存在，其根據不只在身體有限制性上。身體之有限制性，只是其條件之一，而非全部的存在根據。苦痛錯誤罪惡之存在根據，乃在我們之把有限之身體當作無限用。這卽是說身體本來是現實世界有限的存在，然而我們却有意或無意的希望我們之身體在任何時空中之活動，都繼續維持其結構，而表現其能力作用，於任何時間空間之事物。這卽是以有限當無限用。然而我們之身體本只具有限之物質，他是與其他有限之物質的東西，平等的存在於時空。要使他在任何時空中活動，而維持其自身之結構，表現其能力作用，他便必然會與其他亦欲維持其結構，表現其能力作用之物質的東西，相衝突。在精神理想與身體所能爲者之矛盾，更明顯的表示，這是由精神理想要求有限的身體負担一種超出其能力之限度的責任，這也是把有限的身體當作無限用。至於我們之錯誤之起原，是在我們之以所知概所不知，卽在我們之將本身有限的感覺經驗與有限思想範圍內所得之眞理或知識，推廣到他範圍以外去應用。可見錯誤所自生，也是原於以有限當無限用。我們之所以有罪惡，由於我們之自私執我。自私執我，卽是忘了現實上特定之我，原是與人同時而交相限制之存在，而以此我爲唯一之存在。這卽是忘了此我是有限制的我，而把此有限制性的我，當一種無限制的我，也是以有限當無限用。我現在了解了把有限當無限用，是一切苦痛罪惡錯誤之泉源了。什麼是有限之原？是身體。什麼是求無限者，是心之本體。什麼是有限當無限用，我們便可說，這是心之本體似乎離開他的本位的無限，陷落在有限的身體中，要挾帶身體，以表限他的無限，於是苦痛錯誤罪惡產生了。

（六）但是心之本體，可曾眞離開它本位之無限，而陷於身體的限制中？它並不。因爲它由陷於身體的限制而遇苦時，但同時以有苦爲苦，卽苦「苦」。它苦，它可以求改善它的環境中其他物之結構組織，以與其自身之物之結構組織相順，或自己改造其身體之結構組織，以與環境中物之結構組織相順。這卽是說，它能够調適它的身體與環境之關係，亦卽是說，它能够使其身體與環境之物之結構組織，成非一定的——因爲我們一方雖可說身體與環境中之物，各有一定之結構組織，但是這一定，只是從它們各自要保存其結構組織，而有衝突上看出。然而它們可以自然的衝突，亦可由我們的自制或制物的心力，來改造它們，使它們互相調適。此卽證明所謂它們結構組織之一定，並非絕對一定；因爲嚴格說來，只要它們的位置改移，它們的結構組織已有變換了。而我們的心在作此調適的工作時，它是照顧着原先身境兩端的情形，作調適的工作。它此時，是在其原先身體之上，表現它控制原先身體或環境的力量。此亦即是說，心能在原先身體之上，破除原先身體與環境之物各別之結構組織原來之限制，而超化之破除之，以表現它的無限。因心能在原先身體之上，照顧身境兩端的情形，所以它又可認識身體的能爲之限度，自覺其身體能爲之限度，而將精神理想，要它負擔的某種其力不能及之責任抽開，使它們各還原於本位，而不復互相牽掣，不復有苦。它以所知概不知，它犯錯誤，但他可以擴充其所知，破除他原先所知之限制，以達於其先所不知。既知它所不知，即將原來用以判斷此先不知者之所知，還原至其本身所當涉及之範圍，遂皆得其正。它以自私小己而犯罪惡，他亦可以破除小己之限，而知己外有人，於是推愛己之心以愛人，而自制其私。人皆知苦苦、非非、惡惡，而求樂、眞、善，這正證明心之本體，永遠是能够獨立自主，而表現其自性之無限的。而由人之求眞、求美、及愛人等，可至犧牲自己之生命、毀壞自己之身體，而不以爲苦，此更證明身體結構組織之原始的限制，是根本上可以去除的。

（七）然而我在此又想到另一問題：即心之本體雖永遠能表現其自性之無限，而超化否定苦、錯、罪，以得眞善樂，然而我們之求眞善樂，可眞能得着？我們又有何保障，使之不喪失？如果得着便不喪失，何以苦錯惡卻亦總是永遠的出現於人間？如果苦錯惡與眞善樂，都同樣的永遠出現於人間，我們又怎能說心之本體是眞能表現其自性之無限者？而且如果心之本體之自性，唯是眞善樂，它何不只直接表現爲眞善樂，而必需表現爲苦錯惡，而後再來超化否定它們，以表現自己？

當我想到這問題時，於是我又想到我以前所說的有限與無限之聯繫的問題了。原來有限與無限，是一不可分的結。無限之所以是無限，卽在它之破除有限。它必有限可破，然後成其無限。於是我想到了：善之所以是善，卽在它之惡惡，眞之所以是眞，卽在它之非錯，樂之所以是樂，卽在它之苦苦，正面之所以是正面，卽在它之反反面。正必有反可反，而後成其爲正，所以正不離反。正不離反，不是因反中有正，却是因反中無正，所以反反乃顯正。反與正必同時存在，它們是相對。然正又反反，所以相對者永歸向絕對，只有正是絕對。因而苦惡錯與眞善樂，亦必需平等存在而相對。若無苦惡錯，亦無眞善樂，因爲眞善樂，必須有反面之苦惡錯，爲其所反，而後成其爲正面之眞善樂。苦惡錯中無眞善樂，然正因爲苦惡錯中無眞善樂，所以眞善樂反苦惡錯，而與苦惡錯不離。但是亦正因爲眞善樂與苦惡錯不離，而反苦惡錯，所以苦惡錯，又不能與眞善樂平等的存在。苦惡錯只能在眞善樂的超化否定之勢子下存在，苦惡錯必需被超化否定，而失其與眞善樂相對之資格，而只留下眞善樂之絕對。所以心之本體雖一方平等的表現出眞善樂與苦惡錯，然而只有眞善樂，是他自性的表現，因此我們可說心之本體之自性，是絕對的眞善樂。

當我想起了我們所以說心之本體自性是絕對的眞善樂所據的理由時，於是我了解了，心之表現其自性之眞善樂，是不免有與苦惡錯相對待，而表現的理由了。因爲眞善樂之所以爲眞善樂之意義中，卽涵具他之反苦惡錯，所以有苦惡錯爲他所反，卽所以證成其爲眞善樂。於是我了解了：我們何以總是有許多苦痛錯誤罪惡的道理。這原來是因爲我們必需有苦惡錯，然後有苦惡錯被否定後之眞善樂之表現。於是我更深一層的了解：我們是不必希望有一無苦惡錯存在的世界了。

我由是了解：我們肯定眞善樂，卽當以肯定眞善樂之精神肯定苦惡錯。因爲當我們把苦惡錯，當作將被眞善樂否定的苦惡錯時，苦惡錯便成爲眞善樂之前導。我們把苦惡錯，當作眞善樂之前導時，我們可以說苦惡錯中亦涵具眞善樂了。原來一切苦惡錯中，都涵具眞善樂，於是純粹的苦惡錯，在我們眼光中是不存在了。

（八）但是我現在又想：雖然我在否定苦惡錯中獲得眞善樂因而覺到苦惡錯是在被眞善樂所否定的勢子之下之存在，所以它們是眞善樂之前導，但是我們如何能保障我們之必能去苦惡錯，而得眞善樂？我自然覺苦惡錯是在被眞善樂否定的勢子之下，但是它們可眞是因在被眞善樂否定的勢子之下，絕對被否定的？如果它們不是絕對被否定，這豈非仍使我們對它們之存在於世界，生一種悲觀？

我對於這問題的答覆是：特定的苦惡錯，無不可被否定。苦惡錯中之罪惡與錯誤，都是當下可去的。因爲錯誤於被知時卽銷毀，惡於被知時，我們卽有惡惡之意，惡惡時我們卽已在去惡。卽此當下去惡一念，等流下去，惡卽可去盡。而使此當下一念等流下去，當下的我，永遠是能自作主宰的。至於苦痛，則當我們知苦爲苦時，苦未必卽去，但如我們能將我們之知苦之「知」之本身提起，而寧靜的觀照我們之苦，則苦可減去一半。如果我們此時復眞能反而觀照我們之觀照，則我們可以幾乎忘了苦。而且我相信，如果我們這一種去觀照我們之觀照之能力，發達至極點，使我們之心力，全用於如是之自照，我們可全忘去當前之苦。不過這在我們通常的人，是作不到的。然而我們之苦，總有其緣因。一切苦之緣因，在原則上，總是可以設法去除的。所以我們總可以有法子，去除我們特定之苦。至於現實世界中繼續不斷產生的苦惡錯，則當是永不能去除淨盡的，因爲這正是現實世界之所以爲現實世界。然而這並不使我們悲觀，因爲只要我們相信心之本體之存在，則它們之存在，卽眞善樂之表現之前導。它們之永遠不能去除淨盡，卽所以使眞善樂得有永遠之表現者。而我們之說它們永遠不能去除，這只是在時間之流中去看它們。若我們將我們的心，同化於心之本體，將眼光放在時間之流上，把「苦惡錯永遠繼續生出之歷程」與「眞善樂之永遠表現之歷程」，二者合而觀之，則前者之系列（Series），便是整個的在後者之系列所否定的勢子之下，前者只純粹是後者所否定之對象。所以自超時間的眼光來觀宇宙之全，我們便當說苦惡錯根本非眞實。我們將不見世界有苦惡錯之存在，世界只是眞善樂表現之場所，心之本體表現其自性之場所。這樣的世界，還能使我們悲觀嗎？

（九）但是我又想，我們雖可假想我們的心，同化於心之本體，將我們的眼光放在時間之流上看世界，然而我們現實的心，始終是心之本體之有限的表現。這有限的表現，只能看有限的、一段落的時空中之存在。所以我們常是分段的看世界。然而分段的看世界，則世界的每一段落的時空中，都是充滿苦惡錯的，所以我又失掉了我剛才之樂觀，我的心幾乎又被我所見之苦惡錯塞住了。

但是當我看每一段世界，覺其中都充滿苦惡錯之存在時，我同時又覺到我有想否定它們而實現眞善樂之心願，而這心願亦是此世界之事實；於是我知道，我們要看這一段之世界，亦不能只停留在苦惡錯之存在上，而須合我自己之這心願而觀，才能得現階段我所看的世界之全。但是當我反省到我之此心願時，我知道我要所否定的苦惡錯，不僅限於我現在所感之世界之苦惡錯，我還要想否定他人所感之世界之苦惡錯。我當下之此心願，便是想否定一切苦惡錯的心願，是無窮廣大的否定苦惡錯的心願，因我之此心，原是通於心之本體的。於是當我將此當下的心願，當作現階段世界之事實，而觀此現階段之世界時，現階段的世界之苦惡錯，又在我這無窮廣大的心願所否定的勢子之下了，整個的世界，又變爲光輝燦爛的了。

（十）但是我想到此時，突然我以上一段思想，通通斷了。我又專注目在世界之苦惡錯上，我覺得世界處處充滿罪惡、苦痛、錯誤。這世界始終是這樣一個世界，這如何得了？我的悲觀思想又產生了。但是當我再反省我之悲觀思想，何以出現時，我知道是因剛才一段思想斷了，我不復將「世界之苦惡錯」，與「我心之要否定他們之心願」之二者合觀，所以我才有此悲觀思想。我於是又回到我那段思想。而且我又想永遠保存那段思想，而長住于其中，使我不再墜入悲觀。但是我如何能長住在那一段思想中呢？思想只在思想時呈現，我有何方法保障那一段思想不離開我呢？我想了很久，終找不出一種方法，可以使那一段思想，永不離開我。因爲思想根本便是只能在呈現時呈現的。但是當我知道思想是不能長與我不離時，我想起另外一個東西，是可以與我長不離的，那便是我的行爲。如果當我有否定苦惡錯的思想時，便可祛除我對於世界所生的悲觀，則我有繼續不斷的否定苦惡錯的行爲，便可繼續不斷的反映爲我之否定苦惡錯之思想，而繼續不斷的祛除我的悲觀。故只要我有繼續不斷的否定苦惡錯之行爲，苦惡錯便可永遠被認爲在被否定的勢子下存在的了。

於是我了解了：我們對於世界之悲觀，最先由於我對世界的認識之錯誤，其次由我對世界之苦惡錯，未作繼續不斷的否定它的工作。要解除我的悲觀，便必須改造我在世界中之行爲。我把我在世界之行爲改造時，我的世界觀，也就改造。當我的行爲是眞在繼續不斷的袪除世界之苦惡錯，而實現眞善樂時，世界也就當下被認爲含眞善樂之世界，令人悲觀的世界，不復具有令人悲觀的質素了。

我現在了解我們的行爲，不僅改變世界，而且改變我們對世界的認識了。

（十一）當我想到此時，似乎一切問題，都有一答案。然而似乎許多更深遠更困難的問題，又在我心中顯露。我首先想：誠然，我可以透過我之實現眞善樂的活動來看世界，這活動是自至眞、至善、常樂的、心之本體之所發出。因那心之本體是如此。所以我透過此活動來看世界，便覺一切世界之苦惡錯，都在我當下的否定它們的活動的勢子之下。但是從他人的眼光中看來，我個人之否定苦惡錯的力量，比起世界之苦惡錯之力量，是何等的小呀！我自己站在外面來看自己，試問我自己能實現多少眞善樂於世間呢？如果只因我有實現眞善樂之活動，我能透過如是活動來看世界，才能袪除我的悲觀而對世界樂觀，這種樂觀不純是主觀的嗎？其次，我又想：我們總是可以站在一種客觀的地位，來指出世界有我們未能否定之苦惡錯的。人們犯了許多的罪惡錯誤，受了許多苦痛，這些苦惡錯，在尚未被否定時，而人或已死了。我們所能否定的苦惡錯，只有當前的人的苦惡錯，然而過去人類所受的苦痛，所犯的罪惡錯誤，便是永遠無法去補救的了。這種無法補救的事實，便是使宇宙永遠含着缺陷的因素。而且我又想：我們無論如何努力實現眞善樂，然而在一段時間中，實現的眞善樂，比起心之本體中之至善、至眞、至樂來，總是有限的。而我們在第二段時間中，實現另一有限的眞善樂時，前一時所實現的眞善樂，便喪失而不爲我們直接感受了。這一種由人所實現的價值，不能再保存再被直接感受，一切價值不能在一時完全實現，又是一宇宙之不完滿。然而這些似乎更深遠更困難的問題，實際上其中前兩個，應當不產生的。因爲此二問題之所以產生，仍然由於我們離開了應有的對於心之本體之信仰。我們以前已指出心之本體是超時空的，人的一切心理活動，都是恆常眞實的心之本體之表現，所以人之有死一事，根本便不能成立。人死，只是其身體之銷毀，然而身體這東西，我已說明他自始卽一銷毀中的存在，而於銷毀過程中表現心理活動。所以人之身體自生至死，只是心之本體之心理活動之一段過程之表現。所以人之有死後的生活，或第二代的身體，來繼續他心理活動之表現，是不成問題的事。人之心理活動無不好善、眞、樂而惡苦惡錯——因惟有眞善樂乃心之本體自性之表現——則人今生所犯之罪惡、錯誤、所受之苦痛，於來生應仍能知求袪除補救，而實現其所求之眞善樂。因心之本體之無限，能破除超化其身體之原始的限制性，不爲其原始的限制所限，則人必能逐漸破除其身體之原始的限制，以表現更多之心理活動與眞善樂之價值。這樣想下去，則所謂過去人所犯之罪惡、錯誤、所感之苦痛，並非不可袪除補救之事實。以心之本體之超時空，已過去之苦惡錯，便非不能於未來加以袪除與補救者。以心之本體之遍在于人，所以否定苦惡錯之力量，並不只存在於我或任何人主觀的心，而爲客觀的人人心中之力量。如果我們眞相信此客觀的力量之永遠存在，我們便不當相信宇宙間有任何不能去除之苦惡錯。又以心之本體之恆常眞實，則一切過去所實現之眞善樂之價值，因其爲心之本體自性之表現，卽永遠保存於心之本體中。至於所已實現的價值之不能再直接感受，這正同過去所經驗之對象之必須在現在忘却。過去所經驗之對象在現在忘却，乃所以使我們對現在對象的新經驗成爲可能者。所以已實現的價值之不能再直接感受，卽所以使我們對新價值之實現之直接感受，成可能者。每一時所實現之價值是唯一的，卽使每一時實現之價值，都是絕對的不可代替者。至於因每一時所實現之價值是唯一的，於是一切的價值不能在一時完全實現，亦正所以表現心之本體含具無限之價值者。然而如果我們眞是信仰所實現的價值之永遠保存於心體，則已實現之價值之積累，日漸豐富，日漸充實，我們是有理由說，在一天我們可以與心之本體合而爲一的。到那時，我們便可在一剎那間，回證而重直接感受我們已所實現之一切價值，這是我對於第三個問題的答覆。自然，這種答覆不過說明我們對於已實現者之不能直接感受，一面是損失，一面是獲得，所以這種損失，是我們爲有所獲得而必須付出之代價，不能眞算損失。然而人如果希望不付代價而有所獲得，這宇宙便仍是不滿。至於我們一天可以與心之本體合而爲一，那時我們可以再直接感受所已實現之一切價值，仍然不能取消現在我們不能再直接感受已實現之價值之事實。所以現實宇宙之不完滿，我最後仍不能否認。因而我在此文開始時之一段對於現實宇宙所生之感嘆，便仍然是不能去除的。然而當我知道現實宇宙必需是不完滿，因爲不完滿，然後可漸化爲完滿，及肯定眞善樂之實現，便須肯定其實現途程中之缺憾時；於是我知道希望一不付代價而獲得自始完滿的宇宙，根本上卽是一貪欲——這貪欲，是由我們自己對於眞善樂之實現之努力懈弛時產生的——因爲在此努力繼續不斷時，則我之努力直接透入世界，我的問題，只是我如何以我之努力，改善世界，而不是世界如何滿足我，而在我之努力中，我自己可印證心之本體之完滿，我自然可不求現實宇宙之完滿。因我可直覺此心之本體之滲貫入現實宇宙，使之化爲完滿。這直覺卽存在于我們以上所謂否定苦惡錯的思想與行爲中。於是我對于宇宙之不完滿之慼嘆，化成爲一純粹之慼嘆，不攙雜任何希求之慼嘆。而我此文之始之慼嘆，亦昇華爲一種自心之本體所發出之對於現實宇宙之悲憫。這一悲憫，以不含一切慾望，所以無一切通常所謂苦痛之存在于其中。而從這一種悲憫中，遂使我更能透視心之本體之無盡的崇高。

二十九年四月一——四日

四 精神之表現（描述體）

一 導言

人是什麼？人永可從兩方面看，一方面是從外面看，人卽現實的物質界之存在，人就是他的身體。身體不外十四原質之複合物，它存在於空間，它與外物相對而存在；它曾存在於過去，他只在現在存在，而它在未來是否存在，永無法保障，因它只在時間中隨物變化流轉。然而另一面，是從內面看，則人當下卽是一精神界之存在。人閉目試想他之自己是誰？人都可發現他之自己，乃是一經驗之主體，活動之主體。他所謂「我」，從來不曾被他視爲物質，因物質必需有形色可見，然而莫有人能指出他所謂我之形色。他所謂我，只是那一切經驗之主體，一切活動之主體。那主體不存在於空間，因爲他不能把那主體，在空間中安排一位置，爲人所見，如人之見他的身體。他那主體，只爲他所直感，他也不能把它拿來眞與外物相對，如他之身體之與外物相對。他那主體永在活動中，在繼續不斷的要求新經驗。他好似只存於現在，然而他不是回憶過去，便是期望將來，他永是攜帶過去，以奔赴將來，他便不是爲現在所限。他在奔赴未來時，他可謂否定了現在。他否定了現在，他並不覺他否定現在，他只覺他活動在進展，經驗在開闢。我們姑且說，他永在現在與未來之交，作送往迎來的革新自己的工作，他不隸屬於我們所指定之任何時間。

人總可以從兩面看，從外面看，人是時空中之物質存在；從內面看，人是超時空之精神存在。人身體在時空中，與其他物質相對而存在，永與其他物質相摩盪，所以他身體之活動，便似不能自由。外物刺激他，他不能不反應。他能相對的影響外物，但是他同時爲外物所影響。他們相互影響之力，永可依科學之定律來計算。然而人自內部看，又是一超時空之精神存在。人的精神不是有限，因爲他要求無限。他有無限的希望，如有望不受一切限制之認識能力。他要求無限，表示他要求自由。他要求自由，表示他不願不自由，要否定不自由。他之此否定之活動，恆是想兼否定身體與外物所給他之限制，所以他之此否定之活動，決非自外物與身體來，而只能自精神自我本身發出。此否定不自由之活動，表示精神自我本身有自由，所以他能發出此活動。

從外面看，人是時空中的物質存在，是有限，是不自由。從內面看，則人是超時空的精神存在，不是有限，是有自由。究竟人是精神還是物質？是有限還是非有限？是不自由還是自由？如果我們只能在此二者選擇答案，我們的結論便是，人在根本上是精神，是自由、是無限，而非物質、非不自由。此中最簡單的理由，是因爲從外面看人是物質，仍然是精神在看。我看他人的身體及我自己的身體，便是物質。此中我與人的身體之物質，只是我認識的精神所投注之所，只是我認識的精神之極限與邊沿。至於在此極限與邊沿以外，則是他人與我之內在的精神。所謂身體之物質，乃兩面爲精神所夾持。所以從根本上看，人之身體亦是爲精神所滲貫，而含精神性。

我們了解了，人之身體爲內外之精神所滲貫，便知所謂人之身體，表面似是一人之內部精神與他人之內部精神，不能直接相通之阻隔者，而實際上則正爲一人之精神與他人精神交通之媒介。身體之功用，是表示一個人之內部精神於外，同時卽使此身體之表現，成爲他人認識之內容，此卽已爲一人之精神與他人之精神之交通。我們於是可以說，人之所以要有身體，卽是要使其精神之表現，透入他人之精神，而獲得其與他人精神之一種交通。

身體表現我之精神，我身體之動作，爲他人所認識，此中已有人我精神之交通。然而此不是通常所謂眞正的人我精神之交通。眞正的人我精神之交通，要賴于人由我身體之動作，而透視我之精神。人要透視我之精神，便不能單從我身體之動作看，而須自我身體之動作與外物之關係上看。因必須那樣，然後人才能了解我動作之意義，而眞了解我之精神。但是人從我的身體動作與外物之關係上，看我之精神，則不僅我的身體是人我精神交通之媒介，我身體所關連涉及之一切外物，都成爲人我精神交通之媒介。這樣說來，整個物質世界，都可視作人我精神交通之媒介了。

人的宇宙是什麼？人的宇宙是一羣精神實在，互相通過其身體動作，而照見彼此之精神的「精神之交光相網」。由此精神之交光相網，而見有一共同之形而上的精神實在之存在。而個別的人之精神實在，若各爲其化身或分支的表現，身體與整個的物質世界，只是精神交通的媒介。我們眞能常以此眼光去看人的宇宙，人的宇宙將何等的美！

二　人類各種活動之同源

人人反身內省，都知他是精神。精神所要求的是什麼，就是超越在時空中的現實的身體與物質對他自己之限制束縛，成爲自由無限的精神，體現形上的精神實在。精神的目的在成爲純粹的精神。人的一切活動，都可說是精神活動。

人之求飲食、求健康、求長壽、以及男女之欲，似乎是很卑下的人生活動，然而人都知他之所以有那種活動，是爲了他自己的未來生命之存在，求他子孫生命之存在。所以他有那種種活動時，可說是在呼召他未來生命之精神，呼召他子孫的生命之精神，在要求與那不可知界的他未來的生命精神及他子孫的生命精神相接觸，而呈現之，以誕育新的生命精神於現實宇宙。

人求名求權，也是很低的人生活動。然而人求名，是求他的精神之存在，爲人所知，是希望他的精神之存在，投入他人之能認識的精神之內。人求權，是求他的精神之力量，支配他人之精神，這都必須待他承認超越他現實自己以外之生命精神，且求與之接觸，而後可能。

飲食男女求名求權之活動，在實質上，均具有一種超越現實自己之意義，而求接觸現實自己以上之生命精神，所以都可說是精神活動。它們之所以價值低，我們通常說是因爲他們不免含有私的意思。什麼是私的意思？人的什麼活動，是絕對無私的活動？由含有私的意思之活動，到絕對無私的活動，要經多少步驟，我現在要重對之加以一種解說：

一、我們說，人只求他個人的生存，是最私的活動。爲什麼是最私的活動？因爲當我們只求我們個人生存時，我們所需要的，只是所謂物質的營養或享受。一個人在以他個人的生存爲唯一問題時，他只看見環境中，何處有可供他利用之物質。他的宇宙，暫時是一物質的宇宙。他看人，也只看他的身體之物質。他人只是有助或有害於他去取得所需物質之另一物。他暫不看見他人的精神之存在，他也暫不去自覺他自己精神之存在。此時他的精神，卽在運用他身體之物質，去攝取其宇宙之中其他之物質。他的精神，暫時注目於他身體之物，與他宇宙中之物，相順相違之關係，而力求其相順，以使其身體之物質得存在。他的精神，全爲有關物質之觀念所充塞，所以我們說這種活動，是最私的活動，亦卽最低的活動。

二、男女的活動較只求個人生存的活動爲高。因爲在男女的活動中，人開始於他的物質宇宙中發現精神。男女之相求，最初是形色的慕悅。男女可謂最初互相發現爲一形色之存在，卽物質之存在。但是他們馬上認識在對方的形色之後，有一生命精神，有其意願，有其情感。人要求得對方形色的身軀，與他形色的身軀之結合，必須得對方生命精神之允許。這是人在男女活動中，所共同了解的。所以我們可說人在男女活動中，首先發現了在他的物質宇宙中，有生命精神之存在。同時人在求獲得對方生命精神之允許時，他同時自覺了他自己的生命精神之存在。他知道他所求的，不直接是他們的身軀之結合，而是由他們的生命精神之互相允許而結合。於是物質的身軀之結合，在男女的愛情中，自然沉到意識之後，而在人的意識中，開始感到生命精神與生命精神要求相通的問題。在男女活動中，人開始有求其生命精神，與他人生命精神相通的意思，人的私開始在破除。這是較高的活動。

三、求名求權之活動，都是求他人肯定我之活動之價值。他們之原始，是喜歡人贊成我之活動，於他人之贊成我之活動時，感一種滿足。繼後則發展爲自覺的求人贊成我之活動，再後則發展爲：求人由贊成我之活動，進而亦自覺的對「我」之活動之價值，有所肯定。單純的求人肯定我之活動之價值，則爲求名，求人由肯定我活動之價值，而使我之活動之力量支配別人，則爲求權。二者之根本點，均不外使我之生命精神，爲他人認識，而與他人之生命精神，有一種相結合之關係。求名求權之活動，不似男女之活動之有求於人之物質的身體，與我之物質的身體相結合，而只是求一種人我生命精神之結合。我們求名求權時，心中所想的，只爲如何使他人之認識內容中，有我之生命精神之存在。這是一更高之活動。

但是求名求權，都只是求人之生命精神與我之生命精神之一種欹斜的結合。因爲求名求權時，我們雖一方肯定他人之生命精神，與我之生命精神之同時存在，然而我們此時，對於我自己之生命精神，必有一種高舉於他人生命精神之上之感。我是要自上至下，把我之生命精神，向他人之認識範圍中投注。所以此中所求的人我生命精神之結合，是一種欹斜的結合。這一種欹斜之原，是在我雖然已在他人的物質身體之外，看出他人的生命精神，然而尙不曾把他人之生命精神，自共物質身體中提昇出來，到與我自己之生命精神之平等的地位。即我們尙不免以看物質的眼光看人。看物質的眼光，根本便是向下的。看人在下，即表示自居在上。我們以看物質的眼光看人，把人的生命精神，看在我之下，我目光向下看人之生命精神，便不能同時眞回頭看：我們自感在上之生命精神。所以求名求權時，我們並不能眞自覺此自感着在上之生命精神。求名求權之衝動，多少帶些盲目性。我們要自覺此自感在上之生命精神，便須轉移我們向下看人的目光，而回頭看我們自己。但當我們眞把目光轉移，回頭來看我們自己，以求眞正之自覺時，我們便得同時把人看來與我們自己平等，而超越我們之求名求權之活動，求形成更高的更純粹的生命精神與生命精神之結合。

四、這更高更純粹的生命精神與生命精神之結合，就是求同情及表同情之活動。當我們有求同情，表同情之活動時，我們是把人看作一純粹之生命精神，直接對等的與我之生命精神互相感應者。于此，人與我之生命精神，便無上下之距離。我求人同情，便是求我之生命精神，投入一純粹之生命精神；我對人表同情，亦是對人之純粹生命精神表同情。所以在人與人有相互同情之活動時，彼此都不感對方身體之存在。身體在此時，成爲單純的象徵符號。這時，人一方覺他人之生命精神之實在，一方亦自覺其生命精神之實在，人在此時，開始把他的宇宙化爲生命精神之境界，人實感到其物質身體，只是生命精神互相交通之媒介了。

但是人與人之求同情與表同情，雖是人生命精神之開始的眞正相結合，然而這種結合，却只是暫時的，且不是純精神的結合。因他們都尙非純精神的活動。求同情，不免求人來同情「我」之苦樂經驗；表同情，必須他人之苦樂足以激動「我」而後有，即是必待其引起我之苦樂經驗而後有。而通常所謂苦樂經驗，則是由所謂物質身體之感受上來，所以求同情與表同情，尙不是純粹的精神活動。

純粹精神之結合，是由純粹的愛出發的人格之結合，由上所謂求同情表同情，至純粹精神之結合，尙須經下列之求眞求美之活動等階段。

五、求眞之活動，比暫時的人與人之同情活動高。人與人之間之同情的活動，只是已存在的生命精神之互相感通，對人求同情表同情，只是去求本來與我平等存在之生命精神之與我互相感通。此時，我們自己之生命精神，只是向另一生命精神，互相擴充投注。我們的生命精神，尙未擴充投注至所謂非生命精神的境界中去。然而在求眞理時，則我們要於所謂物質界認識眞理，（求眞本不限於認識所謂物質界之眞理，然求眞恆始於求認識物質界之眞理，且通常所謂求眞，實以認識物質界眞理爲主。）卽是使我們之認識活動，貫通到物質界去，亦卽是使我們之認識活動所依之生命精神，擴充投注到物質界去，而表現於物質界。求認識物質界之抽象眞理之活動，與一般爲求生存而認識物質界之具體事物之活動根本不同。因爲後者求認識物質界之事物，是爲利用物質界之事物，以保其身體之物質，卽是被束縛於自存欲之認識活動。而求認識眞理之活動，則是純粹之認識活動。求眞者之認識物質，不特不是爲保存其身體，而且，爲了求眞，常常要危險到其身體之存在。如科學家之冒險以作實驗，及考察蠻荒之地等。實際上我們每一認識活動，都使我們之身體之感官腦髓之能力，有所耗費，都在破壞（故意用此較重之字）我們之身體。純粹求眞之活動，卽純粹的破壞我們之身體活動，這根本是反乎我們保存身體之活動的。在我們求眞時，我們的認識活動，只在探得眞理。我們之生命精神，可謂只是要想向外放射，求有所投注，我們全忘了我們身體之存在，而在此向外放射投注生命精神之過程中，我們破壞自己之身體。所以此時破壞我之身體之事，成了顯出我之生命精神之條件。我之生命精神，卽可謂從我身體之不斷如此破壞的過程中透露出來，而在認識所對之對象中活動。於是我們求物質界之眞理時，我們之生命精神，可謂表現於所謂客觀物質界本身，我之生命精神，可謂貫通到所謂非生命精神的境界中去了。所以眞正求眞之活動，是一更高之活動。

六、求物質界之眞理，是要求生命精神，貫通到所謂客觀物質界。求美之活動，亦是希望我們之生命精神貫通到物質界，在物質界欣賞美、表現美。但是在求物質界之眞理時，我們是一往的向外投注我們之生命精神，以貫通於物質界，先透過感覺所對，而注目於感覺對象中之普遍的理，終於忘却感覺對象及物質界之存在。求美之活動則可說是一往一復的，求美一方是希望我之生命精神，貫通到物質界，而另一方則又要求這貫通在物質之生命精神，再回映於我之內。所以在求美之活動中不須忘感覺所對之物質界，而可於感覺所對之物質界中，寄託我之生命精神，反照出我之生命精神。因此我在欣賞美、表現美時，不僅是將自己之生命精神向外投注，且同時覺此向外投注之生命精神，復能投注回來。所以求美活動中之世界，更爲生命精神所充塞，而更合乎表現生命精神于所謂物質界之要求。

七、人求眞之活動，透過自己身體之動作，以表現于自己之語言態度，其最普通者爲直率坦白。求美之活動，透過自己身體之活動，以表現於自己之言語態度，其最普通者爲溫雅。求眞是一往，故表現於言語態度之生命精神，好似一洩無餘，而成直率坦白。求美是一往一復，故表現於言語態度之生命精神，不能一洩無餘，乃一面表現，一面收回，成含蓄不盡之勢，是爲溫雅。

從本質上說，應當視爲比求眞求美更高之精神活動者，是自覺的節制其物質生活而磨折其身體之活動。此即自覺的求刻苦之活動。眞正自覺的要過刻苦生活的人，他是認清了精神之顯露，只在身體欲望之限制上。限制身體之欲望，即是剝去包圍精神之物質的皮。這皮愈剝去，精神愈顯露，所以這種人的物質生活愈淡泊，愈自覺其精神之提高，愈自覺其精神之眞實存在。人在努力求淡泊刻苦之生活時，不僅如其求美時之忘了其身體之存在，不自覺的由耗費其身體中之物質能力，破壞其身體，以反乎原始身體保存之本能；而是自覺要反乎原始的身體保存之本能正如許多宗教徒之修煉，其最後目的，正是要化除原始身體保存之本能，而成爲純粹精神。

但是只知求其物質生活之淡泊刻苦，以使其精神顯露於其自覺之中者，仍不必是有最高之精神活動者。因爲他之目的，如只在他自己之精神顯露，則他之只求其自己精神之顯露，便是只認識他自己之精神之存在，他并不曾眞注目在他人精神之存在。他執有一自己的觀念。這所執的自己的觀念之來源，卽是他個人的身體之存在，所投射到他精神中的影子。他仍忘不了他的身體與他人的身體之分爲二，然後才只求其自己精神之顯露。這卽是說他的活動，尙不是純粹精神的活動。

八、最純粹的精神活動，是純粹的愛。此不是暫時的同情，而是一常存的悱惻之心。富於這種愛的人，時有一種人我精神原相感通之直覺。人的精神與他的精神，在形而上的意義上之一體，恆是直接存於他自覺之後，呈於他自覺之前，成自然的對人之愛。這種對人之愛，不必表現爲同情。因普通之同情，只在感到他人之苦樂，足以激動我時而後發生；而這種愛，則是於見人時便發出的。人見人時，不假思索的微笑，卽是這種愛存於任何人之心之證。富於這種愛者，見人時卽有一相忘無間之感，因爲他於他人之身體中直感與之爲一體之精神，表現於他人之身體中活動。誠然，由這種愛出發，遇事亦顯爲對人之同情。然而這種同情，不是因他人之苦樂而激發，乃是憑他人之苦樂而顯現。這種同情只是這種愛之直下貫注於他人，照見他人之苦樂而生。這種同情，無論有不有，這種愛總是有的——。所以這種同情人之苦痛，必貫注到實際上的助人之事，而我們以前所說之同情，則可只是並行的心之振動，可轉瞬而忘去的。對於這種愛，與普通所謂同情不同，我們可以說普通之所謂同情，是我同情他人，此時，我仍感我為同情之發出者。而在純粹的愛發出時，我們並不覺此愛由我之自我發出，而只覺我為愛所通過。我由此種愛而愛人助人時，我感到愛本身為一力量。這種愛，直接透入他人精神之核心，成為對他人之精神之一種含情的了解；這裡面有真之價值之實現。同時直覺他人之精神中，有我精神之投影，而照見自己，他人之精神乃如成為我自己精神之一種客觀表現；這裏面有美之價值之實現。因這種愛中，我並不覺愛由我發出，而只是愛通過我，所以為實現這種愛，可以有絕對之自我犧牲，忍受一切身體上之痛苦。普通的同情，只於發動時，有一種人我無距離之感。而這一種愛，則是由於一種原始的人我無距離之感之求實現。且在這一種實現之過程中，復明覺人之外於我而存在，而仍終於可為人而犧牲自己，不求人之任何報答。然而普通之同情，則直感我為同情之發出者，所以同情人時，亦望人之表同情以為報答，而且常可因同情人之苦而自己苦，遂欲離開引起我之同情之對象，以去掉此種苦。

純粹的愛是原始的，而且是人人所具的，但有貧乏與豐富之別。貧乏與豐富之不同，繫於人之接觸或體現此形而上的人我精神之一體之深度而定。然而多多少少的接觸與體現，總是有的。所以就質而論，這是愚夫愚婦與聖賢之所同，這是天性。但是天性，要使之擴充，然後其量乃大，大至其極，是爲以「天下爲一家、中國爲一人」之仁心。

然而人之求此純粹的愛之擴充，亦是人所共有之天性。人有自然的向上奮勉之情，使其求眞求美及無私的愛等高級活動，有充量的表現，以實現眞美等價値，於是人開始有道德上的義務之感。義務之感，不是單純的生於這原始的愛等活動。義務之感，是生於我們要求擴充此愛等活動，而與我們的其他活動多少相違反衝突之際。如我們之愛人之心與我之名權食色之欲衝突，我們愛人之心要貫徹，便生出義務之感。肯定義務之貫徹，是爲責任之感。由實現義務責任而成自覺之善。又由人之義務責任之感，及實現義務責任之努力之繼續存在，而自覺有求善之道德意志之存在。由人之道德意志逐漸實現，而有自己人格之自覺。

九、由人自覺其人格之存在，而自覺其身體之活動乃其人格之表現，又由自覺其人格通於已實現未實現之善，而通於形上的人我一體之精神實在，於是人有眞正之自尊。

人有自尊，於是似重新在實際上視人我爲二，然而以形上之人我一體，兼通于我與他人之人格，於是人一方自尊，一方尊人，而於同時尊人與自尊上，體現人我之一體。自尊是自覺自己之人格通於善，通於眞實的形而上之精神實在；尊人則是覺人之人格通於善，及通於眞實的形而上之精神實在。

十、由自尊我之人格，於是對於我之人格中已實現之善，自覺其在我之人格之內，於未實現之善，自覺其必可實現於我人格之內，於是有自信。自尊是感我有更高更眞實之自我，自信是感此更高更眞實之自我，卽屬於我。眞正之自尊，是覺我之人格通於形上之精神實在。眞正之自信，是覺形而上之精神實在卽在我之內。自信是眞正的在自己內部照見自己，自己反映自己，這裡面有一種美之價值之實現。

將所以自信者再反映出去，成爲對人之信，遂爲信人，信人有其已實現之善，亦能實現其未實現之善。

十一、由信人有已實現之善，能實現其未實現之善，與其尊人之念結合，於是進而對與我不同之他人之人格有寬容。是爲不以自己之人格之已成形態，去範圍他人，此可姑名之爲一種自己人格之已成形態的超拔與解放。這種自己人格已成形態之超拔與解放，所培養出之由寬容而涵攝其他不同形態人格之心量，名爲器度。

十二、由對不同人格形態之寬容與涵攝，於是對他人人格之善，願努力學以增其德，同時亦望人之增其德，於是自己人格之善，亦望他人具備，乃有「取人爲善，與人爲善」之活動，而愛人之德，愛人以德，是爲純粹的愛之最高的表現。

由取人爲善，與人爲善之活動之擴大，不僅愛今人之德，愛今人以德，且愛古人之德，而尙友古人，愛未來人以德，而望人類之德行之進步，望理想社會中人人有士君子之行，共同體現形而上之精神實在，是爲至高之人生理想。

我在上文論人類之一切活動，說它們都是精神活動，都是精神實在之表現，而人有了純粹的愛之活動，卽有了純粹的精神活動。有了愛人以德之活動，卽有「望人人有純粹的愛等德」之活動，以「愛等德」之本身來愛人，而更能體現形而上之人我合一，精神實在。但是這些活動，自「量」而論，雖人各不同，然而自「性」而論，則無不爲人所共具。人人均有純粹的愛，人人均有愛人以德之心，至於此外之相當範圍之容人之器度，自信、信人、自尊、尊人、節欲、求美、求眞，同情之活動，亦均人人所共有。他們實是同時存在於人之心，我們把他們依着高低的次序，分別的指出，只是爲指出他們的聯繫。他們之不同，只是精神表現之純粹之程度，及表現方式之不同。於是我們可以了解，一切人類之活動，都是屬於同一的精神實在，只是同一的精神實在表現其自身之體段，一切人類之活動，在本質上是互相貫通、互相促進、互相改變的。唯由此而後，低的活動可以含高級活動之意義，低級活動可轉化爲高級活動。人之重低級活動者，有自然而然的到重高級活動之路。唯由此，愈是純粹精神活動之幸福，比不純粹的精神活動之幸福爲更多，才可爲人所信。唯由此，人格之具一貫性統一性才可能。唯由此，我們才可以最偉大的動機與理想，去作最平凡的日常生活的事。唯由此，所謂各種活動之衝突，才有自然的彼此貫通而和諧，以解決的辦法可尋。唯由此，各種活動才可由互相貫通和諧，以互充實其內容之意義與價值。關於這些地方，我亦留與讀者自去體玩會悟，暫不多說。

三　罪惡之起源及其命運

我們從上所論之人類各種活動來看，我們看出人性根本是善的，同情，節欲，求眞，求美，自尊、尊人、自信、信人、寬容之器度、愛人以德等，固然都是人所公認爲善之活動。即使求個體生存之欲，男女之欲本身，亦非不善。人有求個體生存及男女之欲，而後有人的生命之繼續存在；有人的生命之繼續存在，而後有表現各種高貴的精神活動之人。如此看來，則求個體生存及男女之欲，間接便是高貴的精神活動之實現者。求名求權，就其最初動機言，是求人贊成我之活動，亦是求一種我與他人之精神之接觸，便亦不能說定是不好。而以人之一切活動，根本上是互相貫通的，當人由求個體生存、求健康、而懸一種健康標準，作一種體育之訓練時，當人之男女之欲化爲眞正的愛情時，當求名求權之念，化爲一種求自我之光榮時，這裡面便包含各種自覺的節制之品德，眞美愛之價值之實現。所以我們說人性根本是善的。我想任何人只要把我們上所論者會通來看，便都會相信人性是善的。

我們必需相信人性是善，然後人之不斷發展其善才可能。

我們必需相信人性是善，然後了解人類之崇高與尊嚴，而後對人類有虔敬之情。

我們必需相信人性是善，然後我們對於人類之前途之光明有信心。

我們必需相信人性是善，然後相信人能不斷的實踐其性中所具之善，而使現實宇宙改善，使現實宇宙日趨於完滿可貴。

人性是善的，我們可深相信。人類在根本上是求向善，求精神之上升的，我們亦可深信。然而人類之惡自何來？如何我們處處見人類之惡的表現？如何每一善之品目，均可有一惡之品目，與之相對？人有同情，也有痲木、隔膜、冷漠。人有無私的愛，也有嫉妬、幸災樂禍與殘忍。人有感恩守信，也有忘恩背信。人有對人之尊敬，也有對人之侮慢、驕傲。人有自尊，也有諂媚，卑屈。而且將善與惡對立來比較，我們還發現一最奇怪的事實。即一切惡均可以善為工具，善可被利用來增加惡之力量，然而善永遠不能利用惡來增加其力量。人有了善，而有偽善，由偽善而有欺騙，詭詐，陰險。人有了善，而可以藉實現善之名，而視凡與之反對者為惡，乃藉去惡之名以自足其私。人可以加人以惡名，而陷害人，人可以藉攻伐無道，實現正義人道之口號，而亡人之國，屠戮無辜。而最可悲的則是人不僅用善之名以欺騙他人，而且欺騙自己，自己竟不知道。惡可以善為工具，然而善一點不能以惡為工具，所以我們可以處處見惡之顯出有力。如果人性是善的，如何會有惡而且容惡之利用其自身？如果惡永遠如此與善相對，而利用善，我們對於人性之信念，如何能成立？我們對於人類前途之光明，尚有何信心之可言？

這個問題，常常會擾亂我們的心，而要破壞我們對於人性善之信念，但是此信念，終可不被他破壞；因為我們可說，人之惡只是原於人之精神之一種變態。

我們張目望自然，水自流，雲自散，花自開，鳥自啼，他們都莫有罪惡。生物界之相殘，我們可不否認，但是他們各受其身體的機括與本能的衝動之支配，他們都無心於殘殺，他們也莫有人間所謂殘殺之罪惡。

我們冥目反省我們的心，它是清明、是廣大，也莫有罪惡。我們低頭看看我們的身，它是勻稱潔淨，也莫有罪惡。再看我們原始的衣食之欲性愛之欲，它們只求有限的滿足，原始的求名求權之欲，只是求人贊成我之活動，而且最初只是求少數特定的人能贊成我的活動，它們也不含罪惡。

爲甚麼人有罪惡？罪惡自何來？我們說：

罪惡自人心之一念陷溺而來。

一念陷溺於飲食之美味，使人繼續求美味，成爲貪食的饕餮者。

一念陷溺於男女之欲，使人成爲貪色之淫蕩者。

一念陷溺於得人贊成之時矜喜，而使人貪名貪權。

由貪欲而不斷馳求外物，而與人爭貨、爭色、爭名、爭權。

由陷溺於所得之現實的對象，爭取現實的對象，而不見他人，乃無復對人之同情，而對人麻木，與人隔膜，對人冷漠。

由與人隔膜、對人冷漠，而不知人的人格之價值，而對人不敬、侮慢、驕傲，不知愛人以德。又由自己陷溺於所欲得之對象，而忘却自己之人格，遂爲取得所求之物，而諂媚卑屈。

由對人冷漠，於是在人阻礙我之獲得我所求之事物時，不惜對人殘忍，忘恩背信。又不願見人之獲得我所求之事物，使我相形見絀，而對人嫉妒，幸人之災，樂人之禍。

爲要獲得所求之物，而又知自己之貪欲之不見容於人，於是作僞善，以善名掩飾自己而有欺騙、詭詐、陰險，又感於貪欲之不見容於自己 良心，而自欺自騙，自己造作理由，以爲自己辯護。

一羣貪欲充盈的野心家，爭名、爭權、爭財、互相鬥爭，而又以實現正義人道爲名，乃可血染沙球與太陽賽赤。

人種之罪惡可以齊天，可用一切善爲工具，以暢遂其惡，然而其產生之最原始之一點，只是一念之陷溺，由此陷溺而成無盡之貪欲。我們所需要的只是解釋此一念之陷溺。

爲甚麽人類由一念之陷溺，便成無盡之貪欲？這非其他動物之所能。動物不能使其一念陷溺，以成人類之貪欲。因爲動物的欲望，永遠是有限的，他的飲食兩性之欲，滿足了便休息。貪欲——無盡的貪欲，是人類所獨有的東西，這豈不證明人性之特惡？

我們說，人之可以由一念陷溺而成無盡之貪欲，祇因爲人精神之本質，是要求無限。人精神所要求的無限，本是超越現實對象之無限，然而他一念陷溺於現實的對象，便好似爲現實對象所拘縶，他便會去要求現實對象之無限，這是人類無盡貪欲的泉源。

人所接觸的現實對象，本是有限，祇有精神之自覺才是無窮無際，人陷溺於現實的對象時，他失去了他自覺中的無窮無際之感，於是想在現實的對象中，獲得此無窮無際之感，於是人才有了無盡之貪欲。

我們眞正地透視了人類貪欲的核心，我們便知人類貪欲之目的，其實正在要求其自身之毀滅。一切人類的貪欲，都必然會有一天發現使他自身毀滅的方法。因爲一切貪欲，在現實的對象中，追求無限，而每一現實的對象，永遠是有限，所以莫有任何現實對象，能滿足人之貪欲，一切貪欲，必不免會厭倦於其身；而人類彼此之貪欲，在共同追求的對象前，必不免互相否定；貪欲與良心之矛盾，貪欲與人類共同之善之標準之矛盾，一面與貪欲相伴，直到貪欲厭倦了其自身，自感空虛，被否定，人自向外逐取的態度解放，而恢復原始的精神的無限爲止。

人類的貪欲，必不免感厭倦，因爲一切貪欲之滿足，原於自覺有所佔獲，有所增多。而此有所佔獲增多時之滿足之感，只存在於他覺有所佔獲有所增多那一現在。當那一現在化爲過去時，此滿足之感，不特不能化身爲以後或未來的滿足之感，且成了他一種債務。因爲當有所佔獲增多之感過去時，他便覺有所減少與負欠。所以在貪欲的進展中，要使下次所得的現實的對象，能與他上次的現實對象，給與他同樣滿足而同樣感樂，必須下次的現實對象之刺激的能力，倍於上一次之現實對象，因此貪欲愈進展，必然愈難滿足，而樂愈少。反之貪欲愈進展，其向對象逐取之勢愈烈，如負重落坂，愈至後來，則遇同一阻碍時，所引生之苦痛愈大。此中，人之苦樂，隨貪欲進展，而反比例的增減。所以人必不免會在一次阻碍上，感到由貪欲以求樂之虛幻而厭倦，這可說是宇宙之一神聖律（Divine law）。

人與人本是平等並立，互相感應的精神存在。每一人的動作，直接間接感應到他人，而一人的貪欲，必不免引起他人的貪欲，一人貪欲的增加，自不免引起他人貪欲的增加。所以人類的貪欲，必不免交會於共同的若干之有限的現實對象前，而在此共同的現實對象之爭取上，互相否定。正義與愛，永遠在上，照臨着他們之互相否定，以實現其自身，這也可說是宇宙之一神聖律。

人類有貪欲，然而人類永遠知道貪欲是不好的。莫有人在平心靜氣時，不知貪欲是不好。莫有人不以善來欺騙自己，使能安心發展其貪欲。莫有人對他人之貪欲，有好的感情。人之貪欲可以利用善，這不足證明善之無力，而正可証明貪欲之賴善或善之力而存在。善之爲善，永爲人之良心之所知，自己之良心的判斷與貪欲不能並存，他人之良心判斷，與貪欲亦不能幷存，貪欲只能在善之掩飾下的夾縫中存在，而貪欲終當爲良心之光所照透。這也可說是宇宙之一神聖律。

我們總容易看見惡之實在，這只因爲我們對於惡，祇看見它的中段，不能看見它之所自生與所自終。它之所自生之飲食、男女、求名、求權之欲不必是惡，它之所自終，正是它自身之否定。我們祇是從它之中間一段看，才覺它之實在過於善之實在。（人之所以總自中段看惡之實在，此中有極深之理由，乃原于人必正視惡，乃能去惡，今不詳論。）

人在此會問：人的精神何以會一念陷溺，而沉墮於現實對象中？如果精神本質是上升的，便不應陷溺沉墮；如果可陷溺沉墮，便不能說精神本質是上升的？這眞是一最困難的問題。然而這問題，有一最深遠的答復。卽人精神之沉墮，仍所以爲其上升；人之犯罪，仍所以爲其實踐善。一切犯罪的人之犯罪，只是他最內在最潛深的自我要實踐善，而又不知如何實踐善者，不得不經過的過程。他們精神之下墮，就是因爲他們要由下墮而上升。

我們現在先問，什麼人是最易犯罪，最易縱欲的？我們可看出，一切潛藏的精神力愈豐富的人，愈易縱欲而犯罪。我們可說，一切精神力豐富而尋不出正當的表現之路道的人，便必然會犯罪。精神力愈豐富的人，其最內在的自我，正是力求精神之上升的人，卽最要求實現無限的精神實在於其人格的人。原來他最內在之自我，要求成爲一無限的人格，而無一直的上升軌道，所以翻轉而表現爲無限的對現實對象之逐取。

從這個例子，我們便了解人之縱欲，卽是人精神表現之一種方式，由縱欲而犯罪，亦是人之精神表現之一種方式。

縱欲與犯罪，並不妨碍「人精神之求上升與向善」的觀念，因爲我們已說過一切縱欲犯罪者，終必自感厭倦，幷必被他人之貪欲，及他人與他自己之良心之裁判所否定的道理了。

一切的罪惡，都要被否定，而每一罪惡之否定，則復實現一善，所以罪惡愈大，則實現之善愈大。

人的精神之會陷溺沉墮於現實世界而犯罪，卽是爲的實現：改悔罪惡、否定罪惡之善。形上之精神實在之善，必須要求實現於現實世界。所以不能一直實現其善，它便化身爲人之罪惡，繞彎子以間接實現其善，這是形上的精神實在與現實世界的關係之最大的秘密。我們看歷史上許多偉大人格，早年都曾縱欲犯罪，便知此中之消息。

但是形上的精神實在，並不鼓勵人縱欲犯罪，來間接實現善。因爲凡是可以走間接的路，以實現的善，都可用一直求精神上升的辦法去實現。凡走間接的路者，都是失去了正當的路。而一切縱欲犯罪者，走錯了路，復要回到正路實現善者，必須感受大苦痛，而後能眞回頭。縱欲的人，在其縱欲的過程中，不斷的感受樂，所以他要回頭，必須將其所感受之樂，以增加一倍之苦痛償還；因他須以同等之苦，收回他縱欲時精神外馳的傾向。所增一倍之苦，則是所以遏抑他再犯罪之可能者。這所增之一倍之苦痛，或由外境之刺激來，或由其良心之責罰，而自己去尋找來，或爲純粹之懺悔中夾帶之苦。

然而一切縱欲者，必須回頭實現善，這本是宇宙之神聖的定律，所以一切縱欲者，必然將遇苦。不遇苦於生前，則遇苦於將死之際及死後。

或問：如犯罪者必須付利息，以苦痛償還其縱欲所得之樂，又豈非宇宙之不仁？

則我們當知　眞感着自己犯罪而求滌洗的人，他所對之苦痛，他將認爲是他應受的懲罰。他復需要增加一倍苦痛的懲罰，來磨練他。這所增加之苦痛，乃他最內在最潛深的自我所自願承擔，故此時苦痛，便成爲必須的精神糧食，苦痛同時爲他內在之樂。所以宇宙永遠是公平的。（關於上列數段許多問題，今皆不能細說，讀者視之爲一獨斷之論可也）

人問：如果罪惡最後總可銷除，而並不眞使我們以後受更多的苦痛，則我們何必一定爲善，縱欲爲惡，使精神向下，又何妨？

我的答案是：如果你甘願縱欲爲惡，莫有人能阻止你。但是如果你眞知道了，縱欲者終當被索還其由縱欲而生之樂，誰復還要自覺的去縱欲？如果爲惡者，將來終當被良心逼迫而爲善，誰復還自願在現在爲惡？縱使爲惡，只能出於盲目的動機，而我們的話，只能從你最清明的自覺去了解。從你之此最清明的自覺出發，永不會引導你去縱欲爲惡的。如果我們的話，眞會有引導你縱欲爲惡之效用，唯一的原因，只是你本有縱欲爲惡之意，而利用我們的話，來抵消你爲善之意。然而當你對我們的話，持利用的態度時，我們的話所啟示於你的理境，已全離開你。如果你仍然記住它們，我相信它們必然將使你更努力的爲善，而求你精神之上升。但這不是因爲它們使你想着爲惡將遇苦，而不敢爲惡，而是因爲你眞了解它們時，你便更認識了形而上的精神實在之眞實，而更願意去實踐它。

四　精神上升之道

以上我們論人類一切活動，我們總是把更純粹的精神活動放在後，我們之注重點，在認識人類精神活動之連繫於形而上之精神實在。我們是要說明，人之精神根本是要求上升，以致他之犯罪，我們都說是出於精神上升之要求。這些話，也許會使人誤會我之主張人之精神上升，以接觸實現形而上之精神實在，乃是要人出世，而離開現實的物質身體之世界，但是我現在之意思決不如此。

我現在的意思，決不即歸到人應當離開現實的物質身體之世界。因我在篇之首已指出，從外看人是隸屬於現實的物質身體之世界；從內看人則隸屬於超越現實的純精神界。而物質身體的世界之所以爲物質身體的世界，即在能表現人之精神。所以人之精神，必需表現於物質身體之現實世界。精神實在所要求的，即是表現於現實世界，其能表現於現實世界，即所以成其爲精神實在。精神實在之本身是無限，無限必需表現於有限。因爲由有限之超越破除，而後才顯出無限。關於這種道理，我在上二部中也屢說。所以超越的精神實在與現實世界，自始是相連。只是又不能由它們之相連，而說它們是一。它們是二，而後才有所謂連。它們之相連，又不是有連之的第三者，而是即在現實世界之向上超越的關鍵上，便連起來。但因它們相連，故就此連處說，又不能說它們是二，它們是不二，是二而不二。所以精神實在即現實世界之本體，現實世界即精神實在之表現或妙用。因此離開精神實在之表現，則無現實世界，離開現實世界，亦無精神實在。成則俱成，破則俱破，所以現實世界，是我們根本不能脫離的。

我們不能脫離現實世界的物質，因我們都有感官的身體，隨時都與所謂物質之指示者的形色相接，我們也並不須脫離我們之有感官的身體，或不看外面之形色。因為我們所需要的，只是要從所謂物質的形色中看出精神，把物質的形色視作精神實在的表現，把人與我的身體對外界事物之一切活動，都視作人與我精神活動的象徵，把整個的物質界，視作人與我精神與精神互相交通的媒介。我們只要眞常能如此看，則物質立地化為精神，一切形色的事物，及我們對一切形色之身體活動，都是實現精神的工具，此工具本身即為精神所滲透而成透明。於是即物而可不見物質之存在，即物質之實在而視之為精神之實在。所以我們亦不須脫離現實之物質，不須脫離現實世界。

最後，我們既了解精神之必須表現於現實世界，我們要發展我們之精神，便當肯定此現實世界，而努力於其中表現我們之精神。我們對於現實世界，便不當生厭心。因為厭棄現實世界，即等於厭倦我們精神之表現的要求，即等於厭恨精神實在本身。我們不能由追求精神實在之動機，而厭棄現實世界，只能由追求精神實在之動機，而愈肯定現實世界。若果我們由追求精神實在，而厭棄現實世界，那是由於我們不了解精神實在與現實世界之關係，我們把精神實在與現實世界割斷分離了，這種割斷分離，是一種錯誤。所以我們不當求脫離現實世界。

我們了解了我們不能、不須、復不當求脫離現實世界，我們便可不再視身體之物質及環境中之物質爲卑下，不再視我們在現實中之一切活動爲卑下，我們對於我們之最平凡的日常生活，便都可賦以神聖崇高之意義與價值了。

我們了解了我們之精神，必表現於我們之身體之物質，於是我們了解了我們身體之動作、容貌、態度、氣象，卽是我們內在精神之鏡子。我們知道內心之無不表現於外，於是我們知道誠之不可掩，作僞之不可能。我們知道我們精神之力量，無不可通過我們之身體之動作、容貌、態度、氣象，以直接感人，而我們也知隨處由他人之身體、容貌、態度、氣象，以直接透視人之精神存在，我們對於精神之信念，更增加了。

但是，我們眞要肯定現實世界，及我們在現實世界中之一切活動，我們同時便要肯定我們隨時犯罪之可能，及時時在犯罪之事實。我們不能希望我們於現實世界中，能立於無罪無過之地。

我們說不能希望我們在現實世界中立於無罪無過之地，並不是因爲我們在現實世界中，不能避免聲色貨利名位權勢之誘惑，使我們放縱慾望而來。我們要知道，眞正的罪惡之涵義，並不限於通常所謂縱慾。關於這一點，我們上文尙未講。在上文，我們只提到我們縱慾之罪惡，由於我們一念之陷溺於飮食、男女、求名、求權之欲。但我們又說此諸欲之原始，並不含罪惡，所以，其罪惡唯由一念之陷溺而來。由此我們可以再進一層說：我們幷不必陷溺於聲色貨利貪名貪權之慾時，才是罪惡，我們陷溺于我們之任何活動，均是罪惡，而我們之任何活動，我們都可陷溺于其中。此乃因我們之任何活動，我們都可對之加以反省。而任何活動，當我對之加以反省時，都可把它固定化、符號化，成一現實的對象；而我們將它固定化、符號化，成一現實的對象以後，我們又可對它再加以把握，使隸屬之於我，執着之為我所有而生一種有所佔獲的意思。而當我們把一對象隸屬之於我，生一種佔獲的意思時，同時我即隸屬於對象，為對象所佔獲，而我之精神即為對象所限制、所拘繫而陷溺其中。我們當知，我們存在於現實世界中，即不能無身體。我之身體之活動表現我之精神于外，而此表現為一限制的表現。此一限制性，再投映於我們之精神，而有與他人他物相分別的「我」之觀念。只就此我之觀念而言，本不必使我們生陷溺之念。但有我之觀念後，即可對於現實之對象，加以把握，而求隸屬於我。而我們之任何活動，我們都可加以反觀，而使之固定化、符號化，成現實之對象。這由反觀，而使一活動固定化符號化本身，本來亦並不必即生陷溺之念，然而我們此對象既成後，再加上把握之而隸屬之於我之活動，成隸屬對象於我之感，則成陷溺之念。但是隸屬對象於我之感，只是一感。這感只是感時存在，我們並不能眞正把它加以分析來看。因為我們一分析之，則我與對象析開，而此感不可見。所以此處必須體會，方能了解。

我們了解了，只要對我們之任何活動，加以反觀，化為現實對象後，便都可隸屬之於我，我們便知：一切活動，我們都可對之陷溺，即是說，我們對於一切活動，都可執着他是我的，我所有的，而生一種有所佔獲的意思。

這一種對我之活動，生一種有所佔獲的意思，與我們的反觀，常常在一起。我們常不自覺我們先有反觀之存在。因爲我們常是才反觀之，卽隷屬之於我，成有所佔獲的意思。這種反觀，常可謂緊接於「去隷屬對象於我之活動」的，而當隷屬對象於我之感已成時，此反觀便不復存在。所以我們有陷溺之念時，我們常不先自覺有反觀。而在我們通常能自覺有反觀時，卻是已漸離開陷溺之念時。因我們自覺有反觀，則反觀表露爲一獨立之活動，而反觀之活動，則根本上原於精神之求上升、求超越；唯精神求上升求超越，而後能離開自己來反觀自己。（原來反觀之本質，卽是自覺作用，因此處所重在所覺對象一面，故名反觀，乃所以別於對反觀之自覺一名。）所以當此反觀眞爲我們所自覺時，則此反觀，常正是表現爲反乎我們之陷溺之念之另一種活動。（亦卽此反觀爲一獨立之自覺作用，故我們能自覺此自覺作用）唯在剛反觀一對象，而反觀卽被「隷屬對象於我之活動」所拖下淹沒，乃馬上成爲陷溺之念。所以通常我們不自覺我們於此中先有反觀之存在。但是我們也有於此中自覺有反觀時。此則由於反觀對象之活動，雖已表露爲一獨立之活動，然不能持久，所以終於被「去隷屬對象於我之活動」所拖下；於是此時我們旣自覺曾有反觀對象之活動，亦覺有「去隷屬對象於我」之活動。然而無論我們自覺之與否，必先有此反觀。因爲若無此反觀，則我們之活動不會爲我自己所執着之對象，而視之爲我所有的。只是陷溺之念之所以爲陷溺之念，則只能歸因於隷屬對象於我之活動本身，這又是我們不可不重加注意的。

關於我們所說我們於自己之任何活動，我們都可由反觀而化之爲對象，並對之生陷溺之念而隸屬之於我，並生一佔獲的意思。以下可以舉兩個例子：譬如我們最高之活動爲純粹的愛，然而我們表現此種愛後，而想着我表現了如此之愛於宇宙間，此爲我對宇宙之一功德，我之人格更增加一內容而比他人爲偉大。這一種我對我自己之矜許，便原自我之將此愛之活動加以反觀，以之隸屬于我而生佔獲的意思。又如我們對於過去已犯之罪惡過度的悔恨，此時我們亦常是想佔獲一絕對無惡之心境，所以有過度之悔恨不已。此外我們對自己之求眞求美之活動，都可常有佔獲的意思，這都是陷溺之念。

我們是否對我們活動生陷溺之念，有時很難自覺。因陷溺之念，本身只是一感，這感在幾微時，簡直不爲我們所覺。等到相續極久，至正式發生行爲時，我們始自省而覺之。然而我們之常有陷溺之念，卻可自我們之常不免黏滯見之。一切黏滯卽陷溺。而一切游思雜念，我們明知其不必發生，而竟不免於發生，皆由我們之黏滯於我們昔之所習。一切匆遽、浮動、迫不及待，皆由於我們黏滯於未來之所求。一切疎忽、蔽塞、癡迷，皆由我們黏滯於現在之所務。我們不能物來順應，意念純一，都由於我們有所黏滯。我們不能作事秩然有序，不免顚倒混亂，都由於有所黏滯。凡我們明知不當如此，而竟又不能免於如此者，均由于有所黏滯。黏滯卽是心爲物役，卽是陷溺——然而我們。然而我們明知不當如此而竟不能免於如此者，是何等的多。

我們知道陷溺之念卽是罪惡，便知我們不必以貪聲色貨利貪名權，才是罪惡。我們隨時都可對我們之活動發生陷溺之念，則我們隨時都有犯罪之可能。因黏滯卽陷溺，我們時時發見我們不免於有所陷溺，便知我們隨時在罪惡之中——而一切貪聲色貨利貪名貪權之慾，其原始一點，都不外乎一念之陷溺。所以我們任何一念之陷溺，便可通於我們所公認之一切大罪。因一切大罪，不過由貪聲色貨利名權而來，而貪聲色貨利名權，則由一念之陷溺來。所陷溺者不同，而其爲陷溺，可以互相引生則同。所以一念自矜其道德之人格或學術藝術之天才者，可以轉而好名好權，作意外之人間罪惡——因此我們肯定我們之現實世界，便同時須肯定我們隨時犯罪之可能，以致犯大罪之可能——及時時在犯罪之事實。我們說對一切活動之黏滯陷溺，都是罪惡。一般人所謂罪惡，在通常只認爲過，但是過與罪惡實同源，過卽是罪。我們用此份量較重的名詞，是要人重視他自己的過。由人之重視其過而視之爲罪，一方面便不致以爲自己道德上無缺憾，或自以爲道德較所謂犯罪者爲高，生自矜許之意，而勉於謙抑；另一方則是要人有承担現實世界中罪惡之勇氣。

但是我們不當只肯定我們有隨時犯罪之可能，及時時犯罪之事實；而且當相信當下一念，卽可轉移我們之一切罪惡。因爲我們說一念陷溺，卽通於一切罪惡；反面卽是說，只要我們一念不陷溺，卽通於一切之善。

我們一念之陷溺，由於我們對於現實之對象，生隸屬於我之感，對於我們之活動加以反觀，而生佔獲之意思；故我們只要對於現實之對象，不生隸屬之於我之念，對於我們之活動雖反觀而不生佔獲之意思，則無所謂陷溺。我們只要不陷溺於我們之活動，則我們之一切活動，便都是形而上的精神實在之表現，便都是上升於形而上的精神實在之活動，而超越現實世界之活動。

怎樣才不生陷溺之念？不生佔獲的意思，不將現實的對象隸屬之於我；心常清明的涵蓋於身體與物之上，卽不生陷溺之念。于發生任何活動時，但覺此活動通過我心而發出表現，但反觀此活動之表現發出，而不加任何把握的意思，卽是不陷溺之念。忘物我之對峙，而只順乎理以活動，卽不生陷溺之念。不陷溺，卽忘物我之對峙；忘物我之對峙，則我之活動均依理而行，故又名之曰天理流行，依乎天機而動。

不陷溺之念卽是天理流行，依乎天機而動。中國從前人說天理流行、依乎天機而動，常被人視爲高不可攀，似乎不陷溺之心境，是極難達到的。誠然，我們要常常自覺有不陷溺之心境，非最高的人格不能。但是當下的不陷溺的心境，則是一念自反，卽能具備的。因爲我們才覺有陷溺，知病便是藥，我們的心便已不陷溺。我們覺有陷溺而拔出，卽不陷溺。這是我們當下可以求得的。我們亦可說，我們之不陷溺的心，原卽我們之從事一切現實活動的心之「本體」。我們只怕不自反；才自反，它便在。而一念之超拔，卽通於一切的善，所以我們雖隨時有犯罪之可能，有犯罪之事實，而去罪之可能，亦永遠在眼前，湔洗一切罪之力量，亦永遠在眼前。當我們了解此二層意思時，我們便一方不致自以爲人格無缺憾而自矜許，一方亦不致生任何自暴自棄之心理，同時也不致對於他人之人格生羨慕之心，或欲速助長之心，因爲那便是想把捉道德上之自然進步，想有所佔獲。同時由我們隨時都有罪可犯，有通一切善之路可走，於是我們可眞了解道德生活是莫有放假一語，而知在當下之視聽言動，飲食起居上隨處用功，使不生陷溺之念。于由我們自己之常犯罪，亦常能滌洗罪，便對他人之罪能原諒——以大罪與小罪同源，故能諒他人之瀰天大罪——，且相信他人之罪，亦無不可滌洗。然後我們對於人類之道德進步，才有信心，而人與人間之相互的與人爲善取人爲善，才眞正可能。

我們了解了，我們之精神表現於現實世界，我之精神與我之身體物質不相離，及我之身體有其特殊之構造及特殊之環境。我們亦可了解，我們每一人皆有特殊的通到精神實在之路。我們的人格，即賴於循我們特殊的通到精神實在之路，而發生之各種行爲活動之互相貫通統一，以建設起來。我們於是了解我們要修養人格，不能專模倣他人，一方須顧到自己之性格，一方須顧到自己的環境；而盡我們之道德責任，則要從我現在周圍的人開始。人修養其人格，最重要的一點，就是眞實的求精神之上升。因爲人性根本善，一切惡之爲惡，都由於陷溺。只要眞實求上升，則惡去而善顯。人只要眞實求上升，便自有其本性所指示之上升之路。人的內心都有精神實在所啟示他的善之理想之存在，這任何人只要反省便可知者。人祗要求眞實的上升，必然要求祛除其理想的自己與現實的自己之矛盾。人之過惡，都原於有所陷溺。人在不同的時候，發現他有不同的陷溺，而有不同之善之理想，而有不同的內心之矛盾，而有不同的剷除矛盾，以表現形而上的精神實在之統一性的努力，而有不同的精神上升之階段。然而他只要眞實的求上升，他所走的階段，是不會錯的。如果錯了，他自己也能糾正。所以把道德的品目羅列出來，要人或自己機械的遵行，是不必要，而且是根本羅列不盡的。因爲人的心理行爲方式是無窮的，各人便永遠各有其精神上升的路，此路之萬殊，嚴格說來，與人之身體結構氣質及環境之萬殊，全然相應，所以人才有不同形態的人格。

不過各種人人格之不同，只由其精神上升之路之不同，其最後目標，則同在表現統一之形而上的精神實在於其人格。所以一切人的人格之一切內心矛盾袪除凈盡，而成絕對和諧貫通的人格以後，一切人之人格，在本質上便趨於同一，所以人類有其共同之最高理想之人格。此即名為聖

因人類有共同的最高理想之人格，於是各種不同的人格之所以不同，便可說是因為各種人格尙未達最高階段之故。而在未達最高階段時，各種不同的人格之所以不同，只係於其上升之路之不同，所以一切人格之不同，只是形而上的精神實在表現方式之不同。形上的精神實在其自身本來是統一的，而其分別表現之方式，亦因而是可相貫通涵攝的，所以各種人格雖不同，各有其特殊性，然而可以互相了解。而在達到較高階段的人格，反能了解更多與他不同的人格，因為他上升愈高，愈接近統一之精神實在，而其貫通涵攝之心量亦即愈大。

因為不同的人格，能互相了解，所以不同的人間，可彼此的互相欣賞其人格，以便取他人人格之長，以補己之短，由此而有最高的與人為善，取人為善。了解者互識人格之眞，欣賞者互識人格之美，而欣賞則含了解，了解必歸於欣賞，此為眞美之交徹。故此最高之與人為善，取人為善中，有最高之眞美之價值之實現。

各人努力求其人格之上升至眞實的態度，與不同人格間互相欣賞之審美態度，合以助各人之實現至善，使各種人的人格以其心量互相貫通涵攝，以化社會為眞美善的社會，是即為統一的精神實在

之至眞至美至善之實現的路道。如此，自精神實在本身而言，是謂至眞之實現；自其表現於現實世界而反照于其自己而言，是謂至美之實現；自其相續不斷之表現于此眞美之交徹之途中而言，是謂至善之實現。

我們了解了現實世界中人與我之罪惡之存在，而我們的努力則是要取人爲善與人爲善，以去除人之罪惡，而完成我人之人格。由我們之相信人性善，及罪惡之終必歸於自己否定，即可進而相信我們之努力必可達到其每一度之努力所懸之目的。由我們之努力時，有非去惡不可之感，又反証罪惡都居于一被否定的勢子之下，我們由此將更相信罪惡之必歸於自己否定。然而我們却並不會因爲罪惡在究極的意義必自否定，而任它自己否定。因爲所謂罪惡之自己否定，即是由感罪惡存在而不安的人心去否定它。如果沒有對之不安之心去否定它，亦無所謂罪惡之自己否定。所以我們對於所見之罪惡之存在，感到不安，否定它之責任，便呈現于我之前。如果我不否定它，則我姑息罪惡，而自己犯罪惡。我們自己是決不願犯罪惡，我們只要自己反省，便可知道。所以當我見罪惡時，必然感不安，而必求其安，我們必感我們該去否定罪惡。唯一我們不求否定罪惡時，只是我們不見罪惡時。然我們祇要張目一看，現實世界中人與我之各種行爲，便見各種罪惡之存在。所以我們最後的結論，便是努力去否定現實人類世界所見之一切罪惡，而實現我們理想之人類社會，使一切人都能眞實的努力完成其人格，使人類社會，成爲一切人格能互相了解欣賞而表現眞美善之人格世界。

但是我們知道，一切理想不是一朝可以達到，一切人都走上自覺的求完成人格之路，也是不容易的。所以我們也不能因見社會離我們理想太遠，而空着急。空着急，即是想忽然獲得我們之目的物，這卽是罪惡。因無法獲得而失望苦痛，即此罪惡應受之懲罰。我們當求一如何達到理想的世界之方法，這就是我們當從事的各種應有的文化政敎活動。因爲一切應有的文化政敎之活動，都是提高人的精神，而使人充實其人格內容，同時亦帮助其完成人格者。所以我們最後歸到應有的文化政敎之促進之工作。而我們之努力于應有的文化政敎促進之工作，則必須修養我們之人格，而努力於此工作之一念之本身，亦所以提高我之精神，而完成我之人格。

故我們最後便歸到作一切完成他人人格之事，即所以完成我之人格；而從完成我之人格之念出發，卽必要求完成他人之人格，從事應有的文化政敎之活動，以帮助人完成其人格，以實現理想之人格世界。

我之當下發心要如此做，在我當下所發之一念之所涵蓋之下，便似乎人們都已開始走上自覺的求完成人格之路，理想的人格世界已開始降臨，此之謂「一日克己復禮天下歸仁焉」。如此我們焉能不信人類之前途是光明的？焉能不對人類前途之光明，抱無盡之信心？

二十九年五月十一——十四

附錄：人生畧賦

本文名人生畧賦，實則一隨筆，無以名之，故名之曰賦。其內容不外就第四部精神之表現中，前二節之大意，以較富情味之言寫出。然亦多有通於第一部第二部之意者。本書文字過於樸實嚴肅，而此文又病輕率，然附之於此，亦可一平衡本書之作風也。

上篇 一

唯人生之秘奧兮，若常見之一字。
忽疑其非如是筆劃所成兮，則愈觀而不似。
故交忽忘其名姓兮，欲相呼而語滯，
唯此化素習爲生疏兮，實哲學之所始。
生自何來兮，死將何適？萬物變化兮，吾將安息？
孰常應變兮，孰爲其則？情志紛綸兮，高下奚別？
唯一一問題之多葛藤兮，蓋終古今而莫決。
緣惑與生本俱始兮，生則不能無惑也。
念古聖哲已決其生之惑兮，吾仍將求所以自得也。
唯人皆求所以自得兮，此羣言之所以無極也。

然誠知心同理同兮，言雖多方，而未嘗不致一也。
吾所謂一或非彼之一兮，其不一，終當歸於大一也。
唯吾信此大一其永存兮，乃援筆而爲斯文。

二

唯人生可兩面觀兮，外觀爲物，內觀爲心。
吾身與物相刃相靡而同倫兮，亦十四原質之所成。
生理結構，雖靈巧兮，何殊一至複雜之機輪。
物理化學之定律，有必然兮，吾身之動，亦不能不遵。
吾身在空間，有一定之位置兮，吾身在時間，只現存。
過去之身，已隨時化兮，固一往而無痕。
吾身之存不存於未來兮，乃縹緲而無憑。
大星來遇兮，地裂天崩，下一刹那兮，烏知死生。
吾身之現存兮，實唯天恩，主宰吾身之未來兮，乃命運之神。

三

然吾內觀，則不見吾身之物兮，唯見知情志之流行。

如有眞君而不得其眹兮，蓋此眞君本無色與形。
無色形，安得謂之物兮，非物者，不在空間而存。
知攝外而志達外兮，情通內外而彌綸。
彼眞君之知情志，應物之無方兮，將何一定位置之可尋。
常動而不息兮，貫乎往昔與來今。
知察往以識來兮，情與志懷故而慕新。
彼運轉之力，通於三世兮，安得謂之只存於現在也？
彼常不自滿於現在，而期望於未來兮，彼已超乎現在也！
彼明不安於所謂外在必然之勢，使我不自由兮；此求自由之念，匪來自外也。
內求自由之念，乃欲否定所感之不自由兮，此求自由之念，當原自此眞君。
唯此眞君之自身，必爲自由兮，無論其否定之成與不成。
常言之有成與不成，但其跡象兮，自其相續求成之念而觀，則念念皆成也。
昭氏之鼓琴，撥弦而動兮，固將斷續其音。
然彼觀樂者，凝神於音聲兮，固知此天樂之響雲。
唯情志之所不安兮，莫不能移身而動物。
充內形外兮，身物皆情志之外殼。

此外殼，惟情志之流所鼓盪兮，固未嘗被視爲束縛。
誠內觀此情志之流之鼓盪身物兮，便惟見此自由之充拓。
有自由而無必然兮，有心而無物。

唯此兩面觀皆無不可兮，人固有身，亦復有心。
觀內觀外由人自擇兮，心之與身，固可謂相待而成。
然唯觀內可統觀外兮，以心統身，理乃自眞。

四

原觀外所見之我身，唯我知之所對兮，而我之知，則統於心。
我身，乃我知之活動，所投注之一點兮，亦唯我知之活動之一極限與邊沿。
我觀我身之變化，見此極限邊沿之自闢闢，而擬形色於我兮，宛若一增加我知之內容之泉源。
然我試舍此知，而問我身安在兮，則唯感身與情志之相連。
情志之動，若恆伴身之動，而以身之動爲表現兮，此吾對吾身，唯一親切之經驗。
故此身，實內爲情志所鼓盪兮，外爲知之邊沿。
所謂此身，實唯此兩面之精神活動之交點兮，實被夾持於此兩面精神活動之間。

唯情志之動而身有變化，投其新形色於我之知兮，故此情志之動，實即增加我身之形色之表現之泉源。
唯此泉源兮，流而不息，關於我身之形色之知兮，日益開闢。
唯此知與情志之交貫，若有交點兮，身之名於焉假立。
以心統身兮，斯爲理之至極。

五

在我知中，身與他物復交存兮，故他物亦徒爲知之極限與邊沿。
情志內動身連他物，鼓盪自然之全體兮，他物亦我知情志交徹之一交點。
勿謂萬物無窮兮，綿延不斷。
唯此不斷兮，乃感應無間。
身體爲心之表現兮，則萬物亦然。
宇宙雖大兮，實我知情志之所滲貫。

六

身物相盪兮，固有其律。
一律不外存兮，內在身物。

身物爲知情志之交點兮，律不外心而有託，唯知所照身物之條理兮，即名爲身物之律。
身物之條理，雖不必爲吾知所盡照兮，然吾心之知量無窮，當無所不覆。
故身物相盪所遵律兮，實吾知中已呈之律，或當呈之律。
當呈之律，內在於心體之知量兮，固亦非由外鑠。
唯情志滲貫於身物而不可分兮，情志復有其自身之律。
情志自身之律，顯於吾人之願望兮，恆欲改易身物之狀態，而與之相合。
當其求相合而未合之際兮，情志遂感有外來之束縛。
此束縛之感，唯生自欲改易身物，使其自身律實現兮，將使身物另呈其新律。
此束縛之感，正原於心之欲重造宇宙兮，此束縛之感，非徒自外束。
唯此情志之貫徹其律，由內達外兮。
故終必改易身物，使宇宙呈更高之律。
唯知情志中之律，皆內在於心體兮，所呈之更高之律，實自內心而流出。
超臨乎身境，主宰乎身境，而重造宇宙兮，唯此內在的流律之精神。

下篇　七

唯人生之本質兮，唯此內在之精神。

唯人生之目的兮，唯在實現此精神。
曠觀人生一切活動，唯係於精神表現之充量與否兮，然後知內在精神之爲至眞。

八

唯人生之至低之活動兮，爲求個體之生存。
然人之過去之事固已滅兮，現在亦不暫停。
其求個體之生存兮，實唯求其未來之我之事之來臨。
然未來之我之事，尙未有兮，現在之我，乃向之呼召，使之呈形。
此現在之我，欲迎未來之我之事兮，必先之以現在之事之消逝而有所犧牲。
現在之我之事必先滅，而後未來之我之乃得生兮，潛運於二者之間，必非物質之色形。
現在之我之事已滅，而迎彼未來之我之事兮，其所成就者，亦唯此犧牲之精神。
未來之我之事之來臨兮，唯完成彼現在之我之犧牲精神。
唯此我之新新之事相續化現兮，個體乃得恆存。
由此我之新新之事相續化現兮，見吾潛隱之靈根。

九

唯人生較高之活動兮，曰男女之愛情。

愛情若始於形色之慕悅兮，然形色所表現者，乃彼我之心。
唯得心相印，乃獲身相依兮，身之結合，遂成心之結合之象徵。
彼男女之結合，乃所以生子孫兮，而子孫則未來之生命。
人皆不知其子孫爲誰，而求其綿延不斷兮，其所求者，實縹緲之靈魂之化爲肉身。
唯此求縹緲靈魂化爲肉身之祈嚮，潛藏於人兮，實男女之愛情所自生。
伊士女之情話，若可聞兮，彼縹渺之靈魂，寂寞無音。
柔荑之手，若可觸兮，彼縹緲之靈魂，茐漠無形。
而求彼縹緲靈魂降生之祈嚮兮，乃深藏于伊士女之心，幻化爲情話殷殷，攜手數晨。
人皆求其子孫兮，子孫復有子孫。
唯此生生相續，無窮無盡兮，人所求其降生之縹緲靈魂，亦無窮無盡。
人上壽不出百年兮，夫婦亦唯百年之恩情。
彼向無窮無盡之縹緲靈魂，祈其降生兮，彼乃接觸無窮無盡之未來生命，如獲永生。
夫然後彼乃覺其愛情兮，天荒地老，而萬古恆貞。

十

唯人生更高之活動兮，曰得社會之令名。

羞與草木同腐兮，懼沒世而不稱。
夫稱頌之辭，飢不可食，寒不可衣兮，何爲乎樂彼令聞廣譽之施身？
一瞑不視，旌表虛懸，吾不得而見兮，何爲乎寧殉義全節以成名？
溯彼求名之原兮，實來自欲將自我投映于人心。
求名之際所求者，唯在他人之心中有我存。
彼稱譽我者一一爲誰，吾不求識兮，故人尤樂死後之名。
求名者所求者，唯是其自我投映于他人之心兮，實原于自我之求擴大與超昇。

十一

唯人生更高之活動兮，曰知上之求眞。
不安于感覺所得之現象兮，求萬象之所以生成。
以近測遠，而知越空間之限制兮，以故測新，而知貫乎往古與來今。
探賾索隱、窮幽極深、一循于理兮，而人智之運，乃細入毫芒，大至無倫。
人皆欲撥世界之疑雲兮，望彼萬理呈露，如日麗風清。
紬彼萬理，會歸至極，彼哲人之祈嚮兮，更將期于握造化之機軸于一心。
人皆知應用科學以改造自然兮，足以旋乾而轉坤。

唯科學所自之求眞精神，則旋乾轉坤之經綸所自生，偉哉此求眞之精神。

十二

唯人生更高之活動曰求美。
求眞乃舍彼具象以求其理兮，理智之活動，實冷酷而無情。
唯彼求美即具象以會心兮，情理乃渾融而不分。
觀山情滿于山，觀海意溢于海兮，物我乃相忘以彌盈。
八音齊奏，天樂纓雲兮，意趣隨音聲以超騰。
歡愉之情，形諸舞蹈，則合律而純化，愁苦之情，表諸劇曲，則雨過而天靑。
唯此藝術之提升人之性靈兮，誠使人宛若登昊蒼，而入玄冥。

十三

唯人生更高之活動曰求善。
善之源在無私之愛兮，無私之愛，乃人生之至珍。
以情絜情而交流兮，以心度心而互映。
愛之拓展其無窮兮，由親親而仁民。
憐鳥獸之求生兮，哀草木之凋零。

唯此大仁之贊天地化育兮，人乃爲天地而立心。

十四

唯人生皆求彼眞善美兮，人乃知眞善美之自身。
吾所實現之眞善美，皆相對而有限兮，唯絕對無限之眞善美其永存。
此絕對無限之眞善美，乃吸引人生向上之動因兮，彼求眞善美者，乃內證而自明。
人求眞善美之精神，因交徹而渾融兮，絕對無限之眞善美，必統一于絕對無限之精神。
絕對精神本在內，而宛若高高在上兮，人乃頂禮而事神。
嗟人生之多悲，世界之多苦兮，禱神力之降臨。
担負苦罪于一身，而不悔兮，挽此宇宙之沉淪。
負彼罪苦升天，而罪苦得永脫兮，眞善美之光，乃徹宇宙而通明。
此宗敎之精神，乃彼大仁之所託命兮，誠高卓而莫與京。

十五

唯人生活動之萬殊兮，其類別畧不出乎上文之所論。
求個體生存、愛情與名聲兮，求眞、求美、求善、與求爲聖神。
然此一一皆爲精神之表現兮，其表現之充盈與否，乃其高下所攸分。

惟眞美善之日益實現，而超化諸欲兮，人乃日升于神明。
精神四達並流，上際于天，下蟠于地兮，乃參萬歲而一成純。
大海爲波，波復入海，喻形骸之化往兮，吾之精神，則萬古常新。

評唐君毅著「道德自我之建立」

吳敬恒

編者按：「道德自我之建立」出版後，獲教育部頒第一等獎。本文為遴選時之審查報告。茲附錄於此，以便讀者。至於獲獎之事，後唐先生謙辭，以第一等獎讓予其所從學之湯用彤先生（著作為「漢魏兩晉南北朝佛教史」）。

作者平日研究哲學，必甚詳博，故參考材料，雖未一一標明，能想見其詳贍，結構完善，創見頗多，有獨立體系，自成一家學說。自身敍述有系統，改進舊說多貢獻。作者着眼吾人有一現實之自己，又有一超越現實之自己。現實之自己即帶有過去留下的盲目本能衝動欲望之勢力；超越現實之自己，即道德之自我。吾人不應以本能衝動，支配現實之自己；當以超越現實之自己，限制現實之自己。吾人有超越之性，即能覺有該作用。該作用之道德生活支配自己，比支配世界更偉大。本能衝動即古人所謂人心；超越本能之性，即道心。支配自己亦即在道德上下工夫，始於克己，此尤發揮周詳。其論世界，自亦一貫。亦分現實世界與超越世界。現實世界，有生滅罪惡，與現實自己之有盲目衝動，皆在方生方滅之中，而超越世界乃累積擴大，無所謂生滅，生滅祇是隱顯。引歌德之說曰：「一切生滅，都是一象徵。美滿在這裏完成，不可看見，在這裏實現。」第三篇論精神之表現，更切指人事。謂飲食男女，名利權勢之罪惡，皆由人心陷溺而來，仍卽受制本能之衝動。如能去其陷溺，而飲食男女等不過第二篇所說，皆爲補充其身體，使之耗費於超越，如用機器作工，常補益之使之作工。暫藉此身，使累積道德至於至善，以窮其超越。全書廻環發揮，精義絡繹。

惟作者自云：「純粹的善惡錯在我眼光中，是不能存立的。」又云：「止於善之實在。」若就此兩義，指出個人或世界，其精神本是至善止，在物質上求眞太過，求美太過，失卻剛剛恰好實在之中庸，則形若善惡錯，實則或過或不及，皆「過」而已矣。善惡錯之名且可不立，必省甚多盤旋之篇幅。或作者斤斤於心之本體卽主宰卽神，我卽神之化身。又不贊超越止於美滿，卻矜言崇高，故幾幾乎又有人身與小蟲之分別，多留若干色相，而來生之弔詭，亦繞筆端矣。

原刊「東方與西方」民三十六年（一九四七）四月

索　引

索引說明：

一　索引區分為二部分：㈠人名索引，㈡內容索引。另附外文人名中譯對照表。
二　內容索引以名詞概念為單位。
三　索引以筆劃多少為序，外文人名中譯對照表順英文字母為序。
四　索引中所標示的頁數，即本每書頁兩旁的頁數。其中有標明「序」或「附」者，乃分別指示「序言」或「附錄」部分的頁數。
五　本索引編製人莊力臣。

㈠人名索引

八劃

叔本華（A. Schopenhauer）：七七。
亞力山大（S. Alexander）：九。
孟子：十二—三。

九劃

柏格森（H. Bergson）：七。
柏羅提羅（Plotinus）：十。
哈特曼（N Hartmann）：八。
勃力拉得雷：（F. H. Bradley）：七。

十劃

格林（T. H. Green）：七。
席勒（F. Schiller）：十一—十一。

十一劃

陳白莎：七二，八八。

笛卡爾：(R. Descartes)：九。

十二劃

康　德 (I. Kant)：六。

黑格爾 (G. W. F. Hegel)：十。

非希勒 (J. G Fichte)：十一。

十四劃

歌　德 (J.W. Goethe)：一〇〇。

十五劃

劉蕺山：八八。

十九劃

羅哀斯 (J. Royce)：十二。

(二) 內容索引

二 劃

人：一一七，一一八。
人生之路：一。
人生的目的：二一—五，三〇。
人生價值：三八，三九。
人性：一三〇—二，一四七。
人的自覺性：五。
人格：一二八—三〇，一四八—五〇。
人格平等：四〇。

三 劃

小乘佛學：七八。

四 劃

天性：一二七—八。
天理：一四六。

反觀：五一，一四二—四。
心：九—十，十七—八，五八—九。
心之本體：八一—二，八六—九一，九五，九八—九，一〇四，一〇七，一一一—三。
心靈：九—十，二十。

五劃

可能之善：六二。
本心本性：八。
生命精神：一二〇—三。
生命衝動：七。
生活道德化：八，五八。
生滅卽不生滅：八八。
世界：七一，七八，九二—四，一〇〇。
世界之本體：八八。
弔詭：六，八，十。
他律：五。
目的的界說：四。
本質的界說：四。

六劃

自反：一八，六三。

自由：一六－二一，二九，四八－五二。
自由之感：一九。
自由論：六。
自性：一〇八。
自性空：六〇。
自律：五，二九。
自信：三九，五七。
自私：四二，一〇五－八。
自尊：三八，一二八－九，一三一。
自覺：六，一三，一七，二八，三〇，四五－八，六一，六五。
同情：一二三，一二七。
有限：十，一三，九六－九八，一〇六，一〇九，一三四，一三九。
至善：五五－七。
因緣：六〇。
好善：六二。
宇宙之不仁：一三八。
全：七三－四。

七劃

快樂：一〇二－三。
快樂主義：六。

快樂價值：　三五。
克己：　一五〇。
忘樂：　三四。
形上界之眞實自我：　一。
形上學：　七。
形上的心之本體：　一一。
形而下之自我：　七，八。
求名：　一二〇—二，一三六。
求美：　一二五—六，一三〇，一六〇。
求眞：　一二三—五，一三〇，一五九—六〇。
求善：　一二八，一六〇。
求權：　一二〇，一二三，一三二，一三六。
身體：　十，九六，一〇四—六。
佛學：　六〇。

八　劃

知：　一九。
性：　一三〇。
性善：　一二一—三。
宗敎：　七。
所覺：　八七。

命令：　二八，三一，五三，五八，六六—九。

九　劃

信人：　三九。
信仰：　三九，八八。
苦痛：　一〇四—一一六。
客觀精神的意志：　四。
思想：　八三。
科學：　七八。
神：　六三，八八。
神的意志：　四。
神聖律：　一三五，一三八。

十　劃

眞理：　三六—七。
眞善樂：　一〇八—一一〇，一一四—五。
哲學：　六〇，八九。
哲學評論：　一。
條件的命令：　六。
能覺：　八四，八八。
時間：　五九，七二—三，八一。

十一劃

虛幻性：　七九。
現實自我：　七。
現實世界的本性：　七七。
陷溺：　一四四—七。
貪欲：　一三四—五。
符號化：　一四二。
情：　一九。
理性：　一七。

十二劃

超越：　七五。
超越的自己：　五三—六。
超越性：　八〇。
無：　七五。
無限：　九六—一〇〇，一〇六—九，一三四，一三九。
無常：　七二。
無條件的命令：　六。
悲憫：　一一六。
悲觀：　一一二—三。

善：一二—三，五六—七，六二，六八，八一，一三一。
善樂：一〇九—一〇。
開放的道德：七。

十三劃

意：十九。
意志力：十五。
意味之世界：一。
愛：四一—四，一二六—九，一四四。
愛人以德：四〇。
愛之心理：四〇。
煩惱：一八。
煩惱卽是菩提：六。
聖：一四八。
滅：七三—八二，八九，九九。
罪惡：一〇五—七，一一一—三，一一六，一四四—五，一四九。
道德心理：三四—五二，五八—六五。
道德心理之本質：五五。
道德自由：五一。
道德生活：一五—六，二〇，二八，四七—八，五二。

道德自我：　一六，四一，五八。
道德世界：　二〇。
道德的動力：　三〇。
道德價值：　三三—八，四三，五四。
道德價值世界：　五四。
道德意識：　六三。
當下的心：　一六—七，二〇。
當下的自我：　一六，一八。
當下的自由：　五二。
當下自覺的心：　五三。
復禮：　一五〇。
義：　四〇。
敬：　十三。
發生的定義：　四。

十四劃

精神：　一一七—二一。
精神實在：　一一九。
維摩詰經：　六。
惡：　一二—三，五七，六二，六八，一二九。

十五劃

慾望：二三—五，五九—六〇。
樂：一〇二。
樂天安命：四〇。
衝突矛盾：一〇四。
衝動欲望：五九—六一，六四。

十六劃

潛勢：七四—五。
潛勢世界：七五。
錯：一〇五，一一一—三，一一六。

十七劃

應該之意識：三〇—一。
應該的觀念：六八—九。
應當之命令：四九。
禪宗思想：六，一四。

十八劃

歸仁：一五〇。

二十劃

懺悔悲憫：　五六。

二十一劃

蘭亭集序：　七七。

外文人名中譯對照表

Alexander, S.	亞力山大
Bergson, H.	柏格森
Bradley, F. H.	勃力拉德雷
Descartes, R.	笛卡爾
Fichte, J. G	菲希勒
Hegel, G.W.F.	黑格爾
Green, T.H.	格林
Hartmann, N.	哈特曼
Kant, I.	康德
Plotinus	柏羅提羅
Royce, J.	羅哀斯

唐君毅全集 卷三之二

智慧與道德

臺灣學生書局印行

智慧與道德

本書由二文組成，其一原名「智慧之意義及其性質貫論」，其二原名「論智慧與德行之關係」，分別刋「新亞學術年刋」第三、四期。後作者冠以「智慧與道德」之名，收入一九六三年人生版「道德自我之建立」爲附編，並有著者自注：「此附編二文，乃我之近著，曾發表于新亞書院學術年刋，性質本較專門，亦可自成一書。然二文主旨不外說明道德實踐之價值，亦表現于運用知識之智慧之中，而歸于以德慧兼具之心靈，爲人生之祈嚮。」今依全集體例，獨立移印於此，所據爲一九七八年四月臺灣學生書局版之「道德自我之建立」，並經全集編輯委員會校訂。

一、智慧之意義及其性質

一　前言

我門通常說，有知識者，不必有智慧，更不必有道德。又常說，運用知識者，必須有智慧，亦必須有道德，然後知識乃能發生價值。但知識與智慧之分別何在？關係如何？智慧之性質，畢竟如何加以規定？則頗不易說明。又人之道德是否眞與其有智慧及知識，爲相離之三事，道德實踐可否兼爲智慧與知識之原，亦成一問題。此諸問題，所牽涉者皆極深遠，亦關係於東西之學術文化之是否能有一眞實的貫通。我之此文，要在由智慧與知識及推理的思維與一般之理性的直覺及經驗的直覺等之分別上立根，以說明智慧之十二義。然後再分爲三組，並以知識爲對照，求對智慧之正面及反面之性質，作一綜攝的內在的規定；由此以引至對於智慧之表現之性質之外在的規定，以便說明智慧之居於知識之上一層次，及人欲多有常有智慧之表現，並開拓智慧之原，其道惟賴於道德實踐，而見道德心靈又爲智慧心靈之本之義。但於此最後二義，則於下文智慧之表現及道德實踐中陳之。至此二文論列義理之方式，則爲以分別之陳述爲分析。此諸分別之陳述，皆取淺近之事爲例，以便說明此中義理之當然與必然處。於淺知深，觸類旁通，則全俟於讀者之德慧。

二　智慧之十二義

（一）智慧之運用知識義　我們說知識，通常是指一一眞的判斷或命題，及由之而推演出之判斷或命題，或此諸判斷命題之結集。一一知識，雖可連結成系統，然亦是可以條列而分別加以抽象的把握的。然而我們說智慧，則其第一義，乃是指我們運用抽象之知識，於一具體情境，以解決一具體問題之一種思想之功能活動，其中包括由此活動之所知，或所覺悟者。其他高等動物之解決問題之活動，本不同於人之能自覺的應用一知識；但其活動之方式，外表上看來，亦好似本於若干知識之運用者，此在一般心理學家，亦稱之爲智慧。但嚴格言之，此實非眞正之智慧。今先舉二簡單例證，以說明此義。

據說司馬光兒時，與數小孩同在一瓦製之水缸旁遊戲，忽一小孩落到水缸中，諸小孩皆無力將其救起，附近亦無大人在旁。於是此兒時之司馬光，卽以一石擲破水缸，任水流出，而小孩得救。我們可說，此一兒時之司馬光，卽已有一智慧之表現。此智慧乃依於此兒時之司馬光，原知「石頭之能擲破水缸」，亦原知「缸破則水流」、「水流，則人不致溺斃」。此三者，皆是其原有之抽象的知識。然而他能應用此三知識，於此具體情形下，以解決此一問題，則我們可稱之爲一眞正之智慧之表現。（此種帶實用目的而當機表現之智慧，人或只稱之爲機智，乃以涵超實用意義，而對宇宙人生事理之大者之了悟，爲智慧。但本文以此二者，對照知識而言，只爲程度之差別，而非本性上之差別。故更不細加分別。）

又據完形派心理學家所述一關於動物之智慧之實驗，是將幾個猴子閉於屋中，屋頂有香蕉，另置竹竿數枝，及桌子於地板上。猴子立於桌，不能取得香蕉，持竿取香蕉，竿短亦不能及。於是一猴子忽然上桌，以二竿相接，遂得上達香蕉，而取得香蕉。此猴子，並非如人之自覺的具有「二竿相接則可成一長竿」，及「其身登桌，則其身與屋頂所懸之物之距離變短」之二知識，然後應用此二知識：於當前之具體情境中，以自覺的使其身登桌，連接二竿。然而我們卻可說，猴子之活動，好似本於此二知識而有，或說猴子之活動，不自覺的合於此二知識中所包涵之原理，於是我們亦可稱之爲一種智慧之表現。

（二）智慧之向一方向綜合的運用知識以達目的義　從上述之一一知識，雖可連絡成一系統，而亦是可以加以條列，而抽象的加以把握者；故一一知識，亦未嘗不可與其他知識，分離而觀，並直就其自身，以說其爲眞。而任一知識，如視爲一判斷或命題，皆可依邏輯上之推演法，如換質換位法，從事推理思維，以形成一串系之判斷或命題。此一串之判斷或命題，亦可視爲一串系之知識。然而我們在運用知識於一具體情境，以解決具體問題，而有智慧之表現時，則必須將各知識向一方向，加以綜合，以求達某一目的。由是而此中一方有知識之綜合，一方有知識之價值之表現於一目的之達到，而成之知識與目的間之綜合。我們之所以必須有知識之綜合，乃能將知識應用於一具體情境，是因任何可應用於具體情境，以求達某一目的之知識，皆最低限度包涵：「此當前（或此某時某地）之具體情境是如此」，及「如果對此情境如何行爲，則如此者便不如此而如彼」之二知識。此中卽最低限度有此二知識之向一方向而綜合。

（三）智慧之不用知識義　一一知識是可以抽象的加以把握的，所以一一眞知識之證明爲眞，雖或待於其他知識或一知識系統，但就一一眞知識之各是其自身而言，卽亦可各自孤立的、絕對的爲眞。然而我們要表現智慧，而綜合諸知識，再加上我們之行爲，以運用之於當前之具體情境時；則若干知識之眞，或若干知識之是否可必需實際應用，卽成相對於我們之行爲之是否存在者；而此事，亦吾人之智慧之所知。如說實際上此當前之情境是如此如此，此可爲一知識，亦爲可孤立的看，而視之爲絕對的眞者。而此中之如此如此之知識，亦卽可應用之於當前之具體情境之本身者。又如只說：「對當前如此之情境如何行爲，則此當前情境，將由如此而如彼，」此亦可是一知識，仍可就其自身而孤立的看，視爲絕對的眞者。但是今如將此二知識，綜合起來看，則依於後一知識，我們可說前一知識「當前情境是如此如此」之眞與否，或如此如此之知識，能再繼續應用於當前情境與否；繫於，亦相對於，我們之行爲，其實際上之是否存在。卽當我們之實際行爲未產生時，「當前之情境是如此如此」，可繼續眞，而如此如此之知識，能繼續實際應用於當前情境。然在我們之實際行爲發生後，當前情境，既已由如此而如彼時，則說其如此如此之知識，卽可不再對當前情境爲眞，最少，亦須說其不能應用。在我們要表現智慧，而連繫於行爲，以運用知識時，必有此種知識與當前情境間之一相對關係。因而我們決不能止於孤立的、絕對的，看知識之所以爲知識。我們亦遂可以說：不僅關連於行爲，以運用知識，是智慧之一內涵；而知道由我們之行爲，可使若干知識，成爲對當前情境，不能再應用，或不眞，因而不實際應用某些知識，此本身亦是智慧之知之一內涵。而依智慧以運用知識之涵義中，即兼包涵在實際上去應用某些知識，及對某些知識不加以應用之二義。

（四）智慧之觀反義　據上述之（三）義，我們能知，由我們之行爲成爲原因，使當前情境由如此而如彼，連帶使我們原視之爲如此如此之知識，成不對當前情境爲不眞或不能實際應用；此乃爲表現智慧者。但今撇開我們之行爲不論，以觀當前情境中之事物或任何事物，知其亦可以其他事物爲因，或依其自身之自然且必然的發展方向，以由如此而如彼，因而我們遂能由知其如此，以預見其將如彼，此亦通常視爲表現智慧者。而此所預見之如彼，若正爲如此者之反面，尤爲表現人之智慧者。譬如對於人之能於福中看出禍，利中看出害，吉中看出凶，安中看出危者，我們通常稱爲有智慧。反之，人能於禍中知福，於害知利，於凶知吉，於危知安者，亦稱爲有智慧。此種預見如此之將不如此而如彼，或轉成其原先之如此之反面，其所以被稱爲有智慧；乃由其能以一如彼之知識、或反面之知識，代替或限制原先之如此之知識，或正面之知識。故此與（三）中所謂智慧之涵義又不同。而其所以能有如彼之知識或反面之知識，則除由於事物之原是正面的如此者，可依於外在的其他事物因，而由如此至如彼，由正面至反面外；亦常由於一事物之本身，依其自然且必然的發展方向，原可由如此而如彼，由正面至反面。在後一情形下，則人可說，此如彼即涵於如此之中，此反面即包涵於正面中。此知正面之必發展至反面，或包涵其反面，遂往觀其反面之智慧，即所謂辯證法之智慧，或智慧之觀反義。如上所述之人，可於福中看出禍，於禍知福，此可由於外在之原因，使福中有禍，禍中有福；但亦可由人在福中之生活之自然發展，卽必可致禍，禍中之生活之自然發展，卽必可致福。如韓非子解老篇釋老子之「禍兮福所倚，福兮禍所伏」曰：「人有禍則心畏恐，心畏恐則行端直；行端直則思熟慮，思熟慮則得事理；行端直則無禍害，無禍害則盡天年；得事理必成功，盡天年則全而壽；必成功則富與貴。全壽富貴之謂福，而福本於有禍。故曰：禍兮福所倚。」又曰：「人有福則富貴至，富貴至則衣食美，衣食美則驕心生，驕心生則行邪僻，而動棄理；行邪僻則身死夭，動棄理則無成功；夫內有死夭之禍，而外無成功之名者，大禍也，而禍本生于有福。故曰：福兮禍所伏。」

此種預知正面之如此者，將轉爲反面之不如此或如彼之智慧，或亦稱之爲知識。但如稱之爲知識，則此種知識之獲得，乃是由於我們知道：「我們先認爲對某事物爲眞、或可應用之知識，可成爲假、或不能應用；而另一知識原似非眞、或不能應用者，可成爲眞、或能應用」以獲得。此中必須先有原所認爲眞、或能應用之知識之超越。尅就此超越之活動說，並非知識，而只是去超越已有之知識。由超越此已有之知識，如超越此「人之有福」之知識，乃能觀其反面，而有另一知識如「人之將有禍」，而知「人之有福者將有禍」。則此「人之有福者將有禍」，如亦稱之爲一知識，乃由其超越原有之知識而綜合其反面而來。而我們之說此爲智慧，而初非知識，亦卽尅就其依于超越原有知識，以往觀其反面加以綜合之整個的活動而說。

（五）智慧之逆復思想歷程義　由（四）中所謂智慧之觀反義，我們可以更進而了解，直緣一知識而起之思想，與兼緣智慧而起之思想之不同。此所謂直緣一知識而起之思想，即依一般邏輯規律，以分析此知識之涵義，而推演引申出其他知識之推理或推論之思想。此中思想進行之方式，可稱為直往的。如我們可從知人之有福，並分析一般所謂有福之涵義，以知人之有財，人之有名，人之有位……等，此種思想，即為直往的。然而在上所謂兼緣智慧而起之思想中，如我們由人之有福，以思想及其享福，而溺於福，至驕傲懈怠，而終於生禍時，則我們之思想之進行，即如繞一圓周，不是一直前往，向一方向，而是既已前往，再逆此方向，以再復回的。由此而我們可說，一切前往而再逆復之思想，皆為智慧之思想；一切逆復一思想歷程而產生之思想，亦皆為智慧的思想。此中可包括：人對其思想歷程之根原，再加以追溯所生之思想，與人對其一思想歷程提出一對抗的思想歷程之思想，以及人對其思想歷程中所用之觀念概念之虛幻性、片面性，加以戳破解消之思想；亦可包括：人對一思想歷程之本身，如何去自加停息，以使之根本不存在，而入於超越思想之世界之思想。此中最後之以思想停息思想之所以可能，如火燒物，物盡而火亦滅，並不必產生邏輯上之矛盾。凡此等等思想，皆可稱為逆復型之思想，亦皆可稱為廣義的辯證的思想；乃東西方之高級哲學思想之大宗，皆為人類最高的智慧之表現所在。此種逆復型之思想，由人自覺的加以說出，而他人遂知世間有此思想之存在，在他人亦可說獲有一知識，此即思想史中之知識。然而克就人正有逆復型之思想，而表現其智慧於其自己心靈之際而觀，則此逆復型之思想之功能，實唯在超越已有知識，而去限制知識、或解消知識，亦可使人之思想毀滅其自身，而歸於一無所得。而智慧之本性之不同於知識，至此乃全部彰顯。

但本文不擬循此深說。淺說則凡知一知識、或思想、或觀念概念，爲錯誤而虛幻，便加以掃除，皆非知識，而爲智慧。如見馬而呼爲犬，旋卽知其非犬，遂掃除此犬之觀念，此亦卽一逆復型之思想，而爲智慧之表現。人有此智慧之表現後，人說此物非犬、或馬非犬，固亦可說爲知識。然尅就人之知其非犬，而掃除犬之觀念之心境而觀，則此中可並無「此物非犬」，亦無「馬非犬」之知識之成就。在此心境中，人知非犬後，人可只是掃除犬之觀念，否定犬之觀念，而並無對此「掃除」與「否定」之反省，亦無「非」之觀念之形成，卽無「此物非犬」，亦無「馬非犬」之知識之呈現。故尅就此掃除否定之際之心境說，人亦實無所得，只有一智慧之呈現而已。

（六）智慧之縮減推論歷程義　知識與智慧，再一點之不同，是知識恒可由人之據其他已成知識，依一定之推論方式，加以推出；而智慧之表現，則當其未有之先，無一定之推理或推論之方式，可以推出，亦恒不待推論而成就。關於知識之可由已成知識，依一定推論方式而推出，此乃由於知識與知識之恒互依賴而成立，以結成系統，其間可有邏輯上之互相涵蘊之關係。如「凡生物皆有死」、「人是生物」二者，涵蘊「人之有死」，卽可據以推出「人之有死」。但智慧之直接之表現，卻不在人之依一定之方式，由推論以更有所知，而在人之縮減其推論歷程以有所知。其如何表現亦無先例可援。現可重回到我們在（一）中所舉之例，加以一切實的說明。

在上述（一）之例中，兒時之司馬光以石擊破水缸而救小孩之事，如爲彼曾見他人如此而照樣者，則此不表現其智慧。吾人今謂此爲兒時司馬光之智慧之表現，卽意謂其並無先例可援，而爲一創造性的智慧之表現。然吾人今試問，彼何以有此創造性之智慧之表現？彼何以於此時，不只是徬徨無措，或只是驚駭而呼？此可說由於彼之鎮定，其心靈不為此困境所擾，而能超乎此困境以用心。然彼又何以不以手擊缸，或以木擊缸，或以足踢缸，或以瓢出水，或自己跳入水中，救其同伴？此固可說由於此諸法，皆不能破缸，或緩不濟急，或非其力之所能。然彼在此時，儘可根本上不去思及此其他種種之方法，再本其已往之知識，如「手軟弱不能破缸」，「木軟弱不能破缸」等理由，以推論其無效。而只直下即思及以石擊缸。此即同於謂：在其思及以石擊缸，而表現其智慧時，並非必先經一自覺的推論歷程，如：「如今欲達擊破缸之目的，有A、B、C、D……及以石擊缸之方法，而其餘A、B、C、D……之方法，皆依種種之理由，以無效而不可能，即皆錯誤之方法，故只以石擊缸為有效而可能，為正當之法。」之推論歷程；彼即已有此智慧之表現。我們如假定其必須經此自覺的推論歷程，先思其餘一一方法之不可能，然後選此方法；則須知此推論的思維，（推論的思維與思維及推理的思想三者，在本文為同義語）歷程，乃可無定限的拉長者。因可擊缸之物中，除上述之手、木等外，明尚有無數之其他事物，如彼皆須一一思其無效而不可能……則此推論歷程，即可無限拉長，而不待其回頭思及，當前唯一可能之以石擊缸之方法時，其同伴早已溺斃。由此而彼愈能縮減此曲折之思維之歷程，至直下應用其平日所有之石能破缸之知識，於當前之情境，而更不經中間之曲折，即愈表現其智慧之高。而其所以能縮減此中間之曲折之思維歷程，或根本不經此中之曲折，以直下思及以石破缸，則不由其平日之知識所決定。其平日之知識，明不能決定其當下畢竟經幾許之曲折，乃能達於對此「石能破缸」之知識之應用。故其他小孩，雖亦知石能破缸，然儘可不加應用而無此智慧之表現。是見人之有此智慧之表現與否，即明與其具此知識與否，不直接相干。而緣其所具之知識，亦無一定之軌道或方式，以使人必有此智慧之表現。此智慧之表現，有則有，無則無。在其旣有之後，我們可以「凡更堅硬之物能破次堅硬之物」爲前提，以推斷兼證明「凡石能破缸」，我們又可本此「凡石能破缸」之前提以推斷，「此缸可爲此石所破」。然在其未有之前，彼儘可不依上述之前提，以思及石能破缸，再思及此石能破此缸；彼亦不須經此推論歷程，方思及此石能破此缸；彼亦未嘗依邏輯上之規律，以從事上述之推論。而在此處，彼亦無邏輯之方法，或其他任何外在之方法，以自供給其上述之推論之前提，以使其自己必在此當下有此智慧之表現。由是而人之有智慧之表現，即爲一純粹的自發性之創造，此創造表現於已成知識之運用，而位居於已成知識之上一層次。因而知識之具有，與人之是否有智慧之表現，爲高下層截然分別之二事。

（七）智慧之直覺義　上言智慧之表現爲一純粹之自發性之創造，無邏輯之方法，或其他任何外在之方法，能使人在當下必有某一智慧之表現。簡言之，即人如要有智慧之表現，事先無一定之方法，可持作欛柄。但雖如此，我們却可由上述之例以說，智慧活動之進行，恒依於吾人若干之思維歷程之超越，以直達某一眞理；在人表現智慧時，其若干之思維歷程，必須成爲不必要者。因而我們亦可說：智慧之本身，即以使其若干思維成爲不必要，爲其表現之條件與方法。譬如在上述之例中，我們說兒時的司馬光，愈能縮減種種曲折之思維歷程，彼即愈表現智慧。此即謂：彼愈能使此原有之思維歷程，根本不發生，彼愈能表現智慧。而我們亦可說，人愈使能其若干可能有之思維，成爲不必要，而使之根本不發生，以直達一解決問題之眞理者，則其智慧愈高。此智慧之直達眞理義，即智慧之直覺義。而智慧亦即可說，以使不必要之思維不發生，而由直覺以直達眞理，爲其表現之條件或方法。

吾人今試討論，何種之思維歷程爲不必要者？吾人首可說，一切思維之始於一錯誤之思維，而終於知此錯誤爲錯誤者，皆爲非必須有，爲人所可莫有，而爲不必要者。雖吾人之知其所犯之錯誤爲錯誤，亦可表現人之智慧，然其先之犯錯誤，仍當說爲不必要者。其次，一切據一定前提之結合，而生之推論歷程，只爲過渡至一結論中之眞理而有者，則吾人若能一眼透過此諸前提之結合，以直達此結論中之眞理時，此歷程亦爲非必須有，人亦可莫有之，而亦爲不必要者。故「人之能不經一不必要之思維，以達眞理」之二涵義，即：（一）人不必實際上經錯誤（如上述以手破缸以木破缸之類），再依理由以推知其爲錯誤，以超越錯誤，再達眞理；而根本不經錯誤，以達眞理。（二）人亦不必以若干本於眞的前提之結合，而有之推論歷程，爲過渡或媒介，以達眞理（如依上述以更堅硬之物能破次堅硬之物，以推論凡石能破缸，……再推論此石能破此缸之類。）；而直下透過此前提之結合，超越此推論歷程之自身，以直達眞理。此二事之所以可能，在根本點上，乃由於吾人在經歷種種之嘗試錯誤，及推論之思維歷程，以達眞理時，此諸思維歷程之本性，原爲不堪駐足，在其被經歷後，即自然亦必然終將被超越者。彼既爲自然亦必然終被超越，即彼原有可被超越而不存在之

「理」。而吾人卽可依於彼之原可被超越而不存在之「理」，而自始不經歷之，以直達眞理。而彼之具此「理」，卽彼之所以成爲不必要者之故。至一般人之所以覺此諸思維歷程爲必要，或不能免於此諸思維歷程者，蓋由于其心靈不能依此「理」，以直下使此思維歷程不存在，遂無直達眞理之智慧之故。反之，吾人之智慧，若眞能於一極長串之思維歷程，皆能依於上述之「理」，而加以免去，以直達一解決問題之眞理，則其智慧，卽達一極高之境。至於人之智慧達最高之境，是否一切思維歷程，皆成不必要，則是另一問題。如一種遊戲式之自由思維，及不斷綜合已知之眞理，而加以思維之歷程，其非事先期必解決某問題者，卽可永無所謂必要或不必要。又下文（十）項所說，由抽象之思維趣向於具體化，而有之思維，卽一種欲由抽象之思維，進至智慧之表現之一種必要之思維。觀後文自明。此外在人之講論與施敎時，爲求如實的應合於他人之思維歷程，而有之思維歷程，亦應永爲必要者。

（八）智慧之形成格局義　我們說智慧爲一種向一方向綜合的運用已成知識，以解決具體問題而達一目的之能力。故吾人愈能綜合的運用各已成知識，並愈能向一方向將似不相干、或相反而相矛盾之知識、或原理，加以綜合而運用，以解決一具體問題時，則愈表現一較高之智慧。然人在綜合的運用各已成之知識，以解決具體問題時，人恒必須使此各知識，互相規定，互相限制；而吾人之能直下不經此曲折之思維歷程，卽知此各知識之如何互相規定限制，合以解決具體問題，則表現一更高之智慧。然此綜合的運用知識，使其互相規定限制，亦卽使吾人運用知識之心靈，同時爲諸知識中之概念之所規定限制者。由此而推進一步，吾人卽可說，凡吾人之心靈，同時受不同知識之槪念所提供之條件，以規定其自己之進行，而解決一問題，以直達一解決問題之眞理者，亦爲一智慧之活動。關於此一點，爲使易於明白，無妨舉吾人之猜謎語來作證。譬如吾人今試作一簡單之謎語：

「視之可見，捉之不得，與人同行，與人同臥」。射一物。

此謎不難答，謎底卽「影」。但我們何以知其爲影？如說我們要依一定之方式去思維，則此中有種種可能。第一，我們可先從視之可見之範圍中開始想，而想到其中包括各種可見之物。再設想在視之可見之範圍中，又爲人所捉不得者，只限於天光、烟霞、暮色、及一切物之影、人之影。進而更想，在此數者中，能與人同行而同臥者，只有人之影。此是於「視之可見」之範圍中，先以「捉之不得」，加以限制規定，再以「與人同行，與人同臥」，加以限制規定，以達其必爲影之結論。第二，我們可先從捉之不得之範圍中想起，則初所想到者，卽與上述者不同。我們所可想到者，應包括聲音、顏色、香味、以及天光、物影、人影等；而天光、物影、人影中，只有人影，始能與人同行同臥。第三，我們亦可自與人同行，與人同臥之物想起，則其中可包括人之身體之任何一部份，人所穿內衣、人影、及人之心靈等。進而想到人之身體之任何部份，及人之內衣等，皆捉之可得，而心靈則視之不可見，唯人影，爲捉之不得，而視之可見。故由此三方式，皆可得同一之結論。

然而我們試問，我們可否說我們猜上述之謎時，我們必須依上述之某一定方式中，一定思維歷程，以達吾人之結論？此在事實上明非必須者。若眞爲必須，則以上述之第一種之思維方式來說，我們第一步，須將視之可見之範圍中之物，一一舉盡；然後第二步，再由此選出捉之不得者，將此中捉之不得者，一一舉盡；又在第三步，由此中選出與人同行、與人同臥者。然此中之第一步，即不可能。因視之可見之物之範圍，可說是無窮數，吾人幾不能加以舉盡。而吾人之用思，亦實不必明顯分爲此三步，以依次進行。吾人通常在思彼視之可見者時，同時即兼以捉之不得爲條件，加以規定。由此視之可見及捉之不得二條件之互相規定限制，吾人即可直下知：其中唯有天光、顏色、與人影。再加以與人同行，與人同臥之條件，吾人即可知此必爲人影。此外，吾人在思彼視之可見時，亦可同時以「捉之不得」及「與人同行，與人同臥」之二條件，加以規定限制；遂直下結合此三者，以排斥否定一切不能兼合三條件之物，而導使吾人之心，直下思得兼合此三條件之物，此即人影。於是吾人可一猜即中。此即亦爲一直覺之知識。於此，吾人如意在一猜即中，而竟猜不中時，吾人亦非對此所猜而未中者，再作進一步之用思，即必能中。要在吾人之能捨棄原先之所猜而不中者，更換一心境，重新另猜，此即謂吾人此處之用思，並非一相續之歷程，如一般之循序之推論，而只是如不斷跳躍飛翔，以重新更始。而其所以能猜中之故，唯在吾人心靈之一念，能直下依此三條件之規定，以排斥一切不合此三條件之物，而直往發見彼兼合於三條件之物。而此三條件之能合以規定吾人之心靈，以排斥一切其餘之物，則由吾人之心靈，能同時綜合的把握此三條件之概念，而根據之以進行；又不視此三條件之概念，爲心靈之所對，而唯是一加以把握，即參伍錯綜使其互相限制互相規定以融鑄而合成一格局，即以此格局規定心靈活動之方向；而吾人之心靈乃能通過此格局，一面排斥其不相合者，一面直往其相合者。此亦卽吾人之所以旣依此格局，以有吾人之心靈活動，而知其相合者；而吾人又若不覺此格局之存在，不須形成一定之推論的思維歷程，而可直達合於此格局之物之故也。此中，人之運用其智慧，透過一格局，以見其所欲見，卽如視此格局如一洞，透過此洞，以有所見，却非見此洞。故智慧之形成格局，卽所以成就通常所謂智慧之洞見義者。

（九）智慧之求譬義　吾人如知上段所論，吾人之直覺的智慧之來原，恒在吾人心靈之綜合的把握：彼規定其活動方向之諸條件之知識概念所合成之格局，以直達合於此格局之物，而解決吾人所對之問題——如上述猜謎之問題，則知吾人之智慧的心靈之活動，乃趨向於具體的。當其欲解決一問題時，其所能綜合的把握之，用以規定其自身之活動方向者愈多，則其活動，愈是成爲具體的，而亦愈趨向於具體之眞理或對具體之事物之認識者。由此而吾人亦可了解，人之智慧何以對於人已有知識中之義理，恒有一求得一具體事物之情狀，作爲象徵的譬喩，以加以表現之趨向。

在古今東西方智慧的語言，恒爲象徵之譬喩，乃一事實。人之習於抽象的思維推理者，恒以此爲人之思想尙未達於抽象的思維之標準之證，而屬於低一級之思維。如今之哲學家，多以此爲圖像的思想 Pictorial Thinking，其表於語言爲譬喩的說法，Figurative Speaking，卽有一貶抑之意。彼等不知此能作譬喩之思維，亦恒爲人之心靈已超過抽象的思維之階段，而亦恒爲一更高級之思維。因具體事物，恒爲同時顯示各方面之理者；而此各方面之理，則互相規定限制，以同時呈現於一具體事物中。吾人抽象的之思維，其所運用者，爲抽象之概念。抽象概念之起原，爲對諸具體事物之共相之認識。此共相之被認識，則初由吾人具體生活經驗中之具體事物，被人心所綜攝的把握時，其不同處或相異處，以互相抵消，而不存在於心靈中；於是其共同之處——即共相，遂呈現於吾人之前，而有抽象概念之形成。吾人既有抽象概念，又還再用之以思維具體事物以形成知識，亦即原於此「從具體事物所抽象而出者」，欲還結合於具體事物之表示。然以抽象概念之抽象性，則吾人緣之以思維具體事物而得之知識，卽不能與具體物相貼切。而此中之補救之道，在人之抽象思維之方式下，遂只有於用一概念思維一具體事物，而感其不貼切時，卽繼以第二及其他抽象概念之用。吾人之抽象思維，卽在一相繼之歷程中，相繼運用一一之抽象概念，以繞具體事物而轉。此卽形成一具體事物之知識之積累歷程。然此知識之積累，乃次第積累，因而乃爲可分項別者。此每一項別之知識，仍爲抽象的，而不與具體事物相貼切者。然在吾人上述之智慧之運用知識之概念，而融鑄合成一格局而透過之，直達眞理時；此格局乃由吾人之心靈活動，同時把握不同之知識中之諸概念，加以融鑄而合成。此不同之諸概念，原分別爲抽象的概念，而在其互相規定限制，以合成一格局時，卽爲此諸抽象概念之互相綜合，而具體化其自身，以存於此具某一程度之具體性之格局中。吾人之心靈，透過此格局，以直達眞理時，此眞理亦卽具此格局之某一程度之具體性，而吾人之心靈，亦具某一程度之具體性。由是，而此心靈卽與具體事物之具體性，有某一程度之應合。於是其欲表達此帶某一程度之具體性之眞理，卽自然有一藉具體事物爲象徵的譬喻之自然傾向；而作爲譬喻之具體事物之各方面之理，亦恒爲可與一智慧的思想所對之眞理之各方面，互相應合者。玆亦舉例以明之。

如人類歷史事變之進行，其相狀果爲如何，可爲吾人之抽象之思維所對之一問題，吾人可說歷史事變中之諸事，爲彼此分立，此「分立」，爲一概念。又歷史事變中之諸事，爲一去不回，此「一去不回」，又爲一概念。又歷史中之後事皆承前事而起，此「後承前」，又是一概念。再歷史之事變，有盛衰起伏，此「盛衰起伏」，又是一概念。當吾人之以抽象的思維，去思維歷史事變時，吾人只能本此諸概念，以次第思維之；而每一概念，卽皆不能與歷史事變之所涵之全部，相貼切。然吾人亦不難逐步綜合此諸概念，以思維歷史事變，視歷史事變，爲兼具此諸概念之內容者。吾人亦可通過此諸概念之綜合所成之格局，往思此歷史事變。卽吾人可於思歷史事變之分立時，同時以「一去不回」，規定此「分立」，以顯其分立而非並在，以「後承前」，規定「一去不回」，以顯前者去而不回，而後者未嘗斷。此卽合以表示「相續」。而有「盛衰起伏」，則又可規定「相續」，以顯相續非平等的相續，其中有質量上之變化，而此變化，爲盛衰起伏，互相更迭者。此卽吾人之抽象思維之趨向於具體化，以求與吾人所思之歷史事變之內容，更相貼切者。此思維之趨向於具體化，亦卽心靈之趨向於綜合而智慧化。然吾人欲表達此思維之具體化之結果，或心靈之趨向於綜合而智慧化之所成就者時，若只是如吾人上文之順次第以說之，則仍與此具體化之結果，或所成就者中，其各方面之意義之「相依而同時並在」，有一不相應。然吾人於此若能爲此具體化之結果或所成就者，設一譬喩，而謂歷史事變之進行，如水流，則「水流」一事之各方面之意義，或其各方面之理，卽可同時與上述歷史事變之各方面之意義相切應。因「水流」中之前波異後波，卽與歷史事件之進行中，前事異後事而「分立」相切應。水流之一去不回，即與歷史事變之「一去不回」相切應。前波繼後波起，即與歷史事變之「後承前」相切應。水之相續流，前者逝後者起，其逝乃漸逝而降，其起乃漸起而升，即與歷史事變之有「盛衰起伏」相切應。「水流」之一事，同時具各方面之意義，即可將吾人對歷史事變之思維之具體化之結果中，所涵具之各方面之意義，皆加以象徵，兼促進助成「此各方面之意義之相依而同時並在於一具體化的思維中」之一自覺者。因此爲譬喻之「水流」之一具體事物，固同時具此各方面之意義者也。故吾人從本抽象之思維，以思歷史事變，至思歷史事變如水流，亦即高一層之思維，而亦爲人之智慧之綜合的運用諸知識概念而融鑄之一結果或智慧之表現也。中國之易教，以象明理，及中國學者之重喻，即爲重此義之智慧者。而上文（八）中所提及之洞見的直覺中「洞見」之一喻，亦人依於極高之智慧方能造出者也。

（十）智慧之觀物義　由上述之智慧之活動，趨向於以具體事物作譬喻，以象徵吾人之具體化的思維之結果，再進一步，吾人可說智慧之本性，乃兼趨於求直往應合於具體事物，以觀其所能喻之義理者。于是人即可不以語言作喻，只以一動作指物，而使人直往觀看或觀照一原爲人所知或對之有某知識之某物，以自行體會印證所喻之義理，此義理亦爲人原對之有知識者。如人問歷史事變之內涵如何？我可不答以水流之一語，只指水流以與人看。人問能認識之心靈是甚麼，我亦可不答以任何語言，只指鏡與人看。人問知識系統爲何，我亦可不答以任何語言，只指蜘蛛網與人看。我自己亦可以觀水流，以代對歷史之思維；觀鏡，以代對心靈何所是之思維；觀蜘蛛網，以代對知識系統何所是之思維。而我在如此觀看觀照時，即可同時本于我們對物之所知，以同時自體會印證我對歷史事變、心靈、及知識系統等，所已由思維加以了解之意義。由此，我們原對物之知識及原對歷史事變之意義之了解所成知識，皆被運用而被超化于觀看觀照體會印證之中。至于他人亦如我之去觀看觀照此諸物後，畢竟對此爲喩之事物，與其所能喩之義，其相應合處，了解至何程度，則是他人自身的事。而此中亦儘可有各人了解之不同。如人之觀水，可藉之以了解歷史事變之意義，而孔子之觀水，則藉以了解「逝者如斯夫，不舍晝夜」之大化流行的意義。孟子之觀水，則藉以了解其「原泉混混」，如性體之流行的意義。莊子觀水，則藉以了解水靜則爲「天地之鑒，萬物之鏡」，如聖人心之靜的意義。荀子觀水，則藉以了解「水靜則明燭鬚眉、平中準」如人心之虛靜而能知道的意義。至于直敎人由觀物以知其義，是否爲答人之問之最好的方法，我們亦不討論。我今只是說，原於智慧的心靈，有趣向於舉具體事物爲譬喩之趣向，因而其一亦可趣向於：不用言語以表達其智慧與思維，而以觀物，自體會印證其思想中所了解之義理，以成就一種智慧的生活，並以敎人觀物亦自體會印證其所喩，代替對人之問題之答覆，即以表現其智慧。如中國後世之禪宗人物之言行，及其施敎方式中，即明爲更特重此義之智慧者。

（十一）智慧之形成觀景義　智慧之心靈，一方有一直求應合於具體事物，並以觀物之義成就智慧的生活之傾向，另一方又復有不肯陷溺於當前之具體事物，乃往思其他遙遠之具體事物，及表面上與當前所知之具體事物所呈之義理似不相干的、或相反的其他種種義理，而綜合之聯繫之於當前之事物之傾向。此後者乃原於智慧之心靈、恒趨向於更大之綜合而來。但此智慧的心靈之趨向於更大之綜合，以從事上述之聯繫時，却可並非自覺的爲求解決任何一定之思想上之問題。此中智慧的心靈之思及彼遙遠之具體事物，及與當前具體事物所呈之理，不相干或相反之義理，唯是暫以之爲吾人心靈之一立脚之觀點，以形成一還望當前具體事、及其中所呈之義理之一種新觀景。此觀點之採取、觀景之形成之本身，卽爲表現智慧者。如吾人可置心於星球，以觀地球，而視地球小如一星，其上之人類，如星上之微菌。又可置心於萬年後，以觀吾人今日之事，而視如夢寐。吾人亦可依星球之有成有毁，國家之存亡興衰之無常，以觀吾人一生得失成敗之無常，而知其無足重輕。凡此等等，吾人皆可稱之爲依一新觀點，形成一智慧之觀景。而依種種觀點以形成種種智慧的觀景，亦卽種種哲學思想之起源。如依物質之理，形成觀景，以觀萬物，則成唯物論之哲學；依生命之理，形成觀景，以觀萬物，則成生命主義之哲學；依一本之理，以觀萬物之如何統會，則成一元論之哲學；依萬殊之理，以觀萬物之差別，則成多元論之哲學。亞里士多德以哲學中之第一哲學，爲以智慧知原理而本之以觀萬物之學，蓋卽此意。又凡科學上新學說之提出，初皆本乎一假設，而一假設之形成，亦恒依於一智慧所採之觀點，以形成一觀景而有。如人依太陽之觀點，以觀地球及諸行星之運行，而有太陽中心之假設；依生物中猿猴與原始人類之相似，以觀人類所自來，乃有進化論之假設。此諸假設，初皆唯是由吾人先超越其素習之看事物之觀點，而自另一所知之遙遠之事物，或一可能之理，取爲立脚之觀點，以綜觀當前事物，而形成之一智慧之觀景。故人愈能以遙遠之事物、或玄遠之理，爲立脚之觀點，以觀最平常之事物與其中之理者，人之智慧亦卽愈高，常言卽爲具一愈高之眼光。又吾人通常所謂智慧生於憂患，其涵義固甚多，然其中一主要之一意義，卽爲人由憂患逼至山窮水盡之境，則其平時一般之思維，與其思維所依之觀點，皆彼迫而不得不放棄，遂能採取一平日未思及，而或視爲迂闊之觀點，以觀世界事物，與其自己之人生，因而形成另一廣大高遠之觀景，另行發現世界事物與人生之意義，此卽智慧生於憂患之一主要意義也。

在此心靈之採取新觀點，以形成觀景以觀物時，其所觀之物，爲一觀景中之衆多之物。此衆多之物，爲吾人原已對之各有若干知識者。今吾人依一新觀點以觀之之時，卽將此衆多之物，置于新觀點之觀景之中，亦將吾人原對此衆多之物，所已分別具有之若干知識，綜攝于此新觀點下。由此而在吾人依一觀點，向一方向，以觀一觀景中之衆多之事物之後，此中吾人所觀得之結果，在其被反省或自覺的加以概念之規定，或推理之證明後，固卽可另形成一一之新知識。然尅就人之形成一觀點觀景，而由觀景中之一物，以移向他物之如是如是而觀之行程言，則此中一一新知識之形成，實唯是其遺跡，此智慧的心靈之如是如是而觀之行程，實未嘗駐足于此中之任何遺跡。如蘇東坡有詩曰：「人生到處知何似？應是飛鴻踏雪泥。泥上偶然留指爪，鴻飛那復計東西」。改此中人生二字爲智慧，卽可藉以狀此智慧的心靈之行程，而見其實位居於諸已成知識之上一層次，而運行飛翔者也。

（十二）智慧之虛涵背景義　吾人之依於一觀點，以形成一觀景，以觀一對象事物後，在吾人意識之前，便唯見某對象事物，而此觀點，則位於吾人所觀之對象事物之後爲其背景，此上既說其爲表現吾人之智慧者；則吾人之以一背景中之衆多事物爲對照，或潛伏的諸觀點之所在，而以觀某物爲目的並求凸顯某物；同時並不意識及此形成背景者之存在，而只不自覺的、超意識的虛涵此形成背景者之存在，以爲對照之資，以便引導吾人之精神及思想，以向此所觀，亦應爲表現人之智慧者。如一漫畫家之作一漫畫，以繪某人之形像者，恒只須寥寥數筆，卽能將某人之特質繪出。此常言爲表現智慧者。此中，某人之特質，所以爲某人之特質，固由其直接代表某人之形構之要點。然謂其爲某人之特質，則吾人實亦兼意謂其乃爲與他人相對照，方見得之其與人異之處。而漫畫家之能發現此特質，亦卽由其不自覺的、或超意識的、以其原所知他人之諸形構爲一背景，以觀某人，乃能發現此特質；而此諸他人之形構，亦卽可說爲漫畫家之心靈，在繪某人之形構時，所虛涵及，以形成一背景，而資爲對照者。至漫畫家是否能對一人一眼卽發現其特質，則視其是否善於觀此人之異於其心靈中所虛涵及之其他諸人之處，以爲定；亦卽視其是否善於將其所知之衆多之人之形構或對之之諸知識，不使之實際呈現而加以運化，合以形成一所虛涵之背景，以觀此人——以爲定。此種依於一虛涵之背景，以觀任何事物之特殊處，以及任何義理之特殊處，實吾人經常所行之一切比較同異之活動之原始，而又非條列知識爲前提以作推論之事，而爲人之智慧之一表現。又人之觀物，實亦未有無其所虛涵之背景者。人實亦時時本此背景以凸顯任何特殊之物，及其特殊之意義。而人之觀物時所能虛涵之背景，則可以無定限之不同種類之事物爲內容，而此內容，並可對人有其不同程度之直接性親切性。此卽決定人之當下的內在的精神境界之高低，亦決定人之智慧之高低者。

三　智慧之內在的性質之正反二面的規定

我們以上論智慧之涵義，共十二點，大體上可包涵一般所謂智慧一名所指之各方面之意義。其餘之義，蓋皆不難緣之以引繹而得。如由最後二項之智慧之形成觀景義，及虛涵背景義，即可引致種種高級的哲學、文藝、與人生之智慧之討論。如詩人之一花一世界之智慧、哲人之萬象在旁之智慧、佛家之觀法界之智慧、儒家之寂然不動，感而遂通之智慧，皆不難由之以引繹出。但本文不擬向玄遠處深說。上文所及，唯是于最淺近之例上立根，以使人可由前一點爲緣，以引至後一點，步步有一切實可把捉處。其論列之次序，亦在便於讀者在心理上之逐步了解。至上文之所論列者，其缺點所在，則是未於開始點，先依論理上之原則，以爲劃分之根據。因而人如只順上文之次序，一直看下去，亦尙不必能綜括的把握一切智慧之內在的基本性質，及其與非智慧之其他認知活動之差別。但我們如要將此十二點，加以歸併，以見智慧之內在的基本的性質，仍須將以前之十二點之大旨，及其次第相沿之迹，先加以一總述。

我們以上論智慧之諸義，乃由智慧之運用知識，以解決問題處開始。此即是從一般心理學家或杜威之哲學所最重視之智慧之涵義開始。此亦爲最切近常識之智慧義者。但即在此常識之智慧義中，已顯出智慧之不同於知識，智慧乃爲能運用知識，而居於知識之上一層次者（一）。緣其居於知識之上一層次，彼即能不限於運用一知識，而可向一方向，綜合的運用諸知識，以達一目的；而用一知識於一情境，以解決問題，亦至少包涵所用之知識，與對情境之知識之二者之綜合（二）。然人之運用知識，而改變原來人所在之情境之涵義中，同時即必然包涵：「人對原來之情境之知識，可因情境被改變，而成不能應用或不眞」之意義。由此人之智慧，即不只是居於知識之上一層次，而能綜合的運用知識者；且是能居於知識之上一層次，以實際應用某知識，或不實際應用之而忘卻之，或超越之者（三）。由此能超越，而智慧之觀正面的知識，即同時可往觀一反面之知識，而以移向反面的知識，爲其實際超越正面的知識之具。此即說明了智慧自己之存在性。智慧之爲一獨立之心之功能，即在此義上凸顯，由此而吾人即由杜威之說，上達至黑格爾之說以爲論（四）。然智慧之由觀正面而觀反面，此中仍有一思想之歷程。此思想之異於一般據正面之知識從事推論之直往之思想者，在其爲一逆復型態。於是一切逆復型之思想，即亦皆爲表現智慧者。本文自此以往，即由黑格爾，轉進至柏拉得來，及東方哲學之智慧義。至此逆復型之思想之可歸於無所得，而得此無所得；則又將智慧的思想，與據知識以推論的之思想不同，加以昭顯（五）。但此「不從事於推論之思想」，其意義復不是消極的，乃即在吾人之應用知識，以解決問題時，人亦必須有其所不事推論之處，然後能有創發之智慧，以適當的應用知識（六）。而此事則依於人之若干之思想，本爲過渡性，原非必要者，原具有可不存在之理，因而人可不經過之，以直達眞理而直覺之（七）。復次，人之智慧，因其能綜合的運用知識，即能融鑄知識中之諸概念，使其互相規定限制，以合成一格局，爲其所通過，以直覺的洞見其所欲見。此即所以說明智慧之心靈，能攝納諸知識中之諸概念於其內部，而使之一面在一格局中，喪失其分立性，不復結成條列的知識；一面成爲在此格局中，分別盡其「抑止不必要之一切錯誤以及推理之思想之產生」者；而其正面的意義與價値，遂唯在其爲智慧心靈之所通過，以表現其直覺的洞見而已（八）。又此智慧的心靈之綜合諸概念，使之失其分立性，以成其所通過之格局，卽表現此心靈之不安于一切概念知識之抽象性，以趨向於具體化，而遂响往於以具體之事物，爲象徵的譬喻，以表達思想中之眞理（九）；於是彼亦能於具體之事物中，觀照其所象徵的思想中之義理（十）。至其綜合性，則又使其能超越特定之具體事物，以另形成一新觀點與新觀景，以觀可能被觀之事物（十一）；其觀任一物，亦可虛涵無定限之事物，爲其背景中之內容、或潛伏的諸觀點之所在，以資對照（十二）。此卽上文十二點之次第相沿之迹的總述。

由我們以上之總述，我們如眞注意及此十二者，乃次第相沿而生，則吾人承認了其前者爲智慧之表現，便不能不承認其後者，亦爲智慧之表現；而人之有一種智慧之表現者，若就其所以有此表現之根源之智慧的心靈之本身而觀，卽皆可有作其他表現之可能與理。故此十二點，在實際上雖非人人所能皆加以表現，而一般之心理學家哲學家，亦不必能盡知之，但仍可說爲一智慧的心靈之各方面的性質。如分此十二點爲三組言之，則前四者，乃主要以智慧對知識之關係而說；中四者，乃主要以智慧對一般據知識以從事推理或推論之思維而說，後四者，則就智慧對具體事物之世界之關係而說。如我們再加以綜攝，則我們可說智慧之正面的內在的基本性質，可歸爲下列三者。

（一）對知識之主體性　此卽依於第一組之四義而說。在第一組之第一義中，智慧對知識之運用上，已表示智慧爲知識之主體。第二義智慧之綜合知識，則表示智慧爲衆多知識之聯繫者，卽衆多知識之主體。智慧如一君，知識如衆民。此中所說之智慧之綜合知識，與一般所謂綜合多知識成一新知識，其不同之處在：智慧於此，只是綜合的運用知識。此綜合的運用，在不被反省時，只是一功能、一活動，而非知識。至此組中第三義，則與第一義相對照。此乃表示智慧既可實際應用某知識，亦可不用，卽對知識能取能捨，能活能殺，如君對其臣民之有生死予奪自由運用之權，卽成臣民之主體。第四義謂智慧之觀一正面之知識之反面，此亦爲其能綜合之表現。但一般說，智慧之綜合的運用知識，乃綜合相異之知識，而並用之，以達同一之目標。至此智慧之觀一正面的知識之反面，則只爲智慧之移向反面之知識，以超越正面之知識；其秉綜正反，可另無目標，而唯所以見其主宰下之正反二面之知識，可相反相銷，而自證其超臨性爲自己存在之主體。此卽智慧所賴以完成其別於所統率之知識，而爲知識之主體者也。

（二）不推而知性　此是就十二義中之第二組之四義而說。在此四義中，所謂第五義，要在指出人之智慧之表現爲逆復型之思想。此非如一般之據知識以推論之思想，恒往而不返，而是由思想之不遠而復，以歸於思想之無所得，而得此無所得，而超思想、不思想者。故此義所說者，乃智慧主體之秉顯爲我們之思想主體，成爲能以思想撤回已存在之若干思想者。第六義則進而說明智慧之所以能應用知識，正必須賴於事實上若干推論的思想之根本不發生。此不發生，可說爲：不待思想之往，而卽已加以逆復，或其方有發生之幾，卽已加以撤回。而此消極的「思想之不發生」，能成就知識之適當的應用，則見此智慧之主體，兼能以「超若干思想」、「不有若干思想」，以成就其適當的應用知識之思想。第七義則是說明：此若干思想之所以可自始不發生，乃由於其本爲過渡性，原不必要而具有可不存在之理，而智慧主體之在實際上，使若干思想不發生而不存在，亦卽智慧主體之直下順此理，以直道而行，顯爲直覺；故能先不妄增益發生不必要之思想，亦無事於以後之再加以減損撤回。第八義則說明智慧主體之攝納原可形成條列知識之諸概念於其內部，融鑄合成一格局，而藉此格局以抑制不必要之思想之產生。此乃反乎「概念之分立，而再往形成條列的知識」之道；而藉諸概念之直接互相規定限制，而鑄造消融之於其內部之格局中；並翻轉其積極形成知識之用，成爲消極的使不必要之思想不產生，以更助成上一義之智慧主體之直道而行者。此乃智慧主體，下徹入知識世界諸概念之中，加以融鑄合成格局，以爲其升降之軌道，兼使不必要之思想，不復流行；有如天龍入海吸水，而上成一水柱，使海水不流，而龍則升降自如於其間。此中四義，皆就智慧主體與思想之關係說。其中第五義，乃自其明顯的自覺的以思想撤回思想處說。第六義乃自其超自覺的，不待思想之發，卽已撤回處說。第七義乃說明第六義之「事」，所據之「理」，謂第六義中之使思想不發生之事，乃由智慧主體之順理而行。卽第六義乃從下說事，說用，第七義乃從上說理，說體。至第八義則再由上至下，運智慧主體之融鑄知識中之概念合成格局，一面不使之下散，而直往形成條列之知識；一面引爲己用，以杜塞不必要之推論的思想者。合此四者，卽以見智慧之知，不同於推論的思想，而見智慧之不推而知性。

（三）智慧之具體性　此是依於第三組之第四義而說。智慧之具體性，可說由其能綜合而來；因具體事物有其各面之性質與意義，故智慧在對之加以綜合的把握時，同時具體化其自身，與之相應合。而凡智慧在表現其綜合性之活動時，（如綜合的運用知識、及融鑄概念成格局）亦即有其自身之某一程度之具體化，及某一程度之具體性之表現；而其歸向，即必然為使其自身具體性之表現，更應合於具體事物之具體性。吾人前所言之第九義，即為此智慧活動之一面往思彼為譬喻之具體事物之具體性，而應合於彼，一面以之象徵吾人之具體化的思想，於以見此思想之內容，同於事物之內容；而使二者之具體性，亦相融相得而益彰者。由此再轉進一層，即為第十義之於具體事物之內容之觀照中，體會印證吾人之思想內容中之義理。此二義乃相緣而起。前者乃一具體化之思想，往求具體事物為譬喻，而使思想內容，如沈入隱伏於具體事物內容之中；後者乃吾人於具體事物內容之觀照中，體會印證思想內容中之義理，而思想內容又如自具體事物升起，以昭陳於具體事物之前。故此二義，為相緣而立。至於十一義之形成觀景之智慧，則此首原於心靈之超拔其原來之觀點，而另取一觀點，此即已為一綜合之歷程，而使心靈為一新觀點所規定，而更充實化具體化者。其自一觀點以形成觀景，則復表現心靈之可超拔此觀點自身，以連結於觀景中之事物。在一觀景中，可包涵無定限之事物，吾人依一觀點，以由觀景中之一物，而及於其他事物時，此中又有心靈之超拔觀景中之一物，以連結於其他次第呈現於觀景中之其他事物之事。此皆同為一綜合之歷程，而使心靈逐步更充實化，而更具體化者。此中，就一觀點之一觀景而言，如一觀景之眾物為多，此「觀」即如暫依於一觀點之一，以運於多，而皆可為人所自覺者。此卽與第十二義之虛涵其背景之智慧成對反。在此第十二義之智慧中，乃背景中有衆多之物，如潛伏之諸觀點，而所觀者則為一當前之物。又此衆多之物，乃不在當前之自覺中，而為人之心靈所超自覺的加以虛涵，以資對照者。在此形成背景之智慧中，人之心靈須先昭臨於當前之所觀之事物之上，此中卽有一自當前事物之自然的、或超自覺的超拔；而其必須虛涵背景中之衆多事物，而位居其上，此中又有自背景中之衆多事物之超拔。至其持此背景中之衆多事物，以為對照之用，則有如在背景中之衆多事物，各放射其光輝，自此背景超拔而出，以為昭顯當前一事物之特質之用。而此一切超拔，則皆為形成背景之心靈，超自覺的依其一面昭臨於當前之事物之上，一面虛涵其背景中之事物，而自然的表現者。故形成此背景、與形成觀景之二種智慧之表現，乃相為對反。然自此二者皆居於知識之形成及推理或推論之上一層次說，則皆為智慧的心靈之表現；而自其可更迭而生，吾人可自覺其皆吾人一心靈之所具有而說，卽又可說為同一智慧心靈之不同表現。

我們上文所說之智慧之對知識之主體性，不推而知性及具體性三義，乃綜合前文之三組十二點而成。此可稱為智慧之內在的基本性質之正面的規定。至於此三組十二點間之其他底層的關係，尚有頗深遠複雜處，今可不及。但我們要眞正把握上述之正面之規定之三義，還須濟以反面之規定，以祛除誤解。

（一一）智慧之不反知識性　吾人可說智慧為知識之主體，超越知識，此是就其對知識之能加以自由運用而說。然智慧雖可自由運用知識、或不用知識，但不能使知識，成非知識。因智慧雖可使一知識不對當前情境爲眞，或不能應用，並使一正面的知識，爲反面的知識或其他知識所限制，或只用知識中之概念，以形成格局；然「不對當前情境爲眞，或不能應用之知識」之自身，仍有其可應用之處，而對之爲眞；受限制之知識，仍在其限制之範圍中爲眞；凡已成爲知識中之概念者，仍可在其他時地與其他概念，再相連結成眞知識。智慧不能使一知識全不眞，或全不能應用，亦不能使人絕不聯結概念成知識，卽不能使知識成非知識，亦不能反知識。又智慧在其綜合的運用知識時，亦恒藉諸知識及其內容中之諸概念，以規定其自身之表現方式與運行之道路；而由智慧之所知者，在被反省時，又可成爲知識之內容。此皆如前所已論，而見智慧之非反知識，亦不能成爲反知識者。

（二）智慧之非單純之直覺性　我們之說智慧之具不推而知性，此乃謂其知，可無待於若干之推理之思維，乃直透過諸前提之結合，或循諸概念所形成之格局，以直達結論中之眞理而直覺之。然謂其直透過前提之結合，或循諸概念所形成之格局，而有其直覺，仍須設其對諸前提之結合，有某一種認知，或對形成格局之諸概念，有某一種之認知。故智慧之直覺不同於單純之直覺。人之單純之直覺，可爲經驗之直覺，如啞子吃苦瓜時之直覺。可爲理性之直覺，如直覺一共相（如白）之涵另一共相（如色）。亦可爲對生命流行之直覺，如直覺前後之生命活動，在其相續流行時之前後通貫。再可爲直覺一神秘境界，或超越存在，如人之直覺一無能所分別之世界或天國或上帝之存在。此皆初爲不屬於知識及推論的思想之範圍中者。然人之此諸直覺，皆附着於其所對，人只有此諸直覺，不必爲人之智慧之表現。我們至少必須於此諸直覺之上，加上一非推論性之思想，使吾人凌空的位居於此諸直覺所對之上，而另有所知，乃表現一智慧。如我們只直覺一上帝之存在，神秘之天國境界之存在，非即智慧。但是我們依於上帝與天國境界，與富人之生活境界之不同，而凌空的說：「人不能兼拜上帝與財神」，「富人入天國難於駱駝穿針孔」，則皆表示一智慧之思想。但此思想，却非由單純的直覺而來，亦非據人之單純的直覺之所知，加以推論而有者。人只由其直覺上帝與天國之存在，及直覺其與富人生活境界之不同，並不能直接生出此二語中之思想。人有此二語，亦應爲忽然悟得，而非由推論而得。如吾人今對此二語，加以分析，而問其所自生，我們固可說，此乃由於人既綜合的把握富人生活境界與上帝天國之二者，遂在前者中，發現一「崇拜金錢如神之意義」，此乃與人之念上帝天國時之具有「不崇拜金錢之意義」，互相矛盾者。於是彼即可再思及：人之一心境中，欲求兼具此二意義者，必不可能；乃以一譬喻，表達此人欲求兼具，而人又必不能兼具之情形，遂有以上之二智慧的語言。此中，人之發出此智慧之語言，乃依於一綜合的活動，而非依於一單純之直覺。此綜合的活動，應亦爲一種思想。然此種思想，却亦非賴推理或推論而得。人明可不經推理或推論，而一眼見得：人之欲求兼拜上帝與財神者，其二念必然相抵消，不能兼具，而只能具其一。人亦不須循我方才所分析出之二種意義之具於一心境或一意念，乃彼此矛盾，以進行一自覺的推論，如謂「此眞則彼妄，彼妄則此眞；而二者之同眞，爲妄；二者之不同眞，爲眞。」如邏輯家所爲。至人之思及駱駝穿針孔之喻，更爲出於偶然，人決無法由推論而得者。故改之爲，牛穿人之鼻孔，亦無不可。是見此中之智慧之表現，乃既非如單純之直覺，直向其所直覺之對象；亦非如推論之思維，依一一之步驟，而曲曲折折，歷相異之概念以進行；而是直下綜合此相異之概念（如人之拜上帝與拜財神），即見其在人之意念中之相抵消，同時通過之，以直達其結論（即不能兼具），並為之求釁。故其為直覺，非單純的、直接的直覺，乃為綜合的、間接的直覺；而其為思想，又非以推論為媒介，歷相異之概念之間接的、複雜的思想，而又是一直接的、單純的思想。

（三）智慧之不化同於具體事物性 我們說智慧之心靈，必求具體化，而具具體事物之具體性；然我們復須知，其求具具體事物之具體性，並非即其自身化同於具體事物。人之心靈，亦有可說為化同於具體事物者，此即人之隨具體事物之刺激而轉之感覺的心靈。此感覺的心靈，隨具體事物之刺激而轉，而對物有所感覺，遂與物交，即可隨物之轉變牽連，以與之俱往，而忘其自身之存在，以化同于物而物化。如人在順感覺欲望而追逐物、享受物時之心靈，即可稱為一化同於物之物化的心靈。然智慧的心靈之一切表現，雖依於其自身之具體化，而求應合於具體事物之具體性，又恒昭臨超拔於具體事物之上，而自覺其不同于一般之具體事物。此不同之表徵，即在其雖具具體性，而不失其普遍性。此普遍性，見於其一切表現，皆顯為合理者；而非如實際的具體事物及對之之感覺活動之皆為特殊者——即不必皆曾表現出其理，而顯為合理者。吾人說智慧之一切表現，皆顯為合理者，非謂其依於理性之推理而有，若然，則與上義相違。此是說，唯在其既有所表現以後，吾人乃可本理性，以言其為合理或可證明或證實為眞者。簡言之，即其表現，雖在事先不由自覺的推理而來，然在事後，則為皆可由理性，加以追認者。吾人前說智慧之所得，經反省可成為一知識之內容，而凡一知識，則皆可由其他知識，證明其眞，或亦可由經驗以證實其眞者。經證明證實者，卽皆爲合理者，爲眞者。如司馬光以石破水缸救溺之事，初雖出於智慧；然人事後加以反省，卽得一「以石能破水缸救溺」之知識。此知識，乃可以直接經驗證實，亦可以「石能破水缸」，「缸破則水流」，「水流則空氣入」，「有空氣則人不致溺斃」等，合以證明者。吾人前又說，智慧之不推而知性，恒依於其綜合相異之概念，而再通過之。此相異之概念，本身各爲一普遍者，凡普遍者皆爲理性的而合理者；則加以綜合而成者，如格局等，亦爲合理者。人通過此格局而運行之智慧之所知，亦應爲合理者。故人由智慧之所知，亦可由反溯其所通過之格局與其中之概念，而自覺之，以形成一理性的推論歷程，以證明其爲合理者。如吾人可由分析本文第二節第八義中之一例中，所謂影之具「視之可見，觸之不得，與人同行，與人同臥」之四義，及人所經驗之物，唯影具此四義，其他之物皆不具此四義，以反證明「該謎之答案爲影」之合理。此外，在吾人取譬喩，以譬喩所思之義理，或於具體事物中，觀所思之義理，皆是自二者之內容之共同處而說。此共同處，卽一共相，而爲共理。又由一觀點形成一觀景，此觀景中之事物，皆同呈由一觀點以觀出之某一共同的意義。此共同意義，亦爲共理。吾人之心靈虛涵諸物爲背景，此背景中之諸物，同具一「對照當前之物之特質而凸顯之」之意義，此意義亦爲一共理。是卽見一切智慧之表現，雖初原不出自理性之推論，然皆爲事後可發現其合理性，而不難證明此智慧之所知爲眞，或具普遍性，而再化之爲眞知識之一內容者。反之，如吾人不能對吾人本智慧的直覺之所知，發現其合理性，則吾人亦可懷疑其智慧之所知之爲眞矣。

四　智慧之外在的性質

下文所論之智慧之性質，皆智慧之表現於外所顯之性質，然又皆依於智慧之內在的基本性質之全體而有者。故我們名之爲智慧之外在的性質。

（一）智慧之表現之中懸性　由上文對智慧之內在的基本性質之正面及反面的規定，我們可說智慧爲知識之主體，而又非反知識，卽見智慧對於知識，有相對之獨立性。然智慧之可用知識及其中之諸概念以規定其自身，以及由智慧之所知，可由反省，以轉成知識之內容；却又可使人忘智慧之存在，而人或乃以知識之知，包括智慧之知。此卽智慧之本性所以難明之理由之一。又智慧之知，乃不經推理或推論而得，遂恒被混同於單純的直覺之知。人見其不同於單純的直覺，應亦爲一種思想者，又或忽畧其與推理或推論的思想之異。此卽智慧之本性所以難明之理由之二。再智慧之表現，求具具體性，不能安於一般理性的思想概念之抽象性，而必求超越之，人遂以其爲非理性的，或只爲超理性的。而重視理性的思想者，又疑智慧之表現於以譬喻顯理，或卽事觀理等，乃只暗合於理性，其不離可感覺之具體事物，卽見其爲低於理性的推理思想者。此爲智慧之本性所以難明之理由之三。由上述之正反二面之規定，則我們當說智慧爲知識之主體，非反知識，但亦非知識；智慧之知，非原於推理之思想，亦非單純之直覺；智慧之知，不安於抽象的知識概念之抽象性而求加以具體化，亦非如感覺之化同於具體之事物，而非非理性的，亦非只爲超理性的。智慧之知乃超理性而又兼爲理性的，亦兼爲具體的。如我們由智慧之在一般知識之上，自由運用知識，非感覺，亦非附着於其所對之單純的直覺，而能淩空超臨於感覺中之具體事物，及單純的直覺所對之上，亦位居於一般推理之思維之上，而爲一理性而超理性的心之功能或活動上看，則可說智慧之本原如飛龍在天而不在田。（借易傳語）但如自智慧之必須根據諸已成知識及其中之概念而運用之，並藉以規定其自身，而求具體化，並歸向於引具體之事物爲譬喻等處看，則智慧之所憑藉，又下居于田，而不在天。再從智慧之知，非恃已成知識爲憑仗，緣于推理而得，乃依其自由的綜合運用已成知識，融鑄知識之概念，以合成格局而涵過之，遂得創發新知上看，則又可說，智慧之知之存在，不依於他，而唯依於己。至于由智慧之所知者，可由理性之推理，證明其爲眞，或由經驗證實其眞，而具合理性，遂得化之爲眞知識之一內容；如其不具合理性，人亦可疑爲不眞，不得化之爲眞知識之一內容看，則智慧之所知之被認爲眞而顯其爲眞，又非依於己，而實依於證明證實者之「他」。合此數者，吾人卽可說：智慧之知，乃兼上不在天，下不在田，內不在己，而外亦不在他，唯是中懸於此四者之間，而又徹上徹下，如兼由天降地出，而左右逢源於己與他之間者也。由此智慧之中懸性，我們更可引致對智慧之表現另一性質之了解，此卽其神妙性。

（二）智慧之表現之神妙性　此神妙二字，乃依荀子老子之言加以界定，乃有一定之意義者，見下文。此所謂神妙性，卽指我們如要有智慧之表現，我們既不能卽就彼已成之知識，單純的直覺所對，或具體之事物，而緣之以有一往之推理或推論、單純直覺、或感覺，卽可求得之；又不能全離此等等以求之；又既不能求之於其自身外之他，亦不能即就其自己而求之。此皆緣方才所論而說。其所以不能求之於已成之知識，單純之直覺之所對，或具體之事物等，即因此等等，皆唯是智慧之所運用，而位居其下，而只「在田」者。又尅就此等等本身而言，乃各是其所是——如是某種知識，是某種直覺所對——此初皆非智慧之本原所在，而由之以有之推理及直覺等，亦隸屬之附着之而有，即亦非智慧之本原所在。其不能離此等等以求之，是因智慧必有位居其下者，爲其所運用，方有以表現其自身。其不能求之於其自身外之他，是因其自身外之他，如推理的證明，經驗的證實，雖可證成智慧之所知者之爲合理爲眞，而化之爲眞知識之一內容；然此證明證實其眞等事，皆非智慧之表現之本身，亦非智慧之所知者之所以眞或智慧之所以能達眞理之本身之理由或原因之所在；且爲後於智慧之表現而有者。其不能即就其自己而求之，是因一智慧之表現，在未有時，我們根本即不見此表現，吾人無處知其自身，又何得即其自身而求之？至當其表現時，則又不待吾人之求矣。

對此上之所說，我們可再以兒時之司馬光之事爲例，以說明之。設此兒時之司馬光，於見同伴落於水缸時，欲求得一法，以救其同伴。而以石破缸，則是其後所求得，爲其智慧之表現者，此上已說。今我們試問，在彼欲求此法，而未知此法之際，彼心中之「求」，果何所對？此所對者，初只能爲不存在，而尚未呈現於其心者。是見其心靈於此時乃有所求，而實未知其所求。若其已知其所求者，則更不待求。是又見人求智慧之表現，因此表現爲一創造性之表現，乃必不能於事先即其本身而求之者。在事先，其本身尚未有，則事後之理性之證明，根本上更談不到，則人更不能求之於此理性的證明等。復次，此兒時之司馬光，在未思及以石破缸之法之先，彼只在此缸與缸中同伴等其所感覺直覺之具體事物上觀看，亦不能見此法。彼在其所已有知識中，雖有石能破缸之知識，然其當下之智慧之表現，亦不在其所有之此知識中，而只在其當下之知選擇的應用此知識於當前情境，以救小孩之事中。此卽見其當下之智慧之表現，亦不能卽其已有之知識而推得之。而如其只往念及彼原有之「石能破缸」之知識，而卽本此石能破缸，以作一串推理，如石能破缸，故石非非不能破缸，石是非非不能破缸……，亦並不能表現其智慧。由此可見，在吾人未有一智慧之表現時，吾人於己、於他、於已有之知識，及一切感覺直覺所對之中，皆無處以求得之。然則吾人在求有智慧之表現，吾人所求者在何處？吾人似只能說，如其是有，只能在吾人之意識之上，而屬於智慧之本原之超意識之境界。它不在己，不在他，不在田，而在天；而吾人之知之，乃因其從天而降，由超意識境界，而入於意識境界。此或可說。然在此中，吾人復須知，吾人亦不能直求之於此超意識境界，此乃因其非意識所能達。而吾人之究竟是否眞可說，在司馬光未思及以石破缸之法之先，其超意識境界已有此法先存於其中，亦非無問題。卽使無問題，吾人亦須承認，唯在其意識中眞知此法時，此法乃眞實呈現而存在，以成爲一有用之法。如其不思及此法，則其存於超意識境界，或上帝觀看其超意識境界時，見其中有此一法。彼之意識，如不知此法，此法乃不眞實呈現于彼，豈不仍同于無法？因彼亦實未嘗有智慧之表現也。言彼有智慧之表現，乃唯在此法下降至彼之意識境界，由彼眞知處而言，不能直就其超意識境界中已有此法而言。今如彼不能在意識境界中有此法，遂求之於此超意識境界，乃去除其意識境界中原具之知識，及當前所感覺直覺之此缸及缸中同伴等，以往思此超意識境界中之法，彼亦將永不能有其智慧之表現。可見吾人亦不能直就智慧之本原所在之超意識境界而求之。合此四者，即見吾人尅就人之創造性之智慧之表現而言，在其未有之先，吾人上窮碧落，下達黃泉，內內外外，皆不能得其踪跡；而其來也，實乃倐然而來，不知其所自，人亦不知於何方向，求所以迎迓之。此之謂智慧之神妙性。而智慧之神妙性，乃一切人朝朝暮暮之任何之智慧之表現，無不具有，而爲吾人朝朝暮暮之所接，而至平常者。其神妙而又平常，即益見其神妙，而非一切不平常之神妙之所及。荀子曰「不見其事而見其功，夫是之謂神。」老子曰「常無欲，以觀其妙。」智慧之表現之如何而有，其事不可見，而其功可見，是謂至神。吾人於智慧之表現，知其在未來之時，無處求之，而對之更不希求、欲望、唯即其倐然而來而觀之，即觀其妙也。依此智慧之表現之神妙性，而於人之智慧之高者，人遂說爲神靈降身，天誘其衷，或視爲天才而非人才。實則即其最低者，亦具神妙性，皆可言有神靈降身，天誘其衷，而爲人之天才性之表現。即司馬光之倐爾思及以石破缸之事，亦具神妙性，而可言其時有神靈降身，爲天誘其衷，有一天才性之表現也。此即一切平凡之事中之神妙也。

（三）智慧之表現之不可教性與偶然性　由此智慧之表現之具神妙性，再連帶之一性質，即其不可教性。吾人可教人以一切已成之知識，可教人依何知識爲前提，循何種推理或推論之方法，以推演結論。吾人亦可教人如何安排其身體，集中其注意力，以從事經驗之觀察，獲得具體經驗之直覺，及獲得對衆多具體經驗之共相，加以認識之理性的直覺。吾人復可教人效一行爲方式而行事。然吾人不能教人以必有某智慧之表現。人之智慧之表現，乃有則有，無則無，在其未有之先，卽其自己亦不能期其必有，故人亦不能自教其必有智慧之表現。而凡人之所以教人或自教，皆爲望人或未來之自己，重複的知其所已知者，或循其所已知者而行者。此皆非創造性的智慧之所攝。創造性的智慧之所以爲創造性的，卽在其無先例可援，因而非重複的模倣之事。人固可設一問題之情境，以誘發人之智慧，此亦爲教人之一法，如杜威之敎育學之所重。然在問題之情境中，人自身是否必有智慧之表現，仍非教者之所能必。人固亦可常觀他人或其自己之過去，如何表現其智慧；然其當下之自己，或未來之自己，是否必能有類似之智慧之表現，亦不能必，卽仍只爲一有則有、無則無之事。於是人之是否有其智慧之表現，亦似可說有一本質上之偶然性，如爲人之所偶受於天，而不能傳於人，以及自己之未來者。古人說道可受而不可傳，亦可以言智慧之表現。

（四）智慧之表現之效用性　然智慧之表現，雖具此神妙性與偶然性，然其功則至大，卽其效用或價值，實至大，而具效用性。人類之一切已成之知識，經驗的直覺能力，理性的直覺能力，與緣已成之知識而作推理或推論之能力，及人之教人以知識，並訓練人有上述諸能力之敎育，雖皆爲成就人類之生活與文化之普及、推擴，及傳播、延續人類之文化與歷史所必須；然其效用皆不足與智慧相比。此卽因凡此等等，皆賴於個人之創造的智慧之加以運用，以成就人之當下的智慧之表現，然後方能與人之當下的新新不已之生活相應合，而呈現其價值。而吾人如探求不原自自然之一切方式之人類文化生活及文化事物，以及爲一切推理之前提之原始知識與新知識，其最初之所由產生與創造，蓋皆無不原於其創造性之智慧之表現。此處，吾人可毋須另作論證。因謂其最初之所由產生與創造，卽謂其無先例可援，非由以前之知識所推論而出，人之有之，亦不原於模倣或受教而有者。則其有，只能原於人之創造性的智慧。此處吾人無意否認教人如何推論之方法，及其他教育方法之價值。然吾人可視其價值，乃屬於普及、傳播、推擴各種知識文化等之事，亦屬於第二義，而爲附從者。至人之研究人如何推論之方法、研究教育方法之邏輯學，教育學本身，則我可說明，其正爲依於人之創造性的智慧而有者。因人之實際從事推論，或實際從事教育，是一事，而研究人之如何推論，如何教育，又是一事。此後者，並非由前者所推論而出。此後者，乃初由人之心靈之回頭反省其如何推論，如何教育而來。然此回頭反省，實卽人之心靈，自其實際上之推論與教育之諸事，超拔出來，以位居此諸事之上一層次，於一自上而下之觀景中，綜觀其已有之推理與教育之諸事之如何進行而有。此超拔與綜觀，正初爲吾人前所謂智慧的心靈之表現。故邏輯學，雖爲研究人如何推論之學，然邏輯學本身，初並非全依推論成立。教育學雖爲研究教育，然人最初之對於教育的思想，實並非由受教育而來。此二者初實皆本於人之智慧的心靈之表現。邏輯學之進步，亦如教育學與其他學問之進步，恒由於人之智慧之心靈，不斷自其所已知者超拔，以回頭反省而綜觀其所已知者，以不斷獲得創造性的新知而進步。故邏輯學固研究推論，如演繹推論與歸納推論，而在演繹與歸納之前提已確定之情形下，吾人固可依邏輯之規律以知其所能以推得結論如何，然邏輯學之本身，則不能供給吾人以一般之演繹與歸納之前提，以爲證明吾人所欲證明之結論之用。而吾人之是否能發現證明一結論之適當的前提，分明無邏輯之規律可遵循，唯賴于吾人之智慧之如是如是以選取此前提，而綜合之，以便推論出結論之命題。至就邏輯學本身之內容而言，則此雖皆爲人之研究推論之成果，然此成果之積累或邏輯學中之新思想之次第生出，初亦並非皆由其舊邏輯學思想中推論而出。如穆勒之邏輯學思想，並非由亞里士多德之邏輯學思想所推論而出。而現代符號邏輯家之新提出一邏輯系統，雖可由之以推論出其他系統之若干命題，然其所以能提出一新邏輯系統，明非由舊邏輯系統推論而出。其新邏輯系統中之基本概念或符號，與基本命題或句子，及推論原則等，所以如是如是加以陳列，亦另無其他所自推出之前提，而亦只是由邏輯學家之智慧之心靈，如是如是選取之，綜合之，使其互相規定，以便於以後之推論出其他邏輯命題，而形成其爲一新的邏輯學之思想系統者。吾人之舉此邏輯學思想本身之次第生出之情形爲例，即證明此以研究推理推論所成之邏輯學之思想系統——此系統之本身，亦固恒爲依各種推論而結成者——其所由產生與創造，皆有不由推理推論而來者，則其餘之學術可知；而人類一切原始之知識，新知識，一切方式之文化生活、文化事物，其最初之創造，不由於只據已成知識，加以推論而出，而應原於智慧之心靈之創造性，更可知矣。

吾人如知人之智慧之表現，爲人類之一切原始之知識、新知識、及一切方式之文化生活文化事物，最初所由產生及創造之根原，則知其價值實高於人類之一切已成之知識、及據之所作之推論；與人之一般之經驗的直覺及理性的直覺等。吾人之在教育上及社會文化上之一切加以推擴、傳播、普及之工作，亦分明爲附從之而有，屬於次要者。是即見智慧之神妙性、不可教性，亦不礙其效用性。

五　智慧之道之可學、可教性

由於智慧之兼具神妙性、不可教性與效用性，則使吾人對智慧之態度，陷於極深刻的兩難之境。依智慧之具效用性，故人必祈盼人之具智慧，而有其智慧之表現，以使一切新知識、新方式之文化事物及文化生活之創造，成爲可能，而有其生生不息之根原。然依於智慧之神妙性、偶然性、不可教性、吾人又不能期其表現之必有，而使吾人覺未來之新知識等之是否必能逐漸增益，人類世界中之文化生活、文化事物，是否能繼續進步，亦無保障，皆如爲偶然而不可測。由此以反顧人類過去之一切知識、與一切方式之文化生活、文化事物之產生與創造，亦應視爲偶然而有，而整個人類世界之文化之如此如此，亦卽皆爲一偶然。此卽成一大疑謎。然吾人之愛護其已有之知識文化等，及求其進步之心，又絕不甘於視此等，皆爲偶然出現，非人自力所能加以主宰者。而依吾人以上之所論，吾人又實不能承認智慧之創造性的表現，依其神妙性，而爲必具一偶然性者。此卽成一極深刻之兩難。欲破此兩難，吾人以爲有待於吾人對智慧所表現之不可教性，再作一省察，而進一步以認識智慧之道之可學與可教性

吾人說創造性的智慧之表現，乃有則有，無則無，故不可教。此不可教，卽謂其不能由重複或傳授已有知識等而來。故他人不能教我，我亦不能教我。但此不可教，是否必礙其可由學而有？吾人可說，學諸人，不可能，因學諸人，卽重複而非創造。學諸過去之自己，亦不可能，此亦是重複，而非

創造。學諸未來及現在之創造，亦不可能，因如其未有，則不可學；如其已有，則不待學。然吾人另有一種學，卽不是有所學之學，而是無所學之學。卽我們雖不能向所未創造出者而學，然我們却可學去掉成爲我們之可能的創造之阻礙者。學去掉此創造之阻礙者，卽實往去掉此阻礙者之行。此行，乃以去阻礙者爲事，則學至盡頭，卽無此阻礙者，而無所學。此種學無所學，並非學所創造者，然却可使創造之阻礙者之不存在，而使創造之事，成爲可能。我們可以學無所學之原則，敎自己去行，亦可以此原則，敎人去行，以使自已與他人易於有智慧之創造——此卽開拓智慧之原之事。於是我們可說，人之智慧之表現爲何，雖不可敎、不可學，然人之如何易有智慧的創造、或開拓智慧之原之道，則未嘗不可敎，亦未嘗不可學。人類眞能以此道爲敎，以此道爲學，則人類可逐漸對其未來之有生生不已之智慧的創造，有一把握，而不與人以上所說之一相矛盾。舍此而外，則人只有說其智慧之創造之有無，爲神妙難知，爲偶然不可測，非人自力所能主宰者。此如何去除智慧之創造之阻礙者之道，卽老子所謂「爲道日損」之道，佛家之觀空破執之道，孔子之「空空如也」，及「毋意、毋必、毋固、毋我」之道之所涵。而對此道之眞正了解，則繫於對一切智慧之創造之阻礙者爲何物，其類有若干，及如何加以去除之之了解。此中，卽開出一偉大莊嚴、深遠宏闊之智慧之學、智慧之敎之世界，爲世俗之學者所不必知。此智慧之學，智慧之敎義，必賴於人之實去此諸阻礙者之內在的及外在的行爲，方能實有所得。此行爲卽一道德實踐之行爲。當于下文再畧及之。但學者亦可自求於儒佛道之言，下苦功參究，以自求一悟處。由此當可漸知智慧之表現，雖爲偶然而至神妙，然欲常有此偶然，却有其必然之道；欲多有此神妙，亦有一定之方。人智慧之高下，固屬天生，然由人之修養，亦可保養增益其天生之智慧。唯此中要點，全在道德實踐上之工夫，說食永不能飽，虛羨更無用處，人之自恃其天生之智慧者，只此自恃之一念，即杜塞智慧之門。此中工夫之深淺，如人飲水，冷暖自知，亦容不得一毫虛假。所謂「苟非其人，道不虛行，默而成之，不言而信，存於德行」是也。斯爲人類之最大之學問與敎育之所在，亦東方思想之大慧之所存，所以上開天門，而自降神明，而使人類之知識文化之創造，新新不已，而悠久無疆者也。姑存此語，以當懸記。至于此文及下文之所陳，則不過就吾一人之所窺者之一班，書陳于讀者之前，固不足以盡此學之全幅之蘊也。

中華民國五十年七月

二、智慧之表現與道德實踐

——智慧之表現之原因理由問題、智慧之障蔽、及道德實踐，與具德慧之心靈

一　智慧之表現之原因理由或條件之問題中之「兩難」
二　人之生活上之歷史的前事，不能爲當下具創造性的智慧之表現之充足的理由
三　超越的原因或理由，不能說明當下的智慧之表現
四　在心理學生理學上設定人之潛隱內在的機括構造等，不能成爲人之有智慧之表現之理由
五　爲智慧之表現之思想，非以人心表面之自由性爲根據之自由的設想或假設
六　人之無智慧之表現之事實爲待說明者，及人所同有之智慧之表現之能力
七　智慧之表現之障礙及愚之存在地位
八　智慧之表現之障礙及依智而起之愚
九　障礙智慧之表現之知識習氣
一〇　障礙智慧之表現之名言習氣
一一　障礙智慧之表現之情欲習氣
一二　智慧表現之障礙的化除，與直接保養心之虛靈明覺之道德實踐

一三　直接化除名言及知識習氣之道德實踐
一四　直接依道德心靈之呈現而有之道德實踐
一五　附述具德慧之心靈之狀態

一　智慧之表現之原因理由或條件之問題中之「兩難」

在前篇拙著智慧之意義及其性質一文中，我們曾由一般所謂「智慧」之十二義，歸納出對智慧之內在的性質之正反兩面的規定。即對知識之主體性、不推而知性、及具體性；與智慧之不反知識性、非單純之直覺性、及不化同于具體事物性。由此附及于智慧之外在之性質，即智慧之表現之中懸性、神妙性、不可教性、偶然性、及效用性。此皆兌就智慧之諸種性相，以說明智慧是什麼；大意在指出智慧乃表現爲「對一問題，向一目標，順一方向，綜合的運用已成知識」而超越知識之創造性的思想。此思想不同于推論的思維及嘗試錯誤(Trial and error)的思想，而爲一種直覺的思想；然又非單純之感覺經驗的直覺，或單純的理性的直覺；當然更不是同于聯想記憶想像等之只將已往所經驗者，加以重現或重構之非思想性的心理活動。此所謂綜合的運用已成知識，包括對其實際之應用或不應用，及對知識之概念之融鑄，對知識之超化等，一如該文所陳。我們在該文中，曾提及智慧之學與智慧之道，然未曾純理論的討論到如何發展智慧之方法或道。至於是否眞有此方法或道之可得，自該文所陳理論之所及者而言，亦尙是一懸而未決之問題。本文之目標，則在進而求解決此問題，並說明發展智慧之方法或道，賴于眞正之道德實踐，由此以證成東方先哲中言智慧之道，若干大體上共許之義。唯本文之討論此諸問題，則于陳述義理之中，雖兼循西方哲學之思辨方式，歷曲折之推論而進行，而其所歸向並加以說明者，則爲超推論之智慧之道；冀以此爲通東西之思想方式之一郵。而本文所論者，則繼前文而更及于淵微。然仍緣上文所舉之淺俗之例，以喻此中難言之義。

我們要論獲得或具有任何事物之方法或道，首先我們應知道該事物之所以存在或生起之「原因」、「理由」、或「條件」（此三名在本文爲同義語，下文乃隨文取用）。唯知道了其原因、理由或條件，我們乃能由先備足此原因理由或條件，以自然獲得其所生之結果或歸結。然而依我們在前文所論智慧之外在的性質如中懸性、神妙性、不可教性、與偶然性，即似顯出：人所以有智慧之表現之原因理由或條件，非我們之所能知。然如其決不可知，則我們雖可自然的有智慧之表現，却決不能依一定之方法或道，以求常有之與多有之，則無發展智慧之道可說。由此而我們又似必須探測智慧之表現所以有之原因、理由或條件。此即造成一種思想上的「兩難」。此兩難實不易突破。我們在本文中所最後擬提出之突破此兩難之理論，是兼承認此兩難，而銷解此兩難。即我們說，人之心靈之所以有智慧之表現，不由于其他事物的決定，亦無其他事物能成爲它所以有之充足的原因理由或條件；然而人之心靈，亦即以「實際上之莫有其他事物，來成爲決定它或障礙它表現其智慧者，爲其能實有智慧的表現」之原因、理由或條件。換言之，即人之心靈之所以能有智慧之表現，莫有任何積極的正面的其他另外的原因或理由可說，而只能有消極的反面的原因或理由可說。我們不能說：有任何其他什麽事物，能決定此人之心靈必有其智慧之表現；我們只能說．原能有智慧表現的人之心靈中，無其他事物來決定之、障礙之，所以人卽有其智慧之表現。因而此「心靈中無任何其他事物」之本身，卽可說爲智慧之表現之所以有之條件原因或理由，亦可說爲智慧之原所在。由此我們才可一面承認心靈之能有智慧之表現，無其他之條件原因理由，而一面又未嘗不可說有條件有原因有理由。因其可說有條件有原因有理由，故我們可求先備足之，以求能常有多有智慧之表現，而我們卽有發展智慧之道可說。

然而我們之此結論，却是不能直接提出來加以解釋的。因此結論是從上述之兩難中最後逼出的。如我們不知此兩難之眞義，及此兩難之難于逃出，則最後亦不能知逃出此兩難之道，便不能知上述之結論之實義。所以我們必須先正視此兩難，並先指出一般求逃出兩難之理論無用于此問題之解決，然後才能逐步會歸到此結論。

二　人之生活上之歷史的前事，不能爲當下具創造性的智慧之表現之充足的理由

第一種逃出上述之兩難之理論，是依「一切事物之生起，皆以其歷史上的前事，爲原因條件、或其由未存在至存在的理由」之原則，而謂人之有智慧的表現之原因理由，卽人先于此表現所已有之生

活經驗、知識、其他之心理活動及其所對之事物等；由此而試爲人之所以有智慧之表現，指定種種原因理由。此即一般常識及若干歷史家科學家、自然主義經驗主義及歷史主義之哲學家之見，賴以說明人之所以有智慧表現者。此乃意在否定我們前文所論智慧之表現之中懸性神妙性等，以求逃出此兩難者。

依此說，人之所以有某種智慧之表現，斷然以人之過去之生活經驗或所已有之知識等，爲其原因或理由。故人之無某生活經驗及知識者，亦不能有本其經驗運用其知識，而表現之智慧。如上文之兒時司馬光，見其他一小兒落水缸，今假想他本不知「石能破缸」，「缸破水流」，「水流則人不致溺死」等，則彼明不能有以石破缸，救其同伴之智慧之表現。則此智慧之有，豈不可即說，是以其原已有之諸知識等，爲原因或理由？然他如不見其同伴落水缸，則他亦不致于此時運用此諸知識，以表現其智慧；則我們亦可說其目之看見其同伴之落水缸之感覺的心理活動，及其所看見之「小孩之落水」之事實本身之存在，亦爲其有此智慧之表現之原因或理由之一。而合此諸前事爲原因，吾人豈不可即以說明司馬光之所以有智慧之表現？依此而人之能作一智慧的語言：如前文所舉之「富人入天國，如駱駝入針孔」者，即可以其經驗中，曾經驗「駱駝之大」，及「針孔之小」，並「知道若干關于富人之吝嗇等事」，爲其原因或理由。人之有任何學術文化上之創造者，亦以其先對各種事物之經驗，或其先所知之人類學術文化上之成績等，爲其有新創造之原因或理由。

然而這種說法，實不足以說明人之所以有其智慧之表現，亦明不足以破我們前文對于智慧之性質之所論。此種說法，唯緣于人對智慧之表現之所以爲智慧之表現，全未加以正視而後有。此種說法中，所謂原因或理由，至多只是智慧之表現之一種必須理由或必須原因，而明非其充足理由充足原因。誠然，人之有一智慧之表現，必依于其先之有某生活經驗或知識或其他之心理活動，與其所對之事物等。然我們之所當問者則是：是否人有此其先之種種，即必然有某智慧之表現，而此其先之種種，即可爲其有智慧之表現之充足理由充足原因？此明爲不然者。如與兒時之司馬光同游之其他小孩，豈不皆共見其同伴之落水缸？豈不皆亦能分別的知道「石能破缸」，「缸破則水流」「水流則人不致溺死」？然則何以其他小孩，皆無以石擊缸之想，而兒時之司馬光獨有？再如居沙漠之地之人，又誰不知駱駝大而針孔小，誰又不會知道若干關于富人之吝嗇等事？何以人不皆知以駱駝穿針孔，喻富人之入天國？又人類之學術文化所積累之成績，至一階段時，何以只有少數人能本此成績，作進一步之新創造？自此諸新創造皆爲新，爲空前，爲昔所未有、而具創造性者看，豈能以人之以前所有經驗知識，已成之文化成績等，爲其所以由無而有之充足理由或充足原因？而如實言之，則一切爲眞正的智慧之表現之事，即微小如兒時司馬光之突然知以石擊小缸救兒之事，皆無不爲空前，爲昔所未有，而具創造性者。

我們如果眞能正視人之一切眞正的智慧之表現皆爲空前，爲昔所未有，而具創造性者，則知一切人之生活歷史上之前事，皆不足成爲人之當下之有某智慧之表現之理由。此乃因一切已成的事物，至多只能成爲以後之模倣之、重複之、而有之事物，其所以產生之充足理由，而決不能成爲具創造性的事物所以產生之充足理由。我們亦可以說，我們在當下之有可運用的此知識，以我們過去之具有此知識爲充足理由。如我們可說兒時之司馬光，有諸「石能破缸」「缸破則水流」等知識，可資其當下之運用，乃以其過去之「曾由經驗等以分別獲得此知識」爲充足理由；然而他在當下之如此如此的「綜合運用」此諸知識，以表現爲當下之智慧，則並非以「其過去之分別有此諸知識」爲充足理由。故其他小孩，雖亦分別有此諸知識，並不能于當下有同一之智慧之表現。如果我們問，他當下之對此諸知識之「綜合運用」，及由此綜合運用而有之智慧之一表現，依何理由或原因而有？此只須自其爲昔所未有，爲空前而具創造性者一點上看，即可斷然肯定其非以「歷史上之前事之有」，爲其有之理由或原因矣。

我們之所以不能求人當下之智慧之表現之理由或原因，于其生活歷史上之前事或人所具有之知識等，此本身尚有一理由可說。即我們前曾說人之智慧之表現，乃恒表現爲一種不推而知之思想。此不推而知之思想出現後，我們雖可由反省出其所依據之知識，而加以理性的證明；然當此思想初出現時，則是直達一結論，而初無待于此理性的證明。如上述之司馬光，其以石破水缸、救缸中之兒之思想，固爲實際上依據已有之「石能破缸」、「缸破水流」……等諸知識，並加以運用而得；故吾人亦可本此諸知識，加以證明。然當此思想初出現時，則儘可爲一突然冒現之一直覺的思想，而亦正因其爲一直覺的思想，乃爲一純粹之智慧之表現。自其爲直覺的思想上看，則爲初非由推論而得，亦初無所謂理性的證明者。我們在前一文，已詳論此不由推論而得之思想，其所以可能之故，並已說明其與由推論而得之思想，爲不同形態之思想。由于此種智慧的表現之思想，既非由推論而得，亦即非根據我們已有之知識，以之爲欛柄，直接加以演繹而得者；故此「思想之存在」，亦不能據「已有知識之存在」加以演繹而得。如果是一般由推論而得之思想，我們此時是先有爲前提之思想，存在于我們之意識之中，而前提又必涵蘊結論，則我們循前提而思想，我們亦必將思想到結論；因而我們亦可說，我們「對結論之思想」之存在，以「我們對前提之思想之先存在于我們之意識」爲根據或原因理由。如我們之可說「凡人皆有死、孔子是人」爲「孔子有死」之理由，亦可以我們對「凡人皆有死」及「孔子是人」之思想，其先存在于吾人之意識中，爲「孔子有死」之思想之繼存在于吾人之意識中之理由。然而爲智慧之表現之直覺的思想，則爲一直達結論之思想。在其突然冒現于我們之意識之先，並無我們對其前提之思想，先存在於吾人之意識之中，則亦不能有此先存在之思想，爲其存在之理由。而此無先存在之思想，爲其存在之理由，正爲智慧的思想之所以爲智慧的思想，而異于由推論而得之思想者。因而我們亦不能據「推論的思想之存在，必依于先存在的思想爲理由」之本身，作爲理由，以推論出「此智慧的思想之存在，亦必依于先存在的思想爲理由」之結論。由此而我們可對爲當下的智慧的表現之思想，只就其爲當下的智慧的表現之思想而觀之——即可與人之生活歷史上，以前之已有之一切思想，及一切經驗或知識，截斷其因果關係，及理由與歸結之關係，——而觀其爲一自當下開始，而空前之一創造性的心靈之表現。所以在中國古代之用語中，常形容人之智慧之表現爲直覺的思想，而名之爲靈機之一動，爲當機之立斷，爲神遇、爲神會、爲妙契；而其由靜而動，一動即達結論，則如寂然不動，感而遂通。我們今亦可喻如電光之一閃即照，迅雷之一擊即中。其不經推論之歷程，則古人喻爲「不假安排」、「不容擬議」「大智在所不慮」、「不疾而速，不行而至」。當然中國古人說這些話，亦可有不同之方面及不同深淺高低之涵義，然而即在人最淺最低之智慧之表現爲直覺的思想，如上所舉之諸例之中，亦同可用此諸語，加以描述，以見其不可由已成之知識、先存在之思想等，一切人之生活歷史上之前事，說明其所以存在之原因或理由。

三　超越的原因或理由，不能說明當下的智慧之表現

由人之生活歷史上之前事，如已成之知識等，不能作爲說明人之當下所以有智慧之表現之理由或原因。于是人即或依我們前文論智慧之中懸性神妙性時所說，人之智慧表現爲突然冒出之直覺的思想，宛若是「從天而降」、「如有神助」、「天誘其衷」的情形；于是進而將此中所謂「天」坐實，而視之爲實有之一超越的原因或理由，而以之爲說明我們之所以有突然冒出之表現之根據。此天亦可改名爲神、爲帝、爲造物主，或只名之爲超越的原因(Transcendent Cause)與超越的理由(Transcendent Reason)。人之欲肯定有此天、此神、此帝之爲世間事物之超越的原因或超越的理由者，其立論之出發點，亦有種種。然而自實際生活上看，則人最易于其突然冒出一爲智慧之表現之直覺的思想時，相信此天、此神、此帝之實有。而人之素無特定之宗教信仰者，亦常不免因此而產生此超越的原因或理由若爲實有之感。人之由一智慧之表現爲一直覺的思想而逃出危難者，總不免想此是蒙天眷、邀天幸、得天恩、

獲天佑；人由一智慧之表現，而有一直覺的思想，遂悟見若干宇宙人生及萬物之眞理，而爲前人所未及知者，總不免想此是得天之啓、賴天之靈、奉天之賜；而人對歷史文化學術中之一切空前的創造，總不免由讚美、崇敬，而視有此創造者爲天才、爲神人或天降之聖，或天地靈氣所鍾，有異于常人之異稟，或天賦有特殊之使命者；而或又謂人能有此創造者，亦恒轉而感動上天。如中國歷史傳說中，以發明種植之人爲神農，發明治水之人爲神禹，謂倉頡造字，天雨粟鬼夜哭，孔子作春秋，天降血書。此皆由于人們對于一切元始的創造性之智慧的表現，感其爲空前而昔所未有，因而覺其不能以現實上已有的歷史上之前事，說明其所以有；而人又相信其有，必須有一原因或理由，否則不能解答何以某一智慧之表現，爲某一人在某一時之所特有，而非他人之所有，亦非某一人在他時之所能有；由此人乃唯有轉而置定此超越的原因或理由之存在，以爲說明之用。

此種超越的原因或理由之置定，最初只爲此原因或理由之如在或宛在，如上所謂若有神助天佑，進一步則爲一明確的置定爲一神、一帝、一天等之實有，爲人之宗教信仰或形上的默想之所對。再進一步，則爲加以種種哲學上之理論的證明，由此而有種種複雜之哲學上的神之存在等問題。此皆初由人之自然理性，在不能得一事物之原因或理由，成爲其歷史上之前事時，即必去要求有一超越的原因或理由之存在，以資說明之故。然我們今可不對此中之純理論的問題，作詳細之討論。我們亦可肯定一切現實事物之存在，皆可有一義上之超越的原因或理由，而亦無意于此否認天或神與上帝之存在。然吾人以爲如眞以超越的原因或理由，或天佑神助，說明人之有獨特之智慧之表現或創造性的發明等，則爲不能切合于吾人之目的者。因吾人如將此種種超越的原因或理由，如佑助人之天或神，加以置定，視爲客觀的實有，即同時置定之爲一具有普遍意義，而應爲可與任何人或世間事物發生關係之客觀的實有。于此，人即不能不發生一問題，即何以此天或神，不佑助他人而只佑助某人，又何以只于某一時，佑助某一人，而不于他時，以使其有某智慧之表現，或創造性的發明等？此則極難解。如謂天或神之于某一時佑助某人，唯由某人之德性或聰明，或其在某一時之特顯某一德性某一聰明等；則吾人之欲說明人之所以特有某智慧之表現等之理由或原因，便仍須再回頭求之于具特殊性之個人。而吾人之問題，即當轉爲問：何者爲人之蒙天祐神助而特有某智慧之表現，之特殊的條件或原因或理由？則天或神之所以使人特有某智慧之表現，其最後之關鍵，即仍存在于人之特殊的條件或原因理由中，而不在天或神；我們亦還當再求之于人。至如說天或神之佑助人，純由天或神之自由意志，而與人之特殊的德性聰明等皆無關，而天或神之如何表現其自由意志，則可爲無理由，或其理由乃屬于天或神自身之奧秘，乃絕對非人之所知；則此說即最後歸于：對人之何以實際上有某一特殊的智慧之表現，永不能有吾人理性所及之說明。而此即同于自認，吾人對之不能另有所說明。我們于此亦仍將不知循何道，以得天或神之佑助，以使吾人之智慧得發展或進步；而我們即無使智慧發展之方法或道可求得。是即此說之無助于吾人之問題之解決也。

四　在心理學生理學上設定人之潛隱內在的機括構造等，不能成爲人之有智慧之表現之理由

再一種人所意想的逃出兩難之道，即爲人之所以有智慧之表現，肯定一內在潛隱的原因，如意識之後或潛意識中之一種活動，或心理上生理上在一套機括構造，爲人之所以有不同之智慧及不同之智慧之表現之原因或理由。此諸原因或理由，乃吾人今所不知，存于吾人自己意識之後面，只可望將來心理學生理學知識之進步，方能知道者。凡吾人今之不知，亦無礙于吾人將來之能知；故吾人今之不知自外決定人有當下的智慧之表現之原因或理由，亦無礙于吾人之肯定有此原因或理由，存在于人之內在潛隱的心理生理之活動或機括構造之中。

對於心理學生理學知識將來之進步，畢竟可至何階段，非吾人所能臆斷。然吾人將說明，無論此種知識進步，至何階段，皆必然不能至于覓得一自外決定人之有當下的有智慧之表現之充足的原因與理由之階段。因如此事爲可能，則吾人將可以對此原因與理由之知識爲根據，即能預測或推斷人于何情境，必有某智慧之表現。然此預測與推斷，乃原則上不可能者。而一切人所設定之存于意識之後面之內在潛隱的心理生理上之構造機括活動等，亦無一眞能成爲人之有當下的智慧之表現之充足的原因或理由。此亦是原則上之必不可能。玆略說明此義如下：

吾人之必不可能由心理學生理學等知識，以推斷預測人于何情境必有某智慧之表現者 在于人之智慧之表現，恒居于一切知識之上一層次，智慧乃以綜合的運用知識爲其本性。吾人固可知他人所具有之種種知識爲何，此亦爲吾人對他人之心理中所具有者之一種知識。此外，吾人亦能知他人心理中所具有之情欲，他人之一般的生理心理之狀況等等，此亦爲吾人對他人之一種知識。然吾人却不能由知他人之一般心理生理之狀況或其所具有之情欲及知識之爲何，以預斷彼在一情境下將必如何運用其知識以表現其智慧。此乃依于他人之運用其種種知識，原有無定限之可能的方式。吾人如欲知他人之在一情境中，如何運用其知識，則我必須先知其所具有之知識之全部，並知其可能的配合，亦即其可能的加以運用之方式；並知此諸可能的方式，在某一情境下，只有其中之一，爲眞實可能，其餘者皆不可能。然吾人永不能依一決定的理由或一原因，以斷定此中之任一可能之必非眞實可能，而爲不可能。因吾人試反觀吾人自己在正運用吾已有之知識時，吾人並不能發現：任何吾人所已有之知識，在原則上，能拒絕或阻止吾人之加以運用。因而一切知識之被吾人當下所運用之可能，在未加以運用之先，應同爲眞實可能，或無所謂眞實不眞實者。眞實惟自其已被應用之時說。因而在其未被應用之時，吾人決無法斷定何者爲眞實可能，何者爲非眞實可能，而必不可能者。由此而亦即不能預測何者之必被應用。此亦即吾人之所以不能于事先預測他人之如何運用其知識，預測其智慧之表現之爲如何之理由所在。

關于我們之不能預測人們之如何運用其知識，可即以心理學家生理學家之自身之情形爲例。如一心理學家生理學家，必須有衆多之心理學生理學之知識，爲其據之以說明解釋人之心理現象生理現象者。此心理學家生理學家，正從事此說明解釋之研究工作時，彼必自覺其能運用其所具有之任何知識，而自由選擇之，以應其研究工作之需。然彼却決不能自己先預測其自己之畢竟將運用選擇何種之知識，以應其研究工作之需。而其他之心理學家生理學家，亦同不能預測其研究工作之如何進行。一心理學家生理學家在其壯年時，亦從未嘗從事預測其在晚年及其他之心理學家生理學家之學說與思想之爲如何，或未來之心理學生理學之進步之爲如何。凡此等等，皆唯俟諸心理學家之實際上如何運用其已有之心理學生理學知識爲定。而此實際上如何運用，則一一皆只決定于其研究歷程中，每一階段每一時，當下如何選擇其已有知識而連結之，而綜合之。此綜合之而運用之之事，其一一皆爲前所未有，正如一切綜合的運用其知識，以表現智慧之思想，其一一皆爲前所未有，而亦皆同爲人之心靈，位于已成之知識之上，加以運用後之一創造性之表現，而非只由其下層所運用或資運用之知識，所能決定其有與無者。因而亦非吾人所可以此諸知識爲據，而加以預測者也。

至于吾人之說人之內在潛隱的心理生理之構造機括等，無一眞能成爲人之有智慧之表現之充足理由或原因者，則由于此所謂人之內在潛隱的構造機括等等，皆被置定爲人實有的智慧之表現之後面之事物，而初非呈現于人之意識之前或自覺之中者。吾人今將問：此諸後面之事物，畢竟與人之心靈能表現智慧之「能」，有何分別？如無分別，則此同于謂因人之心靈能表現智慧，故能表現智慧。此同于另無所說明，與本文之旨相通，而非此說之本旨。如有分別，則此諸居于智慧之表現之後面之事物，既不在意識之前，自覺之中，則彼如何能成爲在意識之前，自覺之中，向一目標運用知識，以直達客觀眞理之的思想或智慧的表現之生起或存在之理由或原因？此實爲無法理解者。而其如何決定吾人之智慧的表現之生起或存在，既非吾人之所知，則吾人何不直接正視：此智慧之表現乃由綜合運用已成知識而有，而直接說，此人心能如此如此綜合運用其已成之知識，即智慧的表現之生起或存在之理由或原因，而智慧之自身，亦即存在于如此之運用中？又何必于如此之運用之外之後，另求一智慧之生起之內在潛隱的心理生理的原因或理由乎？

五　爲智慧之表現之思想，非以人心表面之自由性爲根據之自由的設想或假設

吾人上文既分別說明，人之智慧的表現之生起或存在，不能以歷史上之前事，如人已有之經驗及知識，加以說明；又不能以超越的原因或理由，加以說明；更不能以吾人所不知而設定其存在於吾人意識之後面之內在潛隱之心理生理上之機括構造活動等爲原因或理由，加以說明。由此而人再一可能有之對智慧之表現之說明方式，似即爲循吾人前所論智慧之表現之偶然性，而承認此思想之產生，本無歷史上之前事爲因，亦無超越之原因，更無意識之後面的內在潛隱之原因，而純爲偶然冒出者。然吾人又似可較吾人之前文所論，更進一步，說此偶然冒出，乃依於人心所表現於其自己之意識之前之

表面的自由性而有，而即以此人心之表面的自由性，爲其生起之原因或理由；如人心之可自由而任意的設想任何情狀，而不須有此自由設想以外之原因或理由。至於此事之所以可能者，則由人在自由設想時，本不須自謂其所想者爲眞或合於實在，而可一面想其可眞，可合於實在；一面同時想其可妄，可不合於實在。由此而亦不須以任何其他特定之理由或原因，作爲吾人之如此設想之一定根據。因吾人此中之設想，即原自覺其爲一無一定根據，亦不求有一定之根據，而即以人心表面自由性爲根據，之自由設想也。而此種人之自由設想，如連繫於吾人之思想之求眞或求合於實在言，則其本身只爲一試探性質之思想，其意義與價値，唯依於其是否能偶合於外在之實在而眞以定，亦可說唯待於有經驗之證實其合於實在後，其眞乃可有合理的證明。此自由設想之思想，其內容即吾人通常所謂假設。今吾人若將所謂爲智慧之表現之思想，視同一種假設，則吾人即可不另求其一定之根據，於其他原因或其他理由，而即以此人心之表面之自由性，爲其根據；是亦足以爲說明其所以生起存在之原因或理由矣。

謂吾人之智慧之表現之思想，只爲一種自由設想之假設之說，其論據要在說爲智慧之表現之思想，恒非必眞而合於實在者。如上述之司馬光以石擊缸而救小孩之思想，即可視爲一假設。此中，石可擊缸而不破，因而小孩可不得救，而此思想即不合於實際，亦不能達其原來之目的，而可不視之爲眞。以此推之，喻富人不能入天國如駱駝之穿針孔，亦可視爲一假設。因畢竟富人之入天國之難，是否如駱駝穿針孔之難，亦爲一待證之假設。此外一切人類學術文化之創造性的發明，凡我們說其原於智慧之綜合的運用知識者，皆可說其初原是人之自由綜合的運用知識，所構成之一假設。如人之智慧之表現爲試種植物之思想，初亦可只爲一假設。因人所種之植物，其果實是否亦可食，而達其初種植物之目的，人亦不能先知，而唯待以後經驗之證實，是人亦不能先知其必合於實際而必眞也。

對於上述之說，我們可答曰：如果一切爲智慧之表現之思想，皆只爲一種假設之提出，其意義與價值，唯待對實際爲眞與否而定；又如果人之任何假設之提出，皆只爲一自由設想，人在如此自由設想時，又知其原無一定之根據，而可眞可妄者；則我們誠可姑說人之所以有智慧之表現的思想所根據之理由與原因，即在人心之表面之自由性之有作任何設想之可能，而非當下直接表現智慧的思想之心靈之自身。然我們很難說，人之表現智慧之思想，皆同於一假設之提出，其意義與價値，唯待其對實際爲眞與否而定。而人之提出一假設，實亦不必皆只爲人之一自由的設想。此亦可略說明如下：

依我們之意，人之若干表現其智慧之思想，實明自覺爲直心而自發之一「定然的作如是如是之肯定」之思想，而非只爲懸心而試擬之一假然的假設之思想；而其是否對實際爲眞，實不與其是否爲智慧之表現相干，且不因其不對實際爲眞，即無另一種眞之意義或其他意義，以成其爲人之智慧之表現。如數學家幾何學家初直覺的發現一定理一公理之爲眞者，此即明非只視之爲一假設。而其不對實際事物爲眞，亦非無另一眞之意義或其他意義。而謂人之喩富人入天國，如駱駝穿針孔者之表現智慧，亦不以實際上富人之入天國，不似駱駝入針孔之難，而無眞之意義或其他意義。即我們前所說兒時司馬光之以石擊缸，救落缸中之兒之思想之表現智慧，亦明非只就其思想之必能實際上達救缸中之兒之目的而說，而是自其能綜合的運用其「石能破缸」、「缸破則水流」、「水流則人不致溺死」之諸知識，於當時之情境下，以向一目標而說。故彼所用之石，縱實際上不能破缸，我們仍可說其智慧較其他同伴爲高。而最初發明種植之人，其所植之物所生之果實，其一時之不可食，亦無礙於彼之能綜合的運用其原有之諸知識，以開始思及去種植，爲一大智慧之表現。是見智慧之表現之所以爲智慧之表現，其意義與價値，應另有所在。

至於吾人說一假設之提出，不皆必只爲人之一自由的設想者，則以人之假設，恒須由一番構造而成。在此構造之歷程中，吾人必須對一問題、向一方向、一目標，綜合的運用我們已有之知識，而由此綜合的運用，構造成之假設，吾人亦可不由推論而知。如科學家於一問題，苦思多日，而不知所以解決之之道，乃或於夢中，或於偶然之一念中，構出一假設是也。而當彼所構成之此假設，初直接出現於其當下之心靈中時，彼乃先「意其爲眞」，亦即初仍爲定然的作如是如是之肯定的思想，而亦初不同於上所謂自由設想之在設想時，即同時設想其可眞可假者。此「意其爲眞」，雖不能保證其對實際之爲必眞，然此「意其爲眞」者，亦常有後來竟亦對實際爲眞者。則吾人亦即可於此情形下，謂其先之「意其爲眞」，爲直覺的直達於眞理之一種智慧之表現。而此種智慧之表現，乃當下的心靈之自身，直接運用其已有之知識之一眞實的思想活動之表現，而非只依於心靈之表面之自由性，所作之可此可彼而亦可偶合外在之眞實之自由設想；即不能只以人之所以說明自由設想者，說明之，而不能謂其存在或生起之原因或理由，同於上述之自由設想也。

六 人之無智慧之表現之事實爲待說明者，及人所同有之智慧之表現之能力

吾人以上乃從四方面討論人之欲求得一正面的積極的決定的理由與原因，以說明人當下之所以有某智慧的表現，皆不可得。此四方面，蓋已窮盡吾人通常追求一心靈中的事物之生起或存在之原因或理由之四種可能。此即前事之因、超越之因、心靈之後面裏面之因，及心靈之前面表面之因。而此四者，皆不足以說明當下的智慧之表現之所以有，亦可還證吾人於前文所論之智慧之「如上不在天（非依超越之因）、下不在田（非依已有之前事爲因），內不依己（非原於內在潛隱之機括等）及外不依他（非只爲待證於他之自由設想）之中懸性」。而吾人之循此四途，既皆不能得其所以有之理由與原因，則吾人亦不能循此四途，以求得發展吾人之智慧之方法與道。而吾人如能深識此中之困難，則另一旋乾轉坤之用心方向，即不爲心靈之所以有智慧的表現，另求積極的正面的決定的其他原因或理由——簡言之，即不另求其原，而以其自身爲其自身之原；或謂人之心靈之內部原有能運用其已有之知識以表現智慧的思想之能力，此能力即可視爲人之有表現智慧的思想之原或超越之因；乃改而唯求知吾人之所以在實際上無智慧之表現之原因或理由，以進而謀此問題之解決。

吾人今之所以覺難於採一旋乾轉坤之用心方向，以解決吾人之問題者，此中之根本理由，乃在吾

人之以人有其智慧之表現者，乃爲一特殊之情形，而無智慧之表現爲其常；因而對人之有智慧之表現，認爲應另有其特殊之原因或理由，加以說明。然吾人何以不以人之缺乏智慧之表現，爲特殊之情形，而以人之能有其智慧之表現，爲人之常？則此中之待說明者，豈非即可改而爲人在實際上之缺乏或智慧之表現之理由與原因，而非復人之所以有智慧之表現之理由與原因乎？

我們通常之所以以人有智慧之表現者，爲特殊之情形，而以無者爲常，此乃由於吾人恒感於人之難具有特殊之智慧，而具有特殊之智慧者，遂成例外而非常。此乃純自「事實」上看，並以極高之智慧之具有爲標準，而發之論。如吾人今改而以一般之智慧之具有爲標準，再自「理」上看，人皆平等有表現特殊之極高智慧之可能，則一切特殊之極高智慧，皆非特殊，亦爲一般人所原能有。而人之原能有而不表現之之事實，反成爲特殊而非常者，乃爲待說明者；而非人之有特殊智慧之表現者，爲待說明之事矣。

我們今試看所謂人之有特殊之智慧之表現者，是否其他人即無同此表現之能力。如我們前所舉之例，謂兒時司馬光之獨能思及以石破缸救其同伴，爲表現一特殊之智慧者。然吾人今試問其他同游之小兒，是否即必不能思及以石破缸，而與兒時之司馬光，同時表現此智慧？如其他同游之小兒與兒時之司馬光，同具有「石能破缸」、「缸破水流」、「水流則人不致溺斃」等知識，則彼等明應同有綜合的運用此諸知識，而亦思及以石破缸之法之能力。如其決無此能力，則當司馬光思及以石破缸時，其他同伴即不致讚美司馬光之能思及之，而亦不能知此法之足以救落水同伴，而羣倣效之、共以石擊缸。

我們看任何人之有特殊之智慧之表現者，皆可爲他人所讚美而倣效，即足證他人之初未嘗無作同一之智慧之表現之能力。而所謂特殊之智慧之表現，即非一人之所獨能有，而爲他人之所共能有。原自共能，而實際上乃反不能，則吾人所當說明者，乃在人之實際上所以不能，而非人之所以能矣。我們能說明實際上人之所以不能，即足以反顯人之原自共能，而不必管實際上之能者及不能者之人數之多少。吾人今若不自人數之多少，以定此中之一般或常，與特殊或例外，則吾人亦將有解决此問題之道矣。

如吾人對此一問題之用心，作一大轉向，則吾人將隨處自問：吾人何以不能如他人之有其智慧之表現？誠然，他人所有之智慧之表現，而非我所實際有者，爲數實甚多甚多。在他人能有而我亦能有者之中，我亦常發現他人之有之恒先我而有，而其所有之敏捷程度，或遠勝于我自己。此中，人與我之智慧之懸殊之關鍵，不在我與人所有之經驗與知識之懸殊；乃在「人與我具同類經驗與知識之情形下，而人與我向一方向，綜合的運用知識，以求解答當前之問題，或適合于某目的之用，而表現出智慧的思想」的多少之懸殊。我們已有之知識，如若干之七巧版，然我們要將此七巧版，拼成我們所欲想拼成之圖案，則有人一思即得有人却輾轉皆不能成，即見一種智慧之懸殊。此中智慧不如人者，其所感之困難不在其不知此七巧版之形狀，而唯在不知如何向一方向，加以綜合的安排運用，以適合于一目標中之圖案之形成。再如我們學幾何時求證題之覺困難，此亦並非由于我們之不先知可用以證一題之諸公理定理，而唯由于我們之不知如何綜合的運用此諸公理定理，以歸向于一題之證明；而他人之覺其易，亦非因其于此諸公理定理之所知者，較我們爲多，唯由其善于立刻選擇其中之適于證某題之用者，加以運用。再如人之善于應對者，其所用之言辭，亦並非不善于應對者之所不知；人之善對景即吟詩者，亦非其所用之字，爲不善吟詩者所不識。此中之差別，唯在一則如使一切適合某目標之字，皆供其驅遣使用，一則識之而不知驅遣使用之。此外，如善奕者與不善奕之分，亦不在其一人知棋之着法，而另一人不知。而人之智慧之高下，亦正在人所有之經驗與知識，相距不遠或相類似之情形下，乃最顯而易見。此中，人愈能不經嘗試錯誤，不經推論，而立刻選取可運用之知識而運用之，以歸于至當不易者，則愈見其智慧之高。然而即在吾人之發見他人之智慧之種種高于我之處，我試反而自問：此他人所有之智慧之表現，是否必非我之所能？其非我之所能，其積極的理由與原因在何處？是否他人所能運用之知識等，其本身有非我所能加以運用之性質？則于此，我們將畢竟不能求得。吾人所具有之任何知識，固皆不能在其自身，具有一拒絕或阻止吾人加以運用之性質也。此義于上文第四節中，亦已及之，思之可知。

如吾人不能發現我們所已有之任何知識，有拒絕或阻止吾人之加以運用之性質，則吾人只有轉而肯定吾人之心靈原有「對已有之知識，順當前之問題及所懷之目的之所需，向一方向加以運用，而表現智慧」之能力，對此心靈之能力則更不當另求其原。而我之智慧不若他人之敏捷，不能如他人之不經嘗試錯誤與推論，便歸于至當不易，此並不碍于我之由歷嘗試錯誤與推論，而亦歸于此至當不易；即見此至當不易者，原亦內具于吾心，而可由吾心加以呈現。而在其呈現後，吾人又可視其前所歷之嘗試錯誤與推論，爲不必需；則見吾心亦未嘗無「不經此嘗試錯誤與推論，而直接的呈現此至當不易者，而有與他人表現同一之智慧」之可能。而當他人之先我而有其智慧之表現時，我恒立即加以讚美推崇，此亦唯由我之覺他人之先得我心，而此亦即轉證我心之原亦能有同一之智慧之表現。再從人之一切智慧之表現于文化學術之創造者，在其創造出之後，我皆可于人一之者，己百之，人十之者，己千之，而逐步加以了解、學習、模倣，而知人之所知，能人之所能；亦證此人所知所能者，未嘗在于我之可知可能或我之智慧能力所及者之外。由此而我們即可說，爲智慧之表現之創造的思想，其所以爲創造的思想，並非只在其爲少數人之所獨有；而是在此少數人之所獨有者，同時爲一切他人之所同能有。而所謂獨有，唯是先他人而有，他人尚無而此少數人已有之謂。俗語中謂人之善作文者，其文乃人人心中所有，人人筆下所無。實則一切人之智慧之表現爲創造的思想，亦皆人人心中所有，而人人實際上所無；而此所謂無者，唯皆是指智慧高之人已有此表現之時，而他人尚無之謂，非謂他人之心中本來原無有，而不能有也。

七　智慧之表現之障礙及愚之存在地位

然吾人若謂于他人所能有之智慧之表現，我亦能有，則吾人不能不轉而追問：何以他人能有而即實有，我能有而又實未有？即何以他人能表現智慧而我不能？何以我乃如此之愚昧？此乃依于吾人理性上之要求，而必賴有一理由或原因，加以說明者。

對此問題，唯一可能之一答案，便唯有謂我之愚昧而不能實際上能其所能，乃由于有一障蔽阻碍吾人表現其所能者，使吾人之智慧不得表現者的事物之存在；然此能障蔽阻碍智慧之表現而造成吾人之愚昧者，畢竟爲何物？初則又若不可知，而不可得。

此種障蔽阻碍吾人之智慧之表現，而造成吾人之愚昧者，其所以初不可得，乃由于我在有所用心時，我之智總有所及，因而不能自見其愚昧，故「皆日予智」，乃人之常情。人之所以自謂其愚昧，唯由于將自己與他人相較，或以今日之我與昨日之我相較，方見自己或昔日之我，其智之有所不及，乃反照出我之愚昧。因而此愚昧，唯是一消極之概念，乃所以表示人之智之相懸或其間之距離者。而愚昧亦似不同于一般之實在事物，同時吾人亦似不能求得一實在事物，以爲造成吾人之愚昧之原因或理由。

吾人之愚昧，雖由與智相較而反照出的，不同于一般之實在事物，然此愚昧之存在，仍不能不說是一事實。我以他人之智之所及，對較我之智不及，則我不能不說我之愚昧爲一事實。我以今日之我之智之所及，觀昔日之我之智之所不及，亦不能不說我昔日之愚昧爲一事實。我以人類可能有之最高之智，如佛家所謂一切智，一切種智，或基督教所謂上帝之神智爲標準，則不能不說我們一切人之智之所及，皆有限，皆有所不及，而皆不能免于一義上之愚昧。則一切人皆可說爲愚昧。此一切人之智之所及者爲有限，其所不及者則爲無限，是一切人之愚昧，亦皆爲無限。吾人依此觀點，以看我當下之智之所及，即當說此智之所及，皆爲無限之愚昧所包圍，如當下之一點燈光，爲無限之黑暗所包圍。又此智爲清明，則愚昧是昏濁。而吾之當下之清明，亦如爲無限之昏濁所包圍、所浸潤汚染，使此清明爲有限量，而質亦不純。此愚昧及昏濁，即在我們所自覺而當下表現之心靈之燈光，心靈之淸明之旁之內，而吾人初不自知。唯待我自己之智實際上之更進一步，或以他人之智、上帝或佛之智爲對較，乃反照出。此愚而不自知其愚，正吾人之大愚也。

由于人之愚昧可說爲一實有之事實，于是我們亦可視此「愚」，爲與人之「智」若相與並行之另一存在于人心中之原則，而視爲人之所以有種種特殊之愚之共同的理由或原因之所在，兼說明何以有智而能有智慧表現之人，在實際上之恒未智，而不有其智慧之表現之故。而對此「愚」之原則之加以肯定，此亦正又初爲東西思想中所同有之一表現極高智慧之一創造性的思想。如希臘之神話中有愚之神 Deity of dullness，爲人之無智之理由與原因。柏拉圖以洞穴（cave）之蔽障，說明人之所以不見眞實之理念世界之全之故。普魯提拉 Plotinus 以純粹之黑暗 Darkness，說明人缺乏智慧之光明之理由。印度諸佛學及其他宗教，以「無明」說明人之所以無種種之智。中國之宋儒之以氣之昏濁，說明人之仁智之性德、性理之不顯於人心，而不爲人之所自覺。此皆由於見及此人之「愚昧」之爲事實，而乃視此「愚」之原則，爲與人之智若相與併行，存於人之心中之另一原則，而以不同之名，代此愚之名而有之思想也。

然而此與人之智若相與併行之「愚」或「無明」、「黑暗」、及「氣之昏濁」等，又似實不能眞與人之「智」相與並行；因此愚唯依智之不表現而立。智才表現，此愚或無明即退隱。故人智之不斷進行之歷程，亦即此愚或無明不斷退隱之歷程。如此智之進行，其範圍之大，至於無限，則此愚之範圍，即小至無限，而其最後之命運，即爲此愚之不存在。故人如能於一剎那間照見此愚之最後命運，則亦可說世間無愚之存在。而人即使不能於一剎那間照見此愚之最後命運，而只從智之漸增、愚之漸減之歷程中，看此愚之存在地位，亦不能眞主張此愚與智眞併行而並在，因其間之關係，乃一生而一滅，一增而一滅之關係故。而由於此中之智之所在，即愚之所不在，故人只於智之所及之世界中去看，亦永不能發見有愚之地位。如以光明照黑暗，永不能照見黑暗，而人至多只能於此發見黑暗之漸減。由此而吾人如於智外另立一愚之原則，則此原則只爲第二義之原則，而愚之在之有，只能視爲暫時之「有」或「在」，或將由有至非有，由在至不在之一種「有」或「在」。而此「非有之有」，「不在之在」，則爲一極難如實把握之一概念。人於此中，恒易只滑入其一邊，而不易直接加以認取，乃有無數之二邊之見（只謂其有或在，爲一邊見，只謂其無或不在，亦爲一邊見，合名二邊之見）之輪轉所生之種種哲學問題，而亦非吾人今之所能盡論者。

今依吾人之見，對此愚之原則，吾人雖不能以之爲與智之原則在形上學之最後意義上，眞能並在而併立；然至少在人所經驗之事實說明上言，如我們不立此愚之原則，則我們將不能說明吾人之智所以有其所不及之範圍，而亦連帶不能確定的規定吾人之知之所及之範圍。

我們以愚之原則，說明我們智之有所不及，人或以爲只是邏輯上重複語。因所謂智之有所不及，而人有所不知，即是愚，則此同於以智之有所不及，說明智之有所不及，以人之有所不知，說明人之有所不知。但我們亦可不視此爲邏輯上之重複語。因我們可說，此愚之原則之所指者，乃對於智力之所能及者之一純否定，純掩蓋，純障蔽，純阻碍。此否定、掩蓋、障蔽、阻碍，乃一實際上至少暫時確是有而確是在的。如光明未到之處，黑暗確是有而確是在的。故此所謂愚之原則，乃有存在意義，而非只有邏輯意義者。我們說，因人有所不知，故人有所不知，此可說只有邏輯意義，此中只有一語言上之重複。而我們說，因人之智力之有障蔽有阻礙，而自否定掩蓋其智力所能及，故人有此不知，此則是依一確有之事實，以說出人之有所不知。此如依實際上夜間之黑暗之有，而說物形不顯，乃是依所知之黑暗之事實爲根據，爲原因與理由，以規定吾人之語言而說物形不顯，而非如「因物形不顯故物形不顯」之只是一邏輯上之重複語也。

八　智慧之表現之障礙及依智而起之愚

然吾人雖可以愚之原則，說明我們之有所不知，及一般之智之有所不及，然此尙不能切合的說明我們前文所言之人之智慧之表現在實際上之所以莫有。因吾人上文所謂智慧之表現之莫有，乃專就吾人之不能綜合的運用我們已有之知識，以表現爲智慧的思想而說；亦即專就我們之缺乏此綜合的運用已有知識之事而說。此中我們所缺乏者，唯是對知識之運用，而非其所用之知識，亦非我們之不求用之。此所用之知識，是我們所已有的，即我們所已知者，我們實未嘗不求用之，却不知所以用之故。此時我們之缺乏對之之運用，即緣於我們之不能使我們之所已知者，於其當呈現時呈現，我們乃如不知我們之所已知者之謂。如喻此吾人之所已知者，爲心之光明之所已及，則此時吾人之問題，非此心之光明之所已及處與所不及處、二者間之黑暗或無明之問題；而是「何以此心之光明之所已及處，仍爲黑暗之所掩，而不能於其當呈現時呈現，何以我們竟不能知我們之所已知者而呈現之或用之」之問題。此問題，即不能只以一普遍之無明或愚之原則作答，而應進而兼依一特殊方式加以回答。

我們何以會「不知其所已知，而不知用其所已知」？此問題實不易答。我們不能只說因吾人初之「知所已知」，乃在過去之一時，而人之「不知」乃在現在。因此「所已知」既可呈現於過去時之我之心靈，而爲其所知，則何以其乃不能呈現於現在時之我之心靈，而爲我今之所知與所用？此亦不能以過去所已知之事久已忘去爲答，因此所已知者，並未被忘去，而只是其未在當呈現時呈現，而我不知用之。然吾人何以會不知用吾人所已知者？此亦不能說是因所已知者，已化爲吾人所不知，因其亦並未化爲我所不知。既未化爲我們所不知，則此「不知用之」中之「不知」，又自何而來？而此中所謂運用，又並非於所已知者之上，另加以一不同性質之活動，而只是：此諸所已知者之於當呈現時，直下呈現而表現爲智慧的思想，即是「加以運用」。故所謂不知用之，亦即此所已知者於當呈現時，不直下呈現，未表現爲智慧的思想之謂。然此所已知，既爲吾人之所已知，又未化爲吾人所不知，彼如何能於當呈現時不呈現？吾人如何能有此「不知用之」中之「不知」？此如光明之未化爲黑暗，則光明之相續，應唯是以光明引致光明，非引致黑暗，我們不能由光明中造出黑暗。此即喻吾人所已知，既未化爲不知，即只能於當呈現時呈現，而爲人之所知加以運用，以表現爲智慧的思想者；而不當不呈現，亦不能引致出或造出人之「不知用之」中之「不知」者。然而人又確有不呈現其所已知，不知運用其所已知，如不知其所已知，而缺乏智慧之表現之事，則此事之特殊的原因理由，又畢竟何在乎？

吾人以上謂人之所以無智慧之表現，只以普遍的愚或無明之原則，尚不能加以切合的說明，又論人之所已知者，不能引致出人之對其所已知者之「不知用之」中之「不知」，因而凡人之所已知者，皆應爲吾人欲運用時，即能運用者；（此即本文第四節所言「就吾人所運用之諸知識之本身，不能看出其具有拒絕或阻止人之加以運用之性質」之另一面之說法），則人之所以對其所已知者不加以運用之理由與原因，便唯有兼求之于人心另有所用，或正從事於運用其他之已知者於他事；而人之運用其他之已知者，亦正爲可阻碍障蔽人之運用其所當運用之已知者，而引致出人之愚與無明者也。此種由人之運用其他之所已知者，以障蔽阻碍其當運用之所已知者之運用，而引致出之無明與愚，則爲一種特殊之愚或無明，或依智而起之無明或愚，而此亦正即人爲之所以有知識，而不知加以綜合的運用，以缺乏智慧之表現之特殊的理由原因之所在也。

此種依運用其他知識而引致出之愚，或依智而起之愚，似難解而實不難解。今吾人再回到前所舉之兒時之司馬光之故事爲例，以加以一初步的說明。

在兒時司馬光之例中，我們說他綜合的運用「石能破缸」、「缸破則水流」、「水流則人不致溺斃」之知識，以解決當前之問題，而達到拯救落缸之小兒之目的，故說他有智慧之表現。而其他同伴，則不知綜合的運用彼等前所亦具有之此諸知識，以達救人之目的，故說他們皆缺乏智慧之表現。然我們試問：其他同伴之不能有此智慧之表現，豈即因其心之全無所用？或心之全無所知？或未嘗用其其他之知識，以求解答當前之問題？此必不然。我們亦正不難設想，其他兒童皆各有其所用心，亦各有其所知，而亦未嘗不用其所已知之其他知識，以求解答當前之問題。唯因其不能綜合的運用上列諸知識，以切合于當前問題之解決，而達救兒之目標，故吾人謂之無智慧。則其無智慧之理由與原因，吾人豈不可說即在其心之另有所用，或正從事於運用其他所已知者，遂不知綜合的運用其所當用、亦本來能用之諸知識，而其本來能有之智慧之表現，遂被障蔽阻礙乎？

譬如此諸同伴中，可能有一人見小兒墮水缸，知此爲危急之事，頓憶起過去遇危急之事時，則呼大人救援；於是本此知識而呼大人；乃忘在此情境下呼大人之無用，遂無智慧之表現。其無智慧之表現，豈不可說即以「其往運用此其他知識，而不知此其他知識在此種情境下之不能用」爲理由與原因乎？

又再如有一同伴見小兒落水缸，於是本其過去以瓢出水之經驗，知瓢能出水，水出則兒救，却忘此事之緩不濟急，遂亦不表現智慧。而其所以不表現智慧，豈非以其只知往運用此瓢能出水之知識，爲其原因與理由乎？

再如有一同伴，見兒落水即恐怖而哭，乃手足莫知所措。此似全未設法，亦未運用其他知識，以解決當前之問題。實則亦非全不用。因其恐怖而哭，乃由於知此兒之會死，或覺此兒之落水，爲一反常或突然之事，此仍爲一廣義之知識。而彼緣此知識，立卽生出恐怖與哭之情感，亦卽由彼之有此知識，卽停滯於有此知識，而未思及此情境之未嘗不可變之故。而其停滯於此知識以生恐怖，卽謂此知識爲永眞，而用之以引生恐怖也。

吾人今試假設，如此其他同伴心中無其他任何知識可用，而只有司馬光表現智慧時所用之「石能破缸」、「缸破水流」、「水流則人得不斃」之知識，則此諸同伴，卽必皆能與司馬光表現相類似之思想。是見人之所以無智慧之表現，其理由與原因，正在「其心之另一所知，或另有其所用之知識，以及緣之而生之情感等」之障蔽阻碍其智慧之表現也。此種無智慧之表現之愚，卽依智而起之愚；此可喩如物理學上由光與光之相干涉而引致之黑暗，而不同於一般之愚一般之黑暗者也。

九　障礙智慧之表現之知識習氣

然吾人雖可說人之所以不能運用其所當用之知識，以有其智慧之表現，乃由於其心之另有所知，或另有其所用之知識，以及緣之而生之情感等爲障碍；然而我們還要問：我們何以會去運用其他不相干而不適合於吾人之目標之知識等，而不只用我們所當用，以表現智慧？此中似當另有一些使我們不能用其所當用，而使我們用我們所不當用的東西之存在。此畢竟是什麽東西？則我們當說，此亦並非眞在我們所用之其他知識等之外，另有一東西；而只是我們在獲得其他知識後之一種「自然要求於類似之情境，重現此諸其他知識以形成一種習慣」之氣分或性向，及其他「表達知識之名言及與知識相連之情欲，亦要求重現他自己，以形成一習慣」之一種氣分或性向。此可簡名之爲習氣。此諸習氣，可因已有知識名言之形成時之强度，及其實際上之頻頻重現，或相連之情欲之强度，與情欲本身之頻頻重現，而有種種不同的强度。此諸習氣之不以我們之不自覺而不存在，正似我們在本文第四節中所述之心理學家、生理學家所設定之內在潛隱的活動或機括。然而它們卻不特非我們之所以有智慧表現之原因或理由，而正爲我們之所以不能用其所以當用，而恒用其所不當用，乃不表現智慧之眞正原因或理由之所在。於此諸習氣，我們可分名之爲：對已有知識之執着所成之習氣，簡名爲知識習氣；名言相結所成之習氣，簡名名言習氣；及情欲與知識相結所成之習氣，簡名情欲習氣。以下再分別加以說明，以見此諸習氣，皆有一力量可使我們不能用所當用之知識，而阻碍障蔽我們之智慧之表現。而我們之心靈所以無智慧之表現，亦即可說是以此諸習氣之存在於心靈之底，爲其充足之原因與理由矣。

廣義之知識之世界，我們可以喻如一平鋪於我們全部之經驗的世界之上之一大網，此大網，爲一條一條之知識所組成。在此知識世界中，任何一事物，皆可喻如網中之一結，而任何一道理或關係，均可喻如貫通結與結之線。此中，無論我們說一事物之連於一理，或一理之連於一事物，或一事物之連於他事物，或一理之連於他理，都爲一條一條之廣義之知識。此知識可先已有名言表示之，亦可尙無名言表示之。此知識可直接由經驗而成，亦可經由曲曲折折之抽象的構造而成。此皆非我們今之問題。然而每一知識，卻都規定我們之思一事物或一理之一方向；而由一事物或一理出發，我們皆可向不同之方向去想，而形成或重現我們所具有之種種知識。如我們從當前事物之此一水缸出發，我們可依其與水、周圍之樹、石等之時空上之遠近關係，而有無數關於此水缸與其他事物之如何在時空中相連之知識。又可由其與其他事物之物理關係，而有關於此缸之物理之各種知識。如吾人之當前所思者，爲石能破缸之物理，則此理又與金能破缸之物理，有類似不類似或同異之關係。而此石能破缸及金能破缸之物理，又不只表現而關係於當前之某石與某缸或某金與某缸者，而是兼表現而關係於一切同類之石與缸、金與缸者。由此而吾人即可有無數之關於「一事物與其他事物之關係」、「一理與其他理之關係」、「事物與理之關係」或「理與事物之關係」之知識。此即合組成一知識網。而吾人之由此中之任一結——喻事物，或任一線——喻一理——出發，即皆可循不同方向，而形成無數之知識。而此中任一知識在已形成後，亦皆同有一要求在類似之情境下，重現他自己之一傾向或習氣，由此乃皆可成爲我們所可加以運用，而皆可實際上加以重現之知識。

此知識網之逐步組成而逐步擴大，即我們通常之求知識之目標。然而人們很少知道，此知識之網愈擴大，而我們之自由的運用（此非前文之自由設想義，乃依吾人自定之目的，以自循一方向用思想之義）我們所已具有之知識之事所需要之一種內在的力量，亦愈大，而在事實上恒愈難。誠然，從一方面看來，此知識之網愈大，我們從一事物或一理出發，愈能循不同之方向，以達於種種知識，而運用此種種知識。但是從另一方面看，則我們要依某一方向，去達於某種知識而運用之，並依其本來能重現之傾向，以使之重現時；我們即同時需要扼制住我們之循其他之種種方向，以運用其他種種知識之傾向。若我們不能扼制住我們之循其他方向運用其他種種知識之傾向，使其他知識暫時廢棄不用，我們即不能用此一知識。而在我們知識愈多之情形下，我們要依一方向，去達於我們所已有之某知識而運用之之時，我們即愈須扼制住更多的其他知識之運用，而我們所需要的內在的加以扼制之力量亦愈大，而亦愈難。此即為「知識網之逐步組成」，與對「已有知識之自由運用」二者間，必然不能免之矛盾現象。

此矛盾現象之所以不能免，是因我們任何知識，其最初之所以形成，皆原於人之向一方向去思想之活動。而此活動之本身，即原有要求重現它自己之一傾向。所謂重它他自己之傾向，亦即求重複其原來之向一方向去思想之活動，而同時重現其所習之知識之傾向或習氣。此傾向與習氣之原，如歸根究柢，即當歸至人之初有向一方向之思想活動時，即對此活動之自身，有一原始之執着或黏滯陷溺。由此執着，人乃有上述之重現其所習之知識之傾向與習氣。此傾向與習氣之存在，原是我們在一般情形下，於形成知識後，而能再加以記憶或反復的運用之依據，因而亦非可全加訶責。然而此亦同時是我們對我們所習之知識，恒難於舍棄不用，如要舍棄不用，必須用抑制之力量之理由；及我們所形成之知識愈多，我們要舍而不用，所需要之抑制之力亦愈大，而抑制之事亦愈難之理由。所以一個習於從人是動物，動物是生物，生物是一物之思想方向去想「人」之人，很難突然而直想到人為萬物之靈，或人為上帝依其自己之形像創造的。人之習於從地球上此地之物，以思想彼地之物，由今日之一事，以思想明日之另一事之人，很難忽然想到地球之如太空之一粟，人生之如朝露。雖然此數者間並無必然之矛盾。而人於此能突然跳出其所習慣之思想之方向而擺脫之，而依一迥然不同之方向以綜合連結其所知而用思者，亦正是我們前所謂智慧之表現之一要義。

我們如果眞了解上文之所論，便知人之所以難有智慧之表現，並非難在運用其所當運用之知識，而實難在其恒不能不運用其他不相干之知識，不能擺脫其以往之思想活動之方向及所習之知識之束縛。此中之難處，如人欲向某一方向走者，在其他各方向，皆有看得見或看不見的手在拉他，其難處並不在其向某方向走之本身，而在其不能擺脫在其他方向拉他之力量。故兒時之司馬光，能表現智慧之思想，而其他同伴不能者，此並非其他同伴無同樣之知識，不能加以綜合運用；而唯是因其他同伴，只去運用其過去及當日所習所形成之其他知識，以向其他方向去想，並由之直接引出情欲等，使停滯於其中；遂不能依着如何救小孩之方向去思想，並運用合於此方向之諸知識。他們的心，被其他方面的力量拉住了，所以才不能循司馬光之思想方向去想，而有同一之智慧之表現。

此外，一切在人類之學術文化中之創造性的發明發現之所以爲難，亦不是在此發明發現之本身之難。此一切發明發現，如加以說出，恒並非皆難解，而常使人看來，亦不過如此者。然一發明發現，常要千百年而後有，此難處亦不在人之有此發明發現之思想之難，而在人之思想之不向此方向去想。至於人之所以不向此方向去想，則惟由人們之所習所形成之其他知識，拉住他的心，使向其他方向去想而已。

譬如人早知求食，並採集植物之果實而食，亦當早知人偶置於地之果實之會生長。然而在長時期之人類，卻皆不知綜合此二知識，而自動自覺的去種植，以使其未來有果實之可食，而達其求食之目標，必俟於某一日某一時，乃有一具智慧之人，能綜合運用上述之二知識，開始種植。何以在此以前，他人及彼自己皆未思及此？此人之所以能思及，依本文前節之所論，乃不須更說其原因或理由者，因人本是能思及的。我們於此，只能為人所以未思及此，找理由或原因。而此原因或理由非他，即人之思想未向此「種植以得食」之方向去思想而已。而其所以未向此方向去想，則由人之只向其他方向去想，如只去想得食或只想採集植物之果實，或只去觀偶然為人所置於地上之果實之生長形態等。此種種思想，正為原始人類之思想之大部份。此種種思想，亦能形成知識，或依於其對已成知識之運用而有，然卻皆為發明種植之智慧的思想以外之其他思想。人之只有此諸其他思想佔住他的心，亦即其不能有發明種植之智慧之思想之原因或理由也。

依同理，人為什麼不能早想到地球之可能為圓？只因人由其所習而形成之地平觀念等，限制住他的心。人為什麼不能想到太陽不動？只因由其所習所形成之日升日降觀念等，限制住他的心。以此推之，凡為某一人在某一時所實際想到，而其所根據之基本知識，為他人或前一時代的人所同具者，原都是他人與前一時代之人所本來能想到的。而其所以不為他人或前一代之人之所想到，此乃畢竟無積極的理由或原因可得，而只能由於他人或前一代之人之未向某一方向去想，去綜合的運用已有之知識。而某所以不向某方向去想，則初只由於他們的心向其他方向去想，形成或運用其他知識去了。

一〇　障礙智慧之表現之名言習氣

關於上述之由運用其他知識之習氣之存在，而不能不用其他知識，致使我們不能運用我們當運用之知識之情形，我們可稱之由其他知識之運用而障碍某些知識之運用之情形。此種知識之運用之可相爲障碍，在吾人之知識有適當之名言表達，而我們透過名言之運用，以運用我們之知識時，其情形尤爲顯著而嚴重；而此亦恒爲我們思想之受桎梏，思想之混亂及智慧之泯失之一根原所在也。

關於名言與知識之關係，吾人不謂無名言即無知識。然知識要必經由名言加以表達。人有不同之名言及名言有不同之構造，遂可表不同之知識。再以名言之較事物之構造爲單純，人亦易由名言之提起，以重憶及其過去所得之知識，而加以運用。此名言之價値實至大。而人類最初之所以能自動的以一定之名言表一定之意，蓋依於人之先有種種自然界之形聲，能指其他形聲之將至（如閃電成形指雷聲之將至）一類之知識，並有其偶發聲作圖，而他人便能知其意一類之知識。由此而再綜合的運用此二類知識，而後有自動的說出或寫下一定之名言，以對人表其意中所指之事物。人有此自動的說出寫下之名言，亦即人之開天闢地一創造性的智慧之表現。故前文我們引及倉頡造字天雨粟鬼夜哭之神話，以表此事之莊嚴與神聖。然人亦復須知，此名言之創造，雖爲一智慧之表現，然在人既有名言吾人又知某一名言指某物表某意之後，吾人之名言之運用，又可轉而規定限制吾人之思想之方向，及吾人之如何運用其已有之知識，由此亦可桎梏吾人之思想，而障碍吾人智慧之表現。

此初用以表達知識之名言，何以可轉而規定限制吾人之思想之方向，及如何運用其知識，並桎梏思想障碍智慧之表現？此中理由初步言之，可說由於吾人之初以文字表意而指物　與再由文字以思想其意，此二事之有不同。如吾人於當前之某物，以見其形類馬，而以馬之一名言表吾人之意。此時，吾人可同時知其色爲白，則吾人以「馬」表其形之爲馬時，吾實未嘗不知其色之爲白。然當吾說出此爲馬後，則人之聞吾言此爲馬，而未見此馬者，則只知其爲馬，不知其色之何若，人亦可忽略其色之何若。而吾人之自己，若將此某時某地所見之某物爲馬之一語記下，而事隔數月，再重觀此語，則吾人亦可只知其爲馬，而忘其色之爲白；而吾人亦即可由吾人之只留下其爲馬之一語，而執着之，乃更不思其爲白，或更進而否認其亦爲白。此即見吾人之初用名言，以表達吾人之意，與再由名言以反溯吾人所表之意，乃不同之二事。初用名言以表達吾人之意，吾人之名言，雖只抽象的表達吾人之意之某一方面，然此並不碍吾人之知此一方面外，尙有其未表達之一方面。而在吾人之名言既成，而循名言以反溯其所表達之意時，則只能及於名言所表之某一抽象之意。則此時之名言，即成非用以表達吾人之初意之一部，而爲只表達某抽象之意者。而吾人之執「只表某一抽象之意」之名言，以反求或論斷吾人初意之爲如何時，則此只表某抽象意之名言，因其中不涵他意，吾人即亦可因而亦不求知吾人初意中之其他部份，而止於此名言之抽象之意之中，並或否認此初意之包涵其他部份。而哲學家中乃有主白馬非馬，及謂馬之一名，乃表一無色潛存之馬者。吾人既以一名言表一抽象之意，吾人又恒循此一名言所表之抽象之意，以思其與其他之抽象之意之相關連，而思及其他名言，如由馬之名所表之意與獸之名之意相關連，吾人遂由某物爲馬，以思及某物爲獸。由此馬與獸二名之相結，吾人便可聞馬之名 即往憶及獸之名，以形成由一名而思他名之思想方向，用一名即連帶用他名之名言習氣。人之種種名言相結之習氣之次第形成，雖爲一般情形下人之運用名言之事中，所不可免；然吾人之只依名言相結之習氣，以由名至名，亦即爲桎梏吾人之思想於名言之世界，而漸遠離吾人最初用名言時所欲表之意之全者。而吾人之爲此名言相結之習氣所縛，以運用名言者，又可聞一名即思他名，而不求其所指之實與其初所表之意。在此情形下，吾人眞欲求知一名言所指之實，及其初用此名言時所欲表之意之全，則恒須再求超出名言之世界。如吾人之記下某時某處所見之物爲馬，而忘此馬之名言其所表達者，唯是吾人初所見之之白馬之一方面——即白馬之形之一方面；吾人便或唯有再至某處，由某處之其他具體事物之形狀，以引起聯想，而重現吾人在某處所見，及初意中之所欲表之馬之全體，然後該馬之色，乃躍然在目；而此馬之一名言，唯所以表吾人初所欲表之意之一部份，亦重彰顯於吾人之前矣。然人之爲其名言相結之習氣所縛者，則不足以語此。

至於名言之運用，可障碍吾人之智慧之表現者，則吾人可依方才所論，再連上述之例以明之。

在上述之例中，如司馬光之一同伴會嘗試以手救兒出水缸而不能，若彼以手救不出，彼亦可思他法以救之，而彼亦未嘗不可如司馬光之思得以石破缸之一法，以表現其智慧。然我們試假想：此一同伴，在試救兒而救不出之後，即說出一話：「我救他不出」。此話本來是表達他以手救而救不出之一經驗。然而在他說出「我救他不出」之後，此話立即可被執着，而即可有一反作用，以使他再不去救他。此理由在此中之「我救他不出」之一語，本來只是表示「其以手救他不出」之一具體的事之一方面的。然此語說出後，則因此語之抽象性，同時即有一普遍的意義——即此語包涵有「我在過去與現在及未來，皆救他不出」之意義。而彼之念其所發出之此語而加以執着時，此語之此普遍的意義，亦爲他所執，而此語即直接阻止他再去作救兒之想，同時阻止了亦障碍了其未來之可能有之智慧之表現。

此種表一抽象普遍之意的名言，被吾人所運用，而爲吾人之所執，亦常爲人之思想的混亂之本原。如方才之例中，此一同伴以手救兒不出，而謂彼救他不出，此語固爲表意者。然彼由此而不再去求救他，則由於其忘了「彼以手救他不出」，並不意涵：彼用其他方法救他不出。如此同伴眞以爲前者涵後者，此亦是一思想之混亂，有如我們之說貧窮即罪惡（此非用蒲魯東之意，而是用世俗之人恒看不起貧人，以貧人之道德爲低一等，易於犯罪，而似眞有較多之罪惡之意）之爲一思想之混亂。然而此中之混亂之所以造成，亦正由我們之原可以一抽象普遍之名言，表一具體事物之一方面意義。蓋我們既以一抽象普遍之名言，表具體事物之一方面之意義後，我們再執此名言，以觀其所指，則此名言即有一遍指之作用，而我們遂可由不能以手救兒，而謂我不能救兒，亦不再去救兒。我們亦可因嘗以可厭之名表貧窮，又以可厭之名表罪惡，我們即可以貧窮爲罪惡（此亦猶如我們之嘗以可貴之名表有位，又以可貴之名表有德，則我們便可以有位者即有德）。吾人觀一切抽象普遍之名，皆可爲人之形成思想混亂之憑藉，而其理由，則皆在吾人最初用抽象普遍之名，以表原意之一方面時，吾人並未忘卻原意之他方面；然而我們再執名以求其所表之意時，則所得者可唯是此抽象普遍之意，而原意之他方面，即被掩蓋，泯失而不見，吾人方有上述之思想之混亂也。

名言之運用，可障碍智慧之表現，並造成思想之混亂，並非由於名言之自身之有何魔力，而唯由於名言之能規定限制吾人之思想之方向。思想向一方向進行時，其他方向即如隱而不見。故當人在以手救兒不出，而說出「我不能救兒」時，此名言即使人從其不能救兒之方向去想，而不再想法救兒。人在念及貧窮與罪惡皆可厭時，人之思想之方向，即向此二者之同可厭去想，而忘卻二者之不同。一切名言依其所表之抽象普遍之意義，皆規定限制人之思想於一方向，而同爲使其他方向如隱而不見者。欲使隱者再見，惟賴於吾人之思想之超出原用之名言所規定之方向，而轉其方向，以另有所思，而另用一名言，以補足其先所用之名言。然而當人之名言與名言相結之習氣既成，則此相結，又復能直接規定人之思想之如何轉向，在此情形下，人思想之轉向，亦可爲名言之相結之習氣所桎梏。而於此時，人之用名言，即皆能得當而無誤，亦不引起任何思想之混亂，然卻亦可並無智慧之表現與生發。

譬如吾人初由貧窮與罪惡皆可厭，而忘二者之分別時，吾人並不難由只思其可厭之一思想方向，轉向而思及可厭者之有多種，貧窮與罪惡，乃各爲其一種。吾人即可由此以思及貧窮與罪惡之不同。如一爲屬經濟的，一爲屬道德的。由此思想之轉向，而分別見二者之不同，則吾人即無思想之混亂。然此中「貧窮之屬於經濟的，罪惡之屬於道德的」二語之所以能說出，既由於吾人之知貧窮一名所表之意與經濟的一名所表之意相關聯，及罪惡一名所表之意，與道德的一名所表之意之相關聯；亦由吾人在學習運用此諸名言時，吾人曾形成「貧窮」一名與「經濟的」一名之相結，及「道德的」一名與「罪惡」一名之相結。於是我們如只說「貧窮是經濟的，罪惡是道德的」之二語，而全不再思其意，吾人之說話仍無誤，而亦不引起任何思想上之混亂。然此中是否亦表現吾人前所說之智慧？則答案明爲否定的。因此中並無綜合的運用知識，以形成一創造的思想之事，而惟是重複或重現吾人昔所獲得之知識，或循昔日所習所形成之其他名言之相結，以另有所說而已。亦即仍是人之爲此名言之習氣所束縛之事也。

此種依於名言之相結，而有之語言之運用，不特並非人之智慧之表現，而且亦正恒爲阻止人之智慧之表現者。如人之常情，同厭貧窮與罪惡，因此有可厭及貧窮與罪惡三語之習慣的相結，人依此相結以說話，不表現智慧，已如上說。反之，如人能超出此三語之習慣的相結，而若耶穌之不厭貧窮，而謂貧人是有福的，言富人之難進天國，如駱駝之不能入針孔，此即是智慧之表現。然人要有此智慧之表現者，則先須打斷可厭、貧窮與罪惡之三語之相結；而人之已有三語之相結者，即不能達於耶穌之智慧，而自然阻止此智慧之生發與表現矣。（傳教士只習耶穌此語，所以不表現智慧，其理同此。）

此種由人之語言與思想之相結所成之習氣，可阻止人之智慧之表現與生發，我們可再就以前所舉之一例以明之。

如人之思想地之圓，此乃表現一創造性的智慧的思想之始點。吾人由經驗所見之地，固爲平者；然吾人又知在一大圓球之面上，其相接近之二點，所成之一短線，亦似爲平者。則吾人可想像吾人所見之地面之平，亦如球面上其相接近之二點，所成之一短線之平。因而吾人所見之地面之平，可與地球之爲一大圓球不相碍，由此而吾人可假定大圓球爲地，而此假定即爲一綜合的運用吾人之所知之地面之平，及「似平者之可屬於一大圓面」之二知識，所合成之一構想。此構想之本身，即表現吾人所謂智慧者。然人初所以不能有此構想之理由，此固直接在人只往思其所經驗之地面之平，而未及思此「平」，可如一大圓球中之一短線之似平，或由其據所經驗之地面之平，遂直往思其爲一無限長之一平面。然實則此中阻止人之作地平以外之他想者，亦兼由人之曾以地平之一語，表其所經驗之地之平。蓋人旣以地平之一語，表其所經驗之地之平，則此語即可轉而規定限制其思想方向，使其循地平之觀念而進行。地平之一語，直接涵地非圓之意義，亦即使吾人向地非圓而用思。人之向地非圓而用思，可只是由地平而有之直接推論。此推論純爲邏輯的，而非意在判斷此地球之決不能圓。然而人之思想之順此直接推論而進行，即爲思想之另一方向。而人之思想之向此方面進行，卻可在事實上阻止障碍人之思想之向另一方向進行，以想像此所見之平可如一大圓球之面上之二短線之平，而此即已是阻止障碍人之有此想像，而有此智慧之表現矣。

二一　障礙智慧之表現之情欲習氣

除了知識習氣與名言習氣，可以障碍吾人之運用其當用之知識以有其智慧之表現外，與我們之知識恒相關連的情欲（及其所關聯之行爲），亦常成爲阻碍我們之智慧之表現者。人之情欲，有依於一當然之道德性之理想而自動生發者。此與其名爲情欲，不若名之爲情志。此當屬於下一節所說者中，非今之所及。吾人今所謂情欲，乃指人被動的受外在之刺激而引起者。而此種情欲，又或爲純自然之情欲，或爲兼與知識相連之人爲的情欲。純自然的情欲，如飢思食，寒思衣，倦思臥，男大思婚，女大思嫁，此乃不由知識而由生理心理，自然引起之情欲。此種情欲正生起而正渴求滿足時，亦恒使我們自然不求有表現智慧之思想。然此種情欲由生起而得滿足後，亦可不障碍人之再有智慧的表現之思想。而另一種情欲，則爲與人之知識相連之人爲之情欲。此人爲之情欲，雖亦根於人之自然的情欲，然卻非在一定之自然之情形下自然的發生，而是由人有某種知識引起之，而使之發生者。飢乃思食，爲自然情欲，本不飢而見一食物，因憶及我過去食此物時，感其味美，而知其爲能致美味，乃儘量食之，則爲直接依一知識而生之非自然之情欲或人爲之情欲。而人之聚積金錢者，乃依於知金錢之可購物，以滿足未來之物質上之需求，亦非自然情欲。未婚之青年見異性或動情，此亦爲自然情欲。然因聞彼美之爲名女人，而欲與之相接，則爲依於知其爲名女人之知識，及欲模倣「他人之與之相接」而求與之相接之非自然之情欲。此一切凡與一定之知識相連，而後引起之情欲，吾人皆可謂之非自然之情欲。此外，如人之被火燒覺痛遂立即避火，亦爲自然之情欲。而以後之見火燒則先遠逃，則爲依於知火燒將致痛之知識，而非自然之情欲。因人之無往而不可有知識，故人之純自然情欲實甚少，人之情欲乃多爲兼由知識所引起之非自然之情欲或人爲的情欲也。

人之非自然的人爲的情欲，其與自然情欲之大不同，即在其恒能直接障碍人之智慧之表現。此中之理由，在此非自然情欲，既由人之知識而引起，而人之情欲既引起之後，因此情欲之自然求其自身之相續，而如自執持其存在；人亦恒轉而望此由知識而知之對象之常呈於目前，以維持此情欲之存在。由此，人即有一不肯忘此知識，而對此知識亦加以執着之心理傾向。譬如吾人依於知金錢有用而欲金錢，則吾人愈欲金錢，即愈不肯忘「金錢之爲有用」之一知識。由是而在此人之非自然之情欲中，人之知識與情欲，遂形成一相互依待而起，亦相互執持以存在之關係，如互結成一環鏈。此環鏈之結成，亦有一重現其自身之傾向或習氣。此中情欲因連繫於知識，而無自然的終結之時間；知識亦以因連繫於情欲，而不容人另作他想，以求新知。故人之愈知金錢之有用者，愈貪金錢；而人之貪金錢者，亦恒不知金錢之亦可無用。由是亦不易獲得金錢無用之智慧。此亦正爲非自然情欲與知識之互結成環鏈之習氣，能障碍智慧之表現之一例證。

吾人上所說之知識與非自然之情欲，所互結成之環鏈之習氣，實遍佈於一般人之日常生活中。一般人在日常生活中，恒只注目於其情欲所對之事物。而其對一事物有知識後，亦恒有或愛或恨，或羨或妬，或怒或懼之情，與之相連。而此諸情，皆依於我們之先有所欲而生，欲在則情在，故可合名之爲情欲。而人以欲在情在及情欲之自然求其自身之相續，而如自執持其存在；於是人對一切凡與情欲相連之知識，人亦皆加以執着，而不肯捨，不肯加以棄置。由此而人之心靈亦即陷溺黏滯於其所執之知識中，而不能超拔之，以觀其可不眞，而難於思及其他之知識，並綜合的加以運用，以有其智慧之表現矣。

此上之義，如再就吾人以前所舉司馬光之例而說，則吾人以前已說，司馬光之同伴，可由只見小孩之落水，而本其以往知識，而思及小孩之將死。而彼由此而直接引出之恐怖悲哀之情之表現，則爲呼號而哭。而此恐怖悲哀之情及其表現爲呼號而哭之事，所以能阻止其進一步去思想救小孩之方法者，亦正在此恐怖悲哀之情等，一方面由思其會死而引起，而另一方，此情亦可同時轉而使其偏於思想此小兒將死。由此，而彼遂不能超脫「小兒將死」之想，而難於有進一步之智慧之表現矣。

此外，在上述之地平之例中，古人之所以想地是平，固由於其經驗中所見之地爲平，而遂推測地面應一往是平的。然古人反對地圓之一理由，則是說如地是圓的，則住地球側面的人將落下，此自亦初只由人之不識地心吸力，並依於「以上下之方向爲固定，並以重物皆由上降下」而生之推想。然由此推想，而想及人將落下時，人即可產生一情欲，即畏懼此人之落下。而人之所以畏懼此人之落下，則由於人對地面之事物有一貪愛。此中唯賴於地之平，人不致落下，可使人與其所貪愛之地面之物，能不相離。依此貪愛與畏懼，人即自然願執着「地平」之觀念，而欲廢棄地圓之觀念。而此亦正當是人之所以不易自地平之觀念超脫，以有構想地圓之智慧之一理由也。

如吾人以上所分析出之障碍人之智慧表現之諸原因，其存在於人心之內部之說爲不謬，則吾人可知人之所以難於有智慧之表現，而不免於一種特殊之愚，實卽由于上述之種種障碍吾人智慧之表現之諸事物（即諸習氣）之存在。由此，人所賴以多有長有智慧之表現，而去除此種特殊之愚之道，亦即無他，而唯求此諸其他事物（即諸習氣）之不存在於其心靈，使實際上沒有此諸其他事物或諸習氣，來成爲決定障碍此心靈之表現其智慧而已。而此亦即人之智慧之原之所在。此即回應吾人本文篇首第一節之所說。而吾人欲求有更多之智慧之表現，或發展我們之智慧，則其道或工夫，便唯在化除此爲障碍之諸事物或諸習氣，使之由存在以漸歸於不存在而已。

一二　智慧表現之障礙的化除，與直接保養心之虛靈明覺之道德實踐

吾人之化除此諸爲障碍之諸習氣之道或工夫，畢竟如何？則吾人將說，此道及此工夫，其意義將只是消極的反面的。而以消極對治消極，以反面對治反面，所成就者則純爲正面的，積極的。此意義爲消極的之道或工夫，如以一言蔽之，即由道德實踐致心之虛靈，化除諸爲障碍之諸習氣，直接呈現道德心靈，以使此心爲德慧兼具之心而已矣。

如分別言之，則吾人欲致此心之虛靈，則知識與情欲之環鏈，必須使之斷；只循名言之習氣，以規定限制吾人思想之方向，桎梏吾人之思想……之事，必須使之轉；執着、黏滯、陷溺於已有知識之運用之機，必須使之活。而能成就此斷、此轉、此活者，則在吾人之道德之實踐。

吾人今所謂道德之實踐，可以直接保養心之虛靈，爲道德之實踐之一種。前文已說，吾人形成一知識，即同時規定以後思想之活動之一方向；連結知識成知識之網，即規定出縱橫相貫的種種以後思想之活動之方向；而吾人之思想，欲自由的規定其當下進行之方向，以運用其當運用之知識，唯賴其能有力量，以扼制思想之循其他方向而進行，此皆前所已說。至於此力量之來原，則今當說，唯要在

人當下心靈之自身，能不因其已往原有其他知識之形成，而思想嘗習於向其他方向進行，便受其支配。此則賴於人當下之心靈之恒能提起，而向上，以超冒於其過去之所習之上。而此心靈，愈能提起而向上，以超冒於過去之所習之上，則人愈能自由規定其當下思想之方向，而愈表現高卓之智慧。而所謂心靈之提起，又並非提起一特定之觀念或理想，而唯是提起一虛靈的明覺之自身，使之常清明而不昏昧而已。此即可稱爲一種直接保養心之虛靈明覺之道德實踐。吾人有此種道德實踐一方直接以心之清明化除上述之氣之昏濁，一方卽使吾人之思想之進行方向，不因已往原有之其他知識之形成，而思想嘗習於向其他方向進行，便受其支配，亦即同時使此心靈，能不爲已往之名言相結之習氣所支配，而同時亦能超拔於知識與情欲結成環鏈之習氣之支配之外矣。

在一般所謂宗教生活中，人可由將心靈向上提起，以歸着於神，以導致一心之虛靈明覺之呈現。在一般之藝術文學之形成一超拔之理想境意境時，人亦可由注目於此理想境意境，而自對現實世界一般之經驗及知識超拔，而亦現起此心之虛靈明覺。故吾人亦可以宗教、文學、藝術之生活，輔助人心之虛靈明覺之呈現。然此效用，亦可因人之謂神及理想境、意境，在此心之虛靈明覺之外；而沉溺於對之之想像等之中，則此又可轉此而導致此心之虛靈明覺之泯沒，是亦不可不知。

一三　直接化除名言及知識習氣之道德實踐

吾人所謂道德實踐，亦包括自覺地求名言相結之習氣之化除，與對所形成之知識，不發生執着之工夫。茲再論此二者如何可能之理如下。

名言相結之習氣之所以能化除，此要在吾人之用名言時，如能一一反求其初所表之意，則見一切抽象普遍之名言，初皆唯所以表吾人初意之所及之全體之一方面。而吾人今能反求其初所表之意，而知其只爲我之初意之所及之全體之一方面，吾人亦即可超出抽象普遍之名言所表之意之規定限制，而將其所表之意，納之於此初意所及之全體中。由此而吾人之再用新名，以表吾人初所未及表之意，即爲以其初意之所及之全體，爲直接之所對，而次第用名以表之，非復只循名言相結之習氣而用名矣。此可稱之爲用一名之道之反本。吾人能使用一名之道反本，吾人即能免於此名之規定限制吾人思想之方向，而桎梏吾人之思想之事。吾人能使用二名之道反本，吾人即能免於此二名之規定限制吾人思想之方向　而桎梏吾人之思想之事。吾人能在一專門學術範圍之內，將吾人所用一一專門名詞之道皆反本；則吾人即可免於此中每一已有之專門名詞之規定限制吾人之思想方向，而桎梏吾人之思想之事。而此亦即吾人在此專門學術之範圍中，能有創見發明或表現智慧之思想之一根原之所在。至吾人能在日常生活之範圍內，處處將吾人用一一日常生活中之名言之道反本，即吾人在日常生活中用名言時，能處處表現智慧之一根原之所在。唯人之行此一一名言之運用皆反本之道，則由吾人之名言相結之習之先已養成，而非復易事，而恒賴於人繼續不斷之工夫，方能逐漸成就。然能成就一分，則人之表現智慧之可能，增加一分。此中決然有一番工夫，即有一番內在之效果。此義思之自知。

至於吾人對所形成之知識不發生執着之事，其所以可能之理由，則由吾人在形成知識時，可並不形成一固定執着的思想方向，而免於知識之習氣之支配。至吾人所以能免於知識之習氣之支配，則由於吾人之知識，無論是由個體事物至其他個體事物，由一理至他理，由一個體事物至其所關聯之理，或由一理至其所關聯之個體事物，皆本來同時可有不同之思想方向或思想之道路，同時呈現於吾人之前。此乃依於一個體事物恒關聯於各個體事物，亦關聯於多理，而一理又關聯於多理，亦兼關聯於多個體事物之故。由此而吾人在認知其中一方向，一道路之存在時，即可同時求認知其他方向、其他道路之存在。而人能常觀此兩者之相對而相銷，則吾人即可無對任一方向與一道路之一固定的執着。循此以思，則吾人在對一個體事物，以此一理說明之時，吾人當即同時求知其亦可以他理說明之，而銷除吾人之只以此一理說明之之執着。吾人在思其可以他理說明之之時，亦當同時思其可以此一理說明之，以銷除只以他理說明之之執着。如吾人思一個體與另一個體事物相關，以為其父之時；吾人亦當同時思其可與另一個體事物相關，以為其子，以銷除只視之為父之執着。……其餘可類推。然而吾人之工夫，則必須是切實的，而非只是虛陳上述之一原理而了解之。如只是虛陳一原理而了解之，在實際上並不能產生銷除固定的執着之效。而唯有人依此原理而實踐，於凡思一什麼是如此時，同時思其亦可如彼，使此中如此與如彼之二觀念，恒在相對而相銷之中，（此即辨證法的思想之一型）然後吾人能不致於此發生固定的執着。否則吾人今只想什麽之如此，則即造成一由什麽以至如此之思想方向，而今日之循此一方向之思想，無向對反之方向之思想與之相銷，即可被執着而開始形成一習慣的思想方向，一只知「什麽是如此」之知識習氣，以使吾人之來日，只求重現此知識而運用之，同時使吾人不易思及「什麽之不如此而如彼」，而使吾人當運用「什麽之如彼」之知識時，不能自然的直覺的加以運用，以表現爲智慧。人於此乃唯有在「什麽之如此」之知識重現後，再經一自覺的批判的工夫，或加以超越，「什麽是如彼」之知識乃得呈現。此便爲一嘗試錯誤或推論之思想歷程，非直覺之智慧矣。

吾人如能對於任何知識之形成，皆不加以執着，則吾人時時有一新知識，並時時形成一現在之思想活動之方向，卻並不形成固定的執着的思想方向。此乃由於我們時時皆能自覺確有其他思想之方向，與之並在。由此而吾人之不執着的心靈，即可謂爲眞正的同時統攝諸相異或對反之思想之方向，而常位居其上，而無所偏倚之心靈。吾人現在之此心靈，能當下一念，無所偏倚，亦即使吾人在未來之情境，欲當機運用此諸知識時，能自由的用其所當用，而不致因今所偏倚所執着之知識之形成習氣，以障碍吾人「用其所當用」之其他知識，而表現智慧者。此皆讀者對照前文，而思之可知，而義非難明者也。

一四　直接依道德心靈之呈現而有之道德實踐

吾人以上所說之發展智慧之道或工夫，我們皆名之爲一種道德之實踐，此乃自吾人於此皆須加以力行而皆非意在增加知識而說。然此諸道或諸工夫，乃屬於廣義之道德實踐。此種種實踐，唯是種種如何保養其心之虛靈，而不爲名言之習氣所縛，不形成知識習氣之實踐。狹義之道德實踐，則當爲直接決定整個人生行爲之志願、理想或目標之方向，而以之主宰自己之整個生命與生活之實踐。此可稱爲直接依人之道德性之理想之呈現於心靈或道德心靈之呈現，而有之道德實踐。而此種實踐本身，尤爲人發展智慧者之最根本的工夫或道之所在。

此種狹義之道德實踐，所以更爲人之求發展智慧者之最根本的工夫或道之所在，其理由在從事此種道德實踐之道德心靈，乃爲位居於運用知識以成就智慧之表現之智慧心靈之上一層次之心靈，而其實踐工夫之效用，又可貫徹於吾人獲得知識而具有之之吾人之生命與生活之底層者。由此而人所獲得而具有之知識，即皆可由此道德心靈依其道德理想之方向而主宰吾人之生活與生命時，自由的加以運用；而不受上述之知識習氣、名言習氣，及情欲與知識相結爲環鏈所成之習氣所規定限制及桎梏阻碍矣。此諸義於下文可略加解釋。

吾人之所以說道德心靈爲智慧心靈之上一層次之心靈，而又貫徹吾人生命與生活之底層者，乃從道德心靈之恒欲依一道德理想之方向，以重造吾人全部已成之自我而言。而人之任何些微之道德修養，亦皆爲依一道德理想之方向，多多少少重造其自我之事。人之道德理想，恒超越於吾人已成之現實自我之上，故依此理想重造吾人之已成之自我之道德心靈或道德自我，即可說爲現實已有之心靈之上一層次之超越的心靈或超越的自我；而此理想亦可直稱爲超越的理想。至於吾人現實已有之表現智慧之心靈，則無論其所表現之智慧如何高超，則終只是一對等的與世界之事物互相感應之心靈。其感應可至神至妙，要亦不外爲綜合的運用其所已有之諸知識之表現。此智慧之心靈，其感其應，仍是還依其自身之原來是如何之一心靈，以爲感應之具，而未嘗自見其缺憾與不足。因而於其感應之際，其中畢竟夾雜若干上述習氣之成份與原始的氣之昏濁之成份，彼自身亦初不能知，亦不知自求主宰其如何感應。而道德的心靈，則因其先冒出一超越之理想，於是能自見其缺憾與不足，而自始爲一知求主宰其自己之如何感應之心靈。而依道德心靈之呈現而有之道德實踐之工夫，亦即自然有化除其所夾雜之各種習氣之成份及氣之昏濁之效用。此理可略述於下。

由道德的心靈本身之呈現而表現出之道德實踐，一般說，其目的惟在對吾人已成自我之生活或生命原來所形成之生活上行爲上之習慣，加以改變重造。而此道德實踐之效，似至多只能由若干生活上行爲上之習慣之改變重造，而化除若干原來之情欲意願等，因而亦可化除吾人上述之情欲之習氣；然不能化除吾人對已有之知識之執着所成之習氣，及名言相結所成之習氣等。因而人之德行之事，與人之用知識以表現智慧之事，通常亦只被視爲並行之兩事。然此說亦似是而非。吾人當謂由道德之實踐，而成就人之生活上行爲上習慣之改變重造時，不只改變重造吾人生活上行爲上之習慣，亦不只化除上述之情欲之習氣等；且亦引發若干合於道德理想之情志，同時能連帶改變吾人運用知識與名言之若干習慣，而使吾人逐漸化除由對知識之執着及名言之相結所生之習氣者。

吾人之道德理想，與由對之之實踐而形成之德行，儘可有多種；然一切道德理想與德行，必同時爲理性的。此所謂理性的，即具有普遍意義者。此所謂普遍意義非抽象的普遍意義，而爲具體的普遍意義。此所謂具體的普遍意義，即謂此理想乃可爲並當爲我之過去現在未來所同可遵行，亦爲一切人所同可遵行者；因而爲能「縱通我生命之終始，橫通人與我之生命之內外」之一大公之理想。而其所形成之德行，亦爲我之所安而悅之，人所共讚而美之者。夫然，故人之由道德理想之實踐，至德行之形成，即同時形成吾人自己現在之生命與過去之生命及他人之生命間之一種共感共許，及淸通與明達，由此而自然化除其氣之昏濁，除去一切偏私之情欲意願，及一切由個人已往之特殊的生命經驗所形成之任何生活上之特殊習慣。凡在原則上不能得理性之印可，以縱橫貫通於人與我之生命或生活之終始內外，而不能形成一種共感共許淸通明達者，皆可由道德之修養而逐漸加以化除。而人之名言之相結及知識之執着所成之習氣，其不合於此通貫於終始內外之理性之標準，而又原與其他不合理之生活習慣及生命經驗初不相離者，亦將同可以經道德之修養化除吾人生命或生活中之不合理性之部份，而連帶歸於化除。此義思之可知。

吾人可否說有與吾人不合理之生活習慣及生命經驗相離，因而不直接與人之道德生活相干，而獨立形成之對知識之執着之習氣及名言相結之習氣？此點吾人將承認其爲有，如吾人由讀書及聽人之言，慣知某某名言之相結，及由觀無利害關係之事物所成之知識之執着，即皆可形成習氣。然吾人仍不難說明此種種之可由道德修養而多少加以化除。此乃由於人之道德心靈之所注目者，乃恒在眞實存在之事物，而非止於知識與名言。因而此心靈恒欲透過知識與名言，以直向而直達於眞實之存在事物。而道德心靈之求直向直達于眞實之存在事物之志願，由道德修養而存主於心，即自然能發出一銷除知識之執着及名言相結之習氣之力量。此是第一點。其次，道德心靈因其爲理性的，故由此心靈發出之志願行爲，亦恒能任持一合理之目標，而專注於此目標，此即中國古人所謂精誠所注。由此精誠所注，爲達此目標而用思想時，即能本此目標而排除一切不相干、不適此目標之達到的一切任意之聯想，其用思亦非復只爲循其過去所形成之名言相結之習氣而進行，亦將不運用任何不當運用之知識。由此，而其原來對知識之執着與名言相結等所成之習氣，即當下發生震動，成爲無直接決定其心思之方向之力量者，亦逕可稱之爲無用。比習氣亦即以其不能呈用之故，乃自然歸於逐漸化除。而人乃可自由運用其所已有之知識，而表現爲智慧的思想，此即古人所謂由精誠之所注而產生之智慧也。此是第二點。再其次，人之道德生活之最高者，乃依於成己成物，而以天地萬物爲一體之道德心靈而發。依此心靈，以觀我個人過去之一切特殊的生活習慣、特殊的生命經驗，與特殊知識及特殊之名言相結之習慣，皆不過天地間之人所可能有之習慣、經驗與知識之一種；而吾人作如此想時，即已開始超越我個人此種種特殊事物之束縛與限制，而亦卽在開始銷除我個人之名言相結之習氣，與對知識之執着所成之習氣。人之呈現一成己成物、以天地萬物爲一體之道德心靈，而自加以保任，則在此心靈之相續存在之歷程中，彼亦即自然能相續表現一使吾人超越此諸習氣之作用。而此作用則唯是運於無形」，如古人所謂「默而成之，不言而信，存乎德行」。至於此作用之所以爲必有，則由於凡與心靈之狀態相反者，無不此與彼仆，此盛彼衰。故一切由對於只屬我個人之特殊事物之黏滯陷溺，而加以執着所留下之習氣，無不在吾人之此「成己成物，以天地萬物爲一體之道德心靈之相繼存在之歷程」中，自然逐漸化除。如日月出而煙霧散。然此亦非謂我個人所有之一切特殊事物，如我之特殊知識特殊經驗等，即皆由此而不存在或無特殊價值之謂。而唯是謂，由于任何黏滯、陷溺或執着之不存在，因此吾人能用其所當用，不用其所不當用，而不使所不當用者只憑習氣而冒現。而此亦正是人之能有其智慧之表現之最堅實之根據所在也。

一五　附述具德慧之心靈之狀態

關於智慧之道，本文即止於上述三點之提出，對此三點詳細之發揮，則可逐步通至東西聖哲之論，而非此所能及者。但我們於此須附帶一說，此一切由道德之實踐，而成就的智慧之增進，皆可稱爲德慧。此德慧，乃不同於一般人之智慧，及天才之智慧者。此不同，今可略獨斷的陳之於下。

我們說一般人的智慧與天才之智慧之不同，在一般人智慧，初乃自然的分散的表現於其生活之各方面，恒隨境而轉，不集中於一特殊方面，而其智慧之表現於各方面，亦依其天賦之氣質之清濁，而有其自然的限度者。天才之智慧，則恒爲表現於一特殊方面者。而人之所以能有表現於一方面之天才的智慧，則由於其氣質之清，及其原始興趣與心力，自然能專注於一定事物之特殊方面（如數學天才只注目於事物之數），於是恒將其對其他事物及此一定事物其他方面之知識，皆能自然的廢棄之而不用，亦不以之縈心。而此其他方面之知識，亦卽自然不成爲其綜合的運用其所欲用之知識以創發新知之障碍。（如人之計算蘋果之數者，不思蘋果之色香味等性質，則其計數愈速）。故天才亦卽能自然的免除一般人之一般的知識習氣及其相連之名言情欲之習氣之束縛者。然天才之不斷創發新知，此新知不斷被反省而不斷積累，成爲一大堆之知識後，此中仍有不斷之知識習氣之形成。而此習氣，仍將轉而阻此天才不斷創造之事。故天才必不免有竭其才之一日。此皆理有所必然者。

至於由道德之實踐而成之德慧，則不同於上述二種智慧之純恃天賦，而由人自己之努力而來；遂在原則上，可隨此努力之日進，而亦日進，以至無疆者。至于人特感有道德修養之必要者，則大率初皆爲「其原始心力之所注乃兼在多方面，而非專在一定事物之一特殊的方面」之一般人，而又恒欣羨或嚮往天才之能專注其心力，於一特殊方面者。此中原卽有一內在之矛盾。由此而當其求如天才之專注於一定事物之一特殊方面時，其對此一定事物之其他方面之知識，及此一定事物與其他事物之關係之知識，與其相連之情欲等，皆可牽掛其心，以使其難於眞專注於一定事物之特殊方面，而障碍其表現天才式的特殊之智慧。然人亦正因感此內在之矛盾，故欲加以化除，而迫使其感到由道德修養，以去除此「牽掛」、此「爲智慧之表現之障碍者」之必要。而其逐漸去除牽掛及障碍之結果，乃使其心靈對其所具有之一切知識及其相連之名言、情欲等，皆能無所黏滯陷溺，或執着，亦無習氣之潛存而氣之昏濁者日化爲清明。由此卽走到希賢希聖之路，而漸成具各方面之德慧之人。然仍不能使其成爲天才。此則由於人之欲化除上述之內在矛盾之道德之修養，仍須遍運於其生活之各方面，因而不能使人只專注於一定事物之特殊方面，只於此特殊方面表現天才的智慧。然亦正因其不能由修養而成天才，亦卽使其永不爲特殊之智慧所化成之知識之不斷積累等所束縛，而其德慧亦不似天才之有時而竭。由此而由道德修養所形成之理想的具德慧之心靈，卽爲一種具統體性或全面性之聖賢式的心靈。此心靈之狀態，循吾人前文智慧之意義及其性質及本文之所論，讀者可自加以尋繹，今亦不再詳加以討論與分析。唯可姑加以綜括的描述如下，以供讀者之參考。

（一）此心靈之狀態，自其未接物感物的方面，或心靈之自體方面看，爲一平衡中和而虛寂之狀態。此平衡中和而虛寂之狀態，乃由彼所具有之一切知識及與知識相關聯之名言及情欲等，以及其所可能有之智慧的思想之表現，皆因未與物感，而歸於寂。此心靈卽又可說在一若無所思，而恒自清明醒覺，而更無所偏倚或執着之狀態。此卽昔賢所謂「無思也，無爲也，寂然不動」。「無聲無臭獨知時」之狀態，亦若無知識，而「其智可及也，其愚不可及也」之狀態。

（二）此心靈之感物可是與外物感，亦可是自感其內心中之事物。自其自感方面看，此心靈於其內心中一觀念、意像、情欲、想像、志願等忽然自動冒起；彼將不任其只循過去生活上之習氣，以聯綿不斷；而能隨處加以斬截，以加以反觀而自感之，還自應之。此自感自應，並非卽爲此自動冒起者所牽動。此自感卽上述之寂然不動之心靈之自感之。雖感之而仍寂然不動。如光明之照人物往來，而光明之自身未嘗不寂，亦未嘗動。此自應則爲由感而不經推論，即直下知其意義與價值，此可自稱爲人之自明、自知。此中可包括對此冒起者之自性、其所自來與所將往、其是與非、當有與否、等之自明自知，此爲人對自己之生活之智慧的思想之原泉，亦人之內在的道德實踐之根本。此應之而不經推論，至於即感即應，而應無不當，蓋即昔賢所謂「不思而中，不勉而得」，「寂然不動，感而遂通」，「才動即覺，才覺即化」之境界。

（三）此心靈自其接外物感外物方面看，則在其正求知物之何所是，或解決一問題以求達一目的時，初無預定之觀念，亦無任意之假設，更無不必要之推論；而其在不同時間空間，所已獲得而具有之一切知識，則又如皆同時聚合，虛涵於其當下之心靈之後，爲其背景，以待其當機而對境時之自由運用；乃能直下不用其所不用，而用其所當用。此亦爲古人所謂「不思而中，不勉而得」、「寂然不動，感而遂通」之一意義。而此類事之所以可能之理由，則在其能「即其所兼感之他物，以銷化一切與所正感之物不相應之知識之出現」之「可能」或「幾」，因而能當機以綜合的運用其所當用之知識以知之。如兒時司馬光之見旁無大人，卽不作呼大人之想，自知急於救兒，卽不作以瓢出水之想，亦不作兒不可救之想，亦恐怖而哭。此種人因自知其所感者之爲何，卽能阻止不相應之知識之被運用而出現，而不待于「其出現後乃再由推論以知其非，方加以破除」；吾人可稱之爲一種「即見即思」之思，亦可稱之爲一種直覺地批判的思想。常言之批判，乃是于一用不相應之知識而生之錯誤之思想，既出現之後，再知其錯誤與不相應，乃破除之。直覺的思想則爲直覺一觀念或一理之眞。而此所謂「直覺地批判的」，則爲不待一錯誤之思想之出現，而即直接依於所感之事物之何所是，而自始不運用不相應之知識，而即自然同時銷化此錯誤之思想之出現之「可能」或「幾」，此即古人所謂「知幾其神」之一義。

（四）自人之言說方面看此心靈，因其能當機而自然銷除錯誤與不相應之知識之運用、及不必要之推論，其思想恒直達一結論或眞理；故所說出表達其思想之語言，遂必簡易而直截，並無許多曲折之思辨。所謂「夫人不言，言必有中」。然人在進一步的問難時（或自己問難及假想有人問難時），則彼又能回頭反省其所以達此結論或眞理時，所通過或所運用所根據之諸知識，而一一說出之。此即成爲對此結論或眞理提出一理性的證明或說明，然此理性的證明或說明，唯對問難而有意義，不對問難，即可歸於無有。所謂「問而後告」、「說不喩，然後辯」。人有此辯，乃出於不得已，更絕無明知其非，而以詭辯自護之事。故對于亦有同一之智慧，以直達同一之結論或眞理之人，則此理性的說明或證明，皆不須說，所謂「不言而信」、「以心傳心」。如說出其所達之結論或眞理，亦唯在互相印證其智慧之所至。印證之後，則唯有「相視而笑」，互感「莫逆於心」，或唯以「禮樂相示」而已。

（五）自人之知識之限制方面看此心靈，它可對若干事物有所不知，而莫有知識（此似不同於所謂上帝及佛之全知，然在上帝與佛之全知中，同時亦應有諸互爲對反知識之相銷，而化爲無知，故不同而同。但此義非今之所能詳及）；但它對其所有之知識，則皆知加以運用。因而他能眞正的知其所知，而同時亦知其有所不知。此即孔子所謂「知之爲知之，不知爲不知」。由是他依此心靈以聽他人之言說時，如他人之言所根據者非其所知，則彼聞之之後，可無任何是非之判斷，亦不先期其必是或必非；而如他人之言，其所根據之知識，乃彼所已知；則彼聞人之言時，即能直下持之與其所根據者相照映，而不經推論，以直感其或合或不合，與其是否表現一智慧及其智慧之所存。此即善於「心知其意」，善於「意會」與「心契」之事也。

（六）自此心靈求對外在事物之新知識之活動方面看，其對其所不知之外在事物求知時，仍可作種種試探性之假設，引申其義並濟以實驗觀察，以求證實何者之爲眞。此與一般人及科學家之求知，並無不同。然而他所作假設，可不必賴意匠經營，苦思力索，而恒能自然的綜合運用其所有之知識，使一假設突然自心中浮出而冒起，此乃其心之虛靈疏朗而寬閒之表現；同時能眞正自覺一假設之只爲一假設，不加以執着，因而一覺其不妥，即能當下加以化除。此外，因其能自知所運用之知識之爲如何如何，一無昏昧，故決不會作出自相矛盾的假設，亦自然不會作出將不同觀念互相混淆的假設，復決不會作不相干而與所已知之客觀事物之性質相矛盾之假設。而此亦即眞有莊子所謂「知其所已知」之工夫，有孔子所謂「知之爲知之」之工夫，不待學邏輯而亦能不違邏輯之心靈狀態。

（七）從人之此心靈之智慧，依於其德行上看，則人依其最高之德行而欲生物成物時，則此一心靈爲一不忽視任何存在事物之存在性及其價值意義之心，此即仁智兼備之心。人依此仁智兼備之心，以生物成物，則決不執一以廢百，而恒求「萬物並育而不相害，道並行而不悖」。而行此仁智之道之方，則爲「知遠知近，知風之自」，而恒自當下之待人接物之言行下手，乃能依高明廣大之心量，而表現爲篤實切摯之庸言庸行，以次第潤物澤物而敬人敬事。由此，其智足以去一切知識上之障蔽而通達無礙；其仁足以去一切情欲上之偏私，隨處與萬物相親和而不隔。由仁智而有其義，則務當務之爲急，亦可於一時一地一特殊環境下，運其智、行其仁於一特殊事物之成就，而渾忘，而渾忘其智與仁之原可無所不及；乃將其餘之志業，待諸自己之未來與其他之人，俟諸百世。其禮則尊重崇敬古往來今、上下四方一切人之德慧之心靈之一切表現，而自視若一無所有，而他人之所有，亦皆如我自出，而如備於我者。

關於此具德慧心靈之狀態，今即說到此第七點。至於「過此以往，未之或知也，窮神知化，德之盛也」，非所及論，而唯有待於讀者深造之以道，以求自得之者。依吾人方才之所言，謂人之具愈高之德慧者，其言愈寡以觀，則吾人之論此心靈之言愈多，亦即去之彌遠。我今此文所言者已太多，即證其非出自德慧之流行，而惟出自思慮之推求。此思慮之推求，至於具德慧之心靈狀態之描述，早應知止。而讀者眞有會於本文之意，得魚而忘筌，則本文之全部，亦可皆爲廢辭，今亦不能再於廢辭上再加廢辭，故本文止此。

五十一年八月十日

索引

索引說明：

一　索引區分爲二部分：㈠人名索引，㈡內容索引。

二　內容索引以名詞概念爲單位，同一名詞下無特別說明者，僅標明其頁數；有特利說明者，該名詞概念用～符號代替。

三　索引以筆劃多少爲序。

四　索引中所標示的頁數，卽本書每頁兩旁的頁數。

五　本索引編製人王繼華。

(一) 人名索引

四　劃

孔　子：～之觀水　二一，四五。

五　劃

司馬光：四，一〇，三八，五一，六二。

六　劃

老　子：八，三七，四〇，四五。

八　劃

孟　子：～之觀水　二一。

九　劃

亞里士多德（Aristotle）～以哲學中的第一哲學　二二，～之邏輯學思想　四三。
柏拉圖（Plato）：七一。

十　劃

荀　子：　四〇；二一。

十一劃

莊　子：　～觀水　二一。
黑格爾（Hegel）：　二六。

十六劃

穆　勒：　～之邏輯學思想　四三。

十九劃

韓非子：　～解老篇　八。

二十劃

蘇東坡：　二三。

(二) 內容索引

一　劃

一元論：～之哲學　二二。

二　劃

人生：～事理之大者　四。

三　劃

大化流行：～的意義　二一。
上帝：～與天國境界　三三；～之存在　三三；基督教所謂～之神智　七〇。

四　劃

天：～或神與上帝之存在　五六；～或神之自由意志　五七；～或神自身之奧秘　五七。
反面：～之性質　三；七。
反省：否定之～　十。
心：聖人～之靜的意義　二一；智慧爲一獨立之～之功能　二六；～之虛靈明覺　九四；不忽視任何存在事物之存在性及其價值意義之～　一〇七；仁智兼備之～　一〇七。

心　靈：～爲～之所對　十六；化同於物之物化的～　三四；直接表現智慧之～　六三；～之表面之自由性　六四；～中之事物之生起或存在之原因　六五；道德實踐之道德～　九八；以天地萬物爲一體之道德～　一〇一；具統體性或全面性之聖賢式的～　一〇四。
心理學：～四，二五，五一，五八；完型派～　五。
不推而知性：智慧之具～　三二，三五。

五　劃

本性：思維歷程之～　一三。
本質：～之偶然性　四一。
矛盾：邏輯上之～　九。
主體：～之攝納　二九。
主體性：知識之～　二七，二八，三六。
包涵：～之原理　五。
生命：～主義之哲學　二二，～流行之直覺、之～活動　三二。

六　劃

自覺：～的應用　四；～的推論歷程　一一。
自然：自身之～　七；人之～理性　五六。
自然主義：五一。
自由：～思維　六；表面的～　六二；～設想　六四。
自由意志：天或神之～　五七。

共相：事物之～　一七；～之被認識　一八；直覺一～　三二；經驗之～　四。
存在：上帝之～　三三；神秘天國境界之～　三三；思想之～　五四；知識之～　五四；哲學上之神之～　五六；天或神與上帝之～　五六。
多元論：～之哲學　二二。

七　劃

形上學：智之原則在～之最後意義　七二。
形上：～的默想　五六。
否定：～之反省　二〇。

八　劃

直覺：理性的～　三；～之知識　一六；～的智慧　一七；智慧之～　三二；理性之～　三二；具體經驗之～　四〇，四三；經驗的～　四三。
抽象：～概念之形成　一八；知識之～　二七；概念之～　三六。
抽象性：抽象概念之～　一八；理性的思想概念之～　三六；抽象的知識概念之～　三六。
性體：～之流行　二一。
佛家：七一，～之觀法界　二五；～之觀空破執之道　四五；所種一切智、一切種智　七〇。
法界：佛家之觀～　二五。
性理：～之不顯於人心　七一。
性德：仁智之～　七一。

逆復：智慧之～思想　八；一切～　九〇。
神妙性：智慧之～　四〇，四三。
思維：推理的～　三，三七；推論的～　一一；抽象之～　一四、一七、一九、二〇。
思想：～歷程之本身　九；超越思想世界之～　九；逆復型之～　九，一〇。

十劃

眞理：具體性之～　一八；思想中之～　二七；萬物之～　五六；～之一種智慧之表現　六四。
神：哲學上之～之存在等問題　五六；～與上帝之存在　五六；天或～之自由意志　五七；天或～自身之奧秘　五七。

十一劃

推理：～的思維　三，三七；知識之～　九；～之證明　二三。
規律：邏輯上之～　一二。
理性：一〇〇，～的直覺　三；三二；凡普遍者皆爲～　三五，三六；～的直覺能力　四一，四三；～的證明　五三。
基督教：～所謂上帝之神智　七。
符號邏輯：四三。
唯物論：～之哲學　二二。
習氣：此可簡名之爲～　七八。

進化論：～之假設　三二。
偶然性：…；本質上之～　四一，四四。

十二劃

智：～之原則在形上學上之最後意義　七二。
智慧：～之運用知識義　四；～之向一方向之綜合的運用知識以達目的義　五；～之不用知識義　六；～之觀反義　七、八；～之逆復思想歷程義　八；～之本性　九、三六；～之縮減推論歷程義　一〇；～之直覺義　一二、一三；～之形成格局義　一四；～之求譬義　一七；～視物義　二〇；～之形成觀景義　二一；～之虛涵背景義　二三；東方哲學之～義　二六；～對知識的主體性　二七，三一；～之具體性　三〇；之不及知識性　三一；～之非單純之直覺性　三二；～之直覺　三二；～之不化同於具體爲物性　三四；～之表現之中懸性　三六；當下之～　五三。
虛幻性：　概念之～　九。
無明：　七一；～的原則，七五。
超越：～的理由（Transcendent cause），五六。
象徵：～的譬喻，一七；皆加以～　三〇。

十三劃

道德：～實踐，四六；～心靈、～自我　九九。
義理：～之方式　三；知識中之～　一七；思想中之～　二七。
概念：知識中之～　一四；條件之～　一六；～之規定　二三；相異之～　三五。
經驗：～的直覺　三；生活～　一八；可由～以證實　三五。

經驗主義：五一。
意識：吾人之~　三九、五四。

十四劃

綜攝：~的內在的規定　三；被人心所~　一八。
第一哲學：哲學中之~　二三。
圖像：~的思想 (Pictorial thinking)　一七。
演繹：~推論　四二。
實有：五六；客觀的~　五七。

十五劃

價值：效用或~　四一、四三。
潛意識：五八。

十六劃

儒家：~之寂然不動、感而遂通之智慧，二五。
禪宗：中國後世之~　二一。
歷史主義：~之哲學家　五一。

二十一劃

辯證法：~之智慧　七。

二十三劃

邏輯　～之推演法　五；～上之互相涵蘊　一〇；～上之規律　一二、四二、四三。
邏輯學：　四二；研究教育方法之～　四二，穆勒之～思想　四三；亞里士多德之～思想　四三；以研究推理所成之～之思想系統　四三。

國家圖書館出版品預行編目資料

道德自我之建立

唐君毅著. – 校訂版. – 臺北市：臺灣學生，民 74
面；公分 –(唐君毅全集；卷 1 之 2)

ISBN 978-957-15-0248-9(平裝)

1. 道德

199 80002274

唐君毅全集 卷一之二
道德自我之建立 附編：智慧與道德

著作者：唐君毅
出版者：臺灣學生書局有限公司
發行人：楊雲龍
發行所：臺灣學生書局有限公司
臺北市和平東路一段七五巷一一號
郵政劃撥戶：〇〇〇二四六六八號
電話：（〇二）二三九二八一八五
傳真：（〇二）二三九二八一〇五
E-mail:student.book@msa.hinet.net
http://www.studentbook.com.tw
本書局登記證字號：行政院新聞局局版北市業字第玖捌壹號
印刷所：長欣印刷企業社
新北市中和區永和路三六三巷四二號
電話：（〇二）二二二六八八五三

定價：新臺幣三〇〇元

一九八五年九月全集校訂版
二〇一五年九月四刷

19005

ISBN 978-957-15-0248-9(平裝)